Excel 电商数据分析基础与实践

徐兵　牟克芬　编著

北京大学出版社
PEKING UNIVERSITY PRESS

内 容 简 介

《Excel电商数据分析基础与实践》是电商行业从业者和数据分析师的实战指南。

本书深入浅出地介绍了如何运用Excel进行电商数据的采集、处理和分析，结合ChatGPT和讯飞星火大模型两大AI工具，提升数据处理的效率和准确性，同时，也分享在AI工具助力下进行电商数据分析的策略与经验。从基础的数据分析思维和方法论入手，到实际操作技能，如数据预处理、计算统计、排序筛选、数据可视化分析，以及电商数据分析中的实操应用，如选品分析、库存管理分析、用户行为分析和流量转化分析等，并配有实战案例，帮助读者掌握电商数据分析的核心技能，使读者学会如何撰写具有说服力的数据分析报告，为电商运营决策提供强有力的数据支持。

本书内容安排循序渐进，章节逻辑清晰，案例丰富且具实用性，旨在助力电商运营人员掌握电商数据分析方法。本书适合电商行业分析师、市场营销人员、产品经理，以及对数据分析感兴趣的学习者，无论是数据分析新手还是希望提高效率的老手，都能在本书中有所收获。同时也适合作为广大中职、高职院校、电商培训机构等相关专业的教材参考用书。

图书在版编目(CIP)数据

Excel电商数据分析基础与实践 / 徐兵，牟克芬编著.
北京：北京大学出版社, 2025.1. -- ISBN 978-7-301-35178-9

Ⅰ. F713.36；TP274

中国国家版本馆CIP数据核字第2024YM3287号

书　　　名	Excel电商数据分析基础与实践 Excel DIANSHANG SHUJU FENXI JICHU YU SHIJIAN
著作责任者	徐　兵　牟克芬　编著
责 任 编 辑	王继伟　吴秀川
标 准 书 号	ISBN 978-7-301-35178-9
出 版 发 行	北京大学出版社
地　　　址	北京市海淀区成府路205号　100871
网　　　址	http://www.pup.cn　　新浪微博：@北京大学出版社
电 子 邮 箱	编辑部 pup7@pup.cn　　总编室 zpup@pup.cn
电　　　话	邮购部 010-62752015　　发行部 010-62750672　　编辑部 010-62570390
印 刷 者	北京圣夫亚美印刷有限公司
经 销 者	新华书店 720毫米×1020毫米　16开本　22印张　401千字 2025年1月第1版　2025年1月第1次印刷
印　　　数	1-3000册
定　　　价	79.00元

未经许可，不得以任何方式复制或抄袭本书之部分或全部内容。
版权所有，侵权必究
举报电话：010-62752024　电子邮箱：fd@pup.cn
图书如有印装质量问题，请与出版部联系，电话：010-62756370

前言

在数字化时代,电商行业的快速发展带来了海量的数据,如何从这些数据中提取有价值的信息,成为电商企业提升竞争力的关键。然而,面对繁杂的数据分析工作,许多电商从业者和数据分析师感到力不从心。为了帮助大家解决这一难题,我们策划并出版了这本《Excel电商数据分析基础与实践》。

本书的出版缘由

首先是基于市场的迫切需求。电商数据分析是行业内一个热门且持续增长的领域,它要求从业者不仅要有扎实的数据处理技能,还要能够利用先进的工具进行高效分析。

其次,当前市面上缺乏将传统Excel数据分析工具与最新AI技术结合的指导性书籍,本书的出版正好填补了这一空白。

最后,我们希望通过本书,让读者能够掌握实用的数据分析技能,提高工作效率,为企业带来实质性的价值。

本书的特色

本书内容在策划与写作安排上,具有以下特色。

(1)**实战案例驱动**:大部分章节配备了针对电商行业的真实案例,让读者在实际操作中学习和掌握数据分析技能。

(2)**工具结合教学**:不仅教授Excel的高级技巧,还结合ChatGPT和讯飞星火大模型两大AI工具,引领读者进入智能数据分析的新时代。

(3)**全面覆盖电商数据分析流程**:从数据预处理到数据统计与分析,再到撰写分析报告,全书覆盖了电商数据分析的整个工作流程。

(4)**易学易懂的教学方式**:无论是数据分析的新手还是有经验的分析师,都能通过本书的分步教学轻松掌握所需技能。

(5)**高效性与实用性并重**:本书注重提升读者的工作效率,所有技巧和方法都是为了解决实际问题而设计的。

本书适合哪些读者

本书适合以下读者学习。

- **电商数据分析师**:希望提升数据处理和分析能力,更好地支持业务决策。

- **电商运营人员**：需要了解数据分析来优化店铺运营和提升销售业绩。
- **市场营销专业人士**：希望通过数据分析更准确地定位市场和客户。
- **产品经理**：需要利用数据分析来指导产品开发和迭代。
- **创业者和电商店主**：想要通过数据分析来提高店铺竞争力和盈利能力。
- **数据科学爱好者**：对电商数据分析感兴趣，希望掌握实用技能。
- **在校学生**：计划进入电商行业，希望提前学习和了解行业所需的数据分析技能。
- **自学者和终身学习者**：对数据分析充满热情，希望通过自学提升自己的能力。

资源及下载说明

本书赠送以下超值的免费学习资源。

❶ 提供与书中知识讲解同步的案例学习文件（包括素材文件与结果文件）；
❷ 提供与书同步的多媒体教学视频；
❸ 提供制作精美的PPT课件；
❹《Excel完全自学教程》教学视频；
❺《ChatGPT的调用方法与操作说明手册》；
❻《国内AI语言大模型简介与操作手册》；
❼《10招精通超级时间整理术》教学视频。

温馨提示

以上资源，读者请用手机微信扫描右侧任意二维码关注公众号，然后输入"XT24021"，获取下载地址及密码。

创作者说

本书由凤凰高新教育团队策划，内容由重庆财经职业学院徐兵和牟克芬老师编著，各部分编写分工如下：第1章～第5章由牟克芬老师编写，第6章～第10章由徐兵老师编写，全书由徐兵老师统稿。作者长期从事数据分析应用与一线教育工作，对Excel数据处理、统计分析应用具有丰富的实战经验。

在编写本书的过程中，我们深感责任重大，竭尽所能地为读者呈现最好、最全的实用功能，但由于计算机技术发展迅速，仍难免有疏漏和不妥之处，敬请广大读者不吝指正。
读者邮箱：2751801073@qq.com。

目录

第1章 从零开始：电商数据分析思维与方法

1.1 电商数据分析的重要性 ·············· 2
    1.1.1 为什么要分析电商数据 ·········· 2
    1.1.2 AI工具和Excel在电商数据分析中的作用 ············ 3
1.2 电商数据分析的思维和方法 ········ 12
    1.2.1 电商数据分析的思维 ············ 13
    1.2.2 使用对比法分析 ·················· 14
    1.2.3 使用细分法分析 ·················· 15
    1.2.4 使用AB测试法分析 ············ 17
    1.2.5 使用漏斗法分析 ·················· 18
    1.2.6 使用类聚法分析 ·················· 20
1.3 电商数据分析的流程 ·················· 21
    1.3.1 明确分析目的 ······················ 21
    1.3.2 数据收集 ······························ 22
    1.3.3 数据处理 ······························ 23
    1.3.4 数据分析 ······························ 25
    1.3.5 数据展现 ······························ 28
    1.3.6 数据报告 ······························ 29
1.4 认识电商数据分析的常见数据 ···· 30
    1.4.1 行业数据 ······························ 30
    1.4.2 商品数据 ······························ 31
    1.4.3 客服数据 ······························ 32
    1.4.4 收藏和加购数据 ·················· 33
    1.4.5 店铺首页数据 ······················ 34
本章小结 ·· 35

第2章 数据预处理：电商数据的获取、清洗与整理

2.1 电商数据的来源 ························ 37
    2.1.1 内部交易数据 ······················ 37
    2.1.2 网站分析工具数据 ·············· 39
    2.1.3 外部渠道数据 ······················ 42
2.2 导入外部数据 ····························· 43
    2.2.1 导入商品流量文本数据 ······ 43
    2.2.2 导入Access中的商品进销存数据 ·················· 46
    2.2.3 导入网站数据 ······················ 48
2.3 加工处理电商数据 ······················ 49
    2.3.1 根据分析目的查看商品数据 ···· 50
    2.3.2 转换商品记录方式 ·············· 53
    2.3.3 分类数据 ······························ 56
    2.3.4 重组商品数据 ······················ 61
2.4 规范处理数据格式 ······················ 65
    2.4.1 快速删除重复数据 ·············· 65
    2.4.2 删除空白行和列 ·················· 67
    2.4.3 整理不规范日期 ·················· 71
    2.4.4 整理合并单元格 ·················· 73
2.5 AI工具高效技能点拨 ················· 74
    01 用讯飞星火大模型编写网页商品爬取代码 ············ 74
    02 用AI工具ChatGPT快速清洗表格中的无用数据 ············ 76
本章小结 ·· 78

第3章 数据计算与统计：公式与函数应用

3.1 掌握公式应用 ···························· 80
    3.1.1 公式中的运算符与优先级 ···· 80
    3.1.2 认识公式的3种引用方式 ···· 82
    3.1.3 为单元格定义名称并计算 ···· 87
3.2 使用数组公式计算数据 ·············· 89

3.2.1 在单个单元格中使用数组公式
进行计算 ·· 89
3.2.2 在多个单元格中使用数组公式
进行计算 ·· 90
3.3 通过AI工具学习函数应用 ················ 90
3.3.1 函数的定义 ······························ 91
3.3.2 认识函数结构 ·························· 91
3.3.3 认识函数的分类 ······················ 93
3.3.4 输入与编辑函数 ······················ 94
3.4 电商数据处理中的常用函数 ············· 98
3.4.1 使用SUM函数计算商品的销量
总和 ·· 98
3.4.2 使用AVERAGE函数计算商品
月销售平均值 ···························· 101
3.4.3 使用MAX函数计算销量
最大值 ·· 102
3.4.4 使用MIN函数计算销量
最小值 ·· 103
3.4.5 使用RANK函数计算销量
排名 ·· 105
3.4.6 使用SUMIF函数计算销售量 ··· 106
3.4.7 使用SUMIFS函数计算单个种类
的销量和 ···································· 107
3.4.8 使用条件函数IF计算 ············ 109
3.4.9 使用YEAR、MONTH、DAY函数
提取生产日期 ···························· 111
3.4.10 使用LEFT函数提取产品
代码 ·· 114
3.4.11 使用LEN函数验证电话
号码 ·· 116
3.5 AI工具高效技能点拨 ······················ 117
01 用ChatGPT查找合适的函数 ······ 117
02 用AI工具讯飞星火大模型快速计算
季度销售额 ·································· 118
本章小结 ··· 119

第4章 数据分析基本技法：数据的排序、筛选与分类汇总

4.1 使用条件格式分析成交数据 ············ 121

4.1.1 显示销量大于某值的单元格 ··· 121
4.1.2 显示销量排名靠后的商品 ······ 122
4.1.3 使用数据条显示成交数据 ······ 124
4.1.4 使用色阶显示成交数据 ·········· 125
4.1.5 使用图标集显示销量情况 ······ 126
4.2 使用排序法查看商品销量对比 ········ 128
4.2.1 认识排序规则 ························ 128
4.2.2 将商品销量进行排序 ············· 129
4.2.3 将商品销量按总销量和季度销量
排序 ·· 130
4.2.4 将商品销量自定义排序 ·········· 131
4.3 使用筛选法选择销售商品 ················ 132
4.3.1 认识筛选规则 ························ 133
4.3.2 自动筛选商品 ························ 134
4.3.3 自定义筛选符合条件的商品 ··· 135
4.3.4 高级筛选符合条件的商品 ······ 137
4.4 使用分类汇总查看全国销量情况 ···· 140
4.4.1 分类汇总的规则 ···················· 140
4.4.2 按销售地区分类汇总数据 ······ 140
4.4.3 高级分类汇总销售额和
平均值 ······································ 142
4.4.4 嵌套分类汇总不同的销售
数据 ·· 143
4.5 AI工具高效技能点拨 ······················ 146
01 用AI工具ChatGPT筛选符合多个
条件的数据 ·································· 146
02 用AI工具讯飞星火大模型筛选热销
商品特征 ······································ 148
本章小结 ··· 150

第5章 数据可视化分析：用图表与数据透视表分析电商数据

5.1 创建电商销售分析图表 ···················· 152
5.1.1 认识图表 ································ 152
5.1.2 创建基本图表分析一季度销售
业绩 ·· 155
5.1.3 创建比萨饼图分析淘宝女装
占比 ·· 159

目录 CONTENTS

  5.1.4 处理销售数据图表中的亏损值 ····· 162
  5.1.5 制作金字塔分布图分析男女购物比例 ····· 167
  5.1.6 使用迷你图展现销售数据 ····· 172
5.2 创建数据透视表汇总销量数据 ····· 175
  5.2.1 认识数据透视表 ····· 175
  5.2.2 创建手机销售流量汇总数据透视表 ····· 176
  5.2.3 在数据透视表中分析数据 ····· 179
  5.2.4 创建数据透视图查看地区销量 ····· 184
  5.2.5 创建切片器查看各平台销量情况 ····· 186
5.3 AI工具高效技能点拨 ····· 189
  01 用AI工具ChatGPT绘制销售走势折线图 ····· 189
  02 用AI工具讯飞星火大模型制作各地区销量分析图表 ····· 192
本章小结 ····· 195

第6章 选品是关键：店铺商品销售数据分析

6.1 如何选择合适的商品 ····· 197
  6.1.1 选择有市场的类别 ····· 197
  6.1.2 选择有价值的类别 ····· 198
  6.1.3 选择有优势的类别 ····· 199
6.2 行业市场容量分析 ····· 201
  6.2.1 收集成交信息 ····· 201
  6.2.2 创建市场容量数据统计表 ····· 203
  6.2.3 排序市场成交数据 ····· 203
  6.2.4 插入饼图展现市场占比 ····· 204
  6.2.5 使用AI工具分析市场容量 ····· 206
6.3 市场趋势分析 ····· 208
  6.3.1 创建市场趋势分析数据透视表 ····· 209
  6.3.2 通过数据透视图分析市场趋势 ····· 211

  6.3.3 插入切片器分析市场趋势 ····· 213
  6.3.4 预测商品销售前景 ····· 214
6.4 市场潜力分析 ····· 216
  6.4.1 创建市场潜力分析数据透视表 ····· 216
  6.4.2 创建数据透视图分析行业增长趋势 ····· 217
  6.4.3 创建雷达图分析环比增长趋势 ····· 219
  6.4.4 使用AI工具分析市场潜力 ····· 220
本章小结 ····· 222

第7章 把控好动销：商品进销存数据分析

7.1 商品采购分析 ····· 224
  7.1.1 汇总商品采购数据 ····· 224
  7.1.2 分析采购平均价 ····· 226
  7.1.3 分析各类商品采购金额占比 ····· 230
  7.1.4 预测来年商品采购金额 ····· 234
7.2 商品销售分析 ····· 237
  7.2.1 冻结首行方便查看长记录数据 ····· 238
  7.2.2 分类汇总商品销售数据表 ····· 238
  7.2.3 插入数据透视表和数据透视图分析销量 ····· 239
  7.2.4 使用AI工具分析销售情况 ····· 242
7.3 商品库存分析 ····· 246
  7.3.1 统计各类商品预存数量 ····· 247
  7.3.2 使用条件格式标记充裕和告急库存 ····· 247
  7.3.3 统计各类商品保有库存 ····· 248
  7.3.4 使用AI工具分析库存量 ····· 251
本章小结 ····· 253

第8章 绘制用户画像：用户消费行为分析

8.1 新老顾客情况分析 ····· 255

8.1.1 导入并处理新老顾客数量记录表 …………………… 255
8.1.2 插入折线图分析新老顾客数量 ………………………… 257
8.2 顾客消费情况分析 …………… 260
8.2.1 新老顾客人数统计与比例分析 ………………………… 261
8.2.2 统计新老顾客的销售数量和销售金额 ………………………… 264
8.2.3 使用图表分析新老顾客的销售数量与销售金额比例 …… 266
8.2.4 使用AI工具分析顾客消费情况 ………………………… 268
8.3 顾客需求情况分析 …………… 269
8.3.1 消费人群促销活动偏好分析 …270
8.3.2 顾客消费等级分析 ………… 272
8.3.3 顾客年龄分析 ……………… 277
8.3.4 顾客性别分析 ……………… 282
8.3.5 使用AI工具分析顾客需求 …287
本章小结 …………………………… 289

第9章 做好流量转化：产品流量与广告投放分析

9.1 认识电商的转化率 …………… 291
9.1.1 静默转化率 ………………… 291
9.1.2 询单转化率 ………………… 292
9.1.3 免费流量转化率 …………… 294
9.1.4 付费流量转化率 …………… 296
9.1.5 影响转化率的因素 ………… 298
9.2 店铺浏览量统计分析 ………… 299
9.2.1 创建客户浏览量统计表 …… 300
9.2.2 使用折线图查看每月浏览量走势 ………………………… 302

9.2.3 分析店铺月平均浏览量 …… 304
9.2.4 使用AI工具分析店铺数据 …306
9.3 不同类型的流量分析 ………… 308
9.3.1 创建不同渠道流量统计表 …308
9.3.2 使用饼图比较流量占比 …… 310
9.3.3 使用折线图分析免费流量 …312
9.4 不同流量渠道的成交转化率分析 …316
9.4.1 创建下单转化率数据表 …… 316
9.4.2 使用图表查看各渠道的成交转化率 ……………………… 318
9.4.3 使用AI工具分析转化率 …… 321
本章小结 …………………………… 323

第10章 分析结果有理有据：电商数据分析报告的撰写

10.1 认识数据分析报告 ………… 325
10.1.1 数据分析报告的种类 …… 325
10.1.2 数据分析报告的作用 …… 327
10.1.3 数据分析报告的编写原则 …328
10.2 数据分析报告的结构 ……… 329
10.2.1 标题页 …………………… 329
10.2.2 目录 ……………………… 330
10.2.3 前言 ……………………… 331
10.2.4 正文 ……………………… 333
10.2.5 结论与建议 ……………… 334
10.2.6 附录 ……………………… 336
10.3 利用AI工具讯飞星火大模型快速生成数据分析报告 …………… 337
10.4 用ChatGPT+MindShow快速生成PPT类型的分析报告 ………… 341
本章小结 …………………………… 344

Excel

第1章

从零开始：
电商数据分析思维与方法

本章导读

随着电子商务行业的蓬勃发展，电商数据分析在电商运营与推广中的关键作用日益凸显。如今，无论是行业选择、商品采购、产品策略制定、价格定位、营销活动规划、库存管理，以及客户体验的优化，数据分析已经成为不可或缺的一环。电商数据分析是运营的基础，利用数据来推动电商店铺的发展，通过客观和真实的数据反映店铺的综合情况，可以为日常运营提供可靠的决策支持。随着技术的不断进步，电商数据分析还能够提供更多深层次的见解，帮助电商企业更加精细化地管理各个方面的运营工作，实现更高水平的业务增长。

知识要点

- 了解电商数据分析的思维和方法
- 认识电商数据分析的常见数据
- 掌握电商数据分析的流程

1.1 电商数据分析的重要性

随着互联网的普及和电子商务的快速发展，越来越多的企业和个人开始涉足电商领域。在这个竞争激烈的市场环境中，如何利用数据来优化运营、提高销售业绩和客户满意度，已经成为电商企业成功的关键因素之一。因此，电商数据分析在当今的商业环境中具有举足轻重的地位。

1.1.1 为什么要分析电商数据

电商数据分析作为一种新兴的跨学科领域，旨在帮助企业和个人从大量的电商数据中提取有价值的信息，以便更好地了解市场需求、消费者行为和竞争态势。通过对电商数据的深入挖掘和分析，企业可以更加精准地制定营销策略、优化产品组合、提高供应链效率，从而实现可持续发展和获取竞争优势。电商数据分析的作用与意义具体如下。

1. 提高运营效率

通过对电商平台的数据进行分析，企业可以了解各个环节的运行状况，从而找出存在的问题和改进的空间。例如，通过对库存数据的分析，企业可以合理安排生产和采购计划，避免库存积压或缺货现象；通过对物流数据的分析，企业可以提高配送速度和准确率，提升客户满意度。

2. 优化产品策略

通过对市场和竞争对手的数据进行分析，企业可以了解消费者的需求和喜好，从而调整产品策略，提高产品的竞争力。例如，通过对热销产品和滞销产品的数据进行分析，企业可以调整产品线，淘汰滞销产品，增加热销产品的供应；通过对价格敏感度的数据进行分析，企业可以制定合适的定价策略，吸引更多的消费者。

3. 提升营销效果

通过对广告投放和营销活动的数据进行分析，企业可以评估营销活动的效果，从而优化营销策略，提高投资回报率。例如，通过对广告点击率和转化率的数据进行分析，企业可以了解哪些广告渠道和内容更受消费者欢迎，从而调整广告投放策略；通过对促销活动的销售数据进行分析，企业可以了解哪些促销手段更能刺激消费者的购买欲望，从而提高销售额。

4. 增强客户关系管理

通过对客户行为和消费数据的分析，企业可以更好地了解客户的需求和喜好，从而提供更加个性化的服务,增强客户忠诚度。例如,通过对客户的购买记录和浏览行为的数据进行分析,企业可以向客户推荐他们可能感兴趣的产品;通过对客户的反馈和评价的数据进行分析,企业可以及时了解客户对产品和服务的满意度,从而改进产品和服务质量。

5. 预测市场趋势

通过对历史数据和行业数据的分析,企业可以预测未来的市场趋势,从而制定相应的战略和计划。例如,通过对季节性销售数据的分析,企业可以预测未来一段时间内的销售高峰和低谷,从而提前做好库存和营销准备;通过对竞争对手数据的分析,企业可以了解竞争对手的优势和劣势,从而制定有针对性的竞争策略。

1.1.2　AI工具和Excel在电商数据分析中的作用

在电商数据分析中,AI工具和Excel都扮演着重要的角色。它们各自具有独特的优势和局限性,结合使用可以更好地满足电商企业的需求。以下是AI工具和Excel在电商数据分析中的一些主要作用。

1. 数据收集与整理

Excel是一款功能强大的电子表格软件,可以轻松地收集、整理和处理各种类型的数据。通过Excel,电商分析师可以快速地对数据进行清洗、筛选和排序,为后续的分析工作做好准备。图1-1是一份销售数据统计表,用户可以在工作表中进行数据筛选、排序等操作。图1-2是将销售数量按降序排列后的效果,进行简单的排序可以帮助我们更快地找到关键数据。

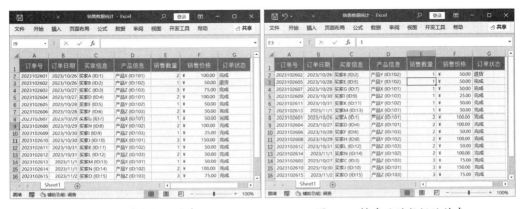

图1-1　销售数据统计表　　　　图1-2　排序后的数据统计表

而AI技术可以帮助电商企业自动化地收集和整理数据。例如,通过爬虫技术,AI工具可以从网页上自动抓取商品信息、价格、评论等数据,大大提高数据收集的效率。下面以AI工具ChatGPT为例,讲解在实际应用中,想要收集某网站中商品的销量情况时,如何借助ChatGPT来编写代码。

> **提问:** 你是一名电商数据分析师,具备从网络中收集电商数据的能力。现在,你要从某网站中收集当天的玩具销售情况,获取销量第一的产品。请直接以代码块的形式给出Python代码。

ChatGPT

要从某个网站中收集电商数据,首先需要使用合适的网络爬虫工具来获取数据。以下是一个示例代码块,展示如何使用Python的Requests库和BeautifulSoup库来爬取网页数据并获取销量第一的产品:

```python
import requests
from bs4 import BeautifulSoup
# 发起网络请求
url = 'https://example.com/your-ecommerce-website-url'
response = requests.get(url)
# 检查响应状态码
if response.status_code == 200:
    # 解析HTML页面
    soup = BeautifulSoup(response.text, 'html.parser')
    # 根据网页结构定位销量信息
    # 这里的class名称需要根据实际网页结构来确定
    sales_elements = soup.find_all('span', class_='sales-count')
    # 提取销量数据
    sales_data = [int(sales.get_text()) for sales in sales_elements]
    # 找到销量最大的产品
    max_sales = max(sales_data)
    max_sales_product_index = sales_data.index(max_sales)
    # 获取销量最高的产品的相关信息
    # 这里的class名称需要根据实际网页结构来确定
    product_elements = soup.find_all('div', class_='product-info')
    top_product_info = product_elements[max_sales_product_index].get_text()
    print(f"销量最高的产品信息: \n{top_product_info}")
```

```
    else:
        print("无法获取页面数据，状态码:", response.status_code)
```

请注意，这只是一个示例代码块，实际网站的结构和元素名称可能会不同。需要根据目标网站的 HTML 结构来调整代码中的选择器和 URL。另外，务必尊重网站的使用政策和法律法规，并确保有合法的许可来进行数据收集。

以上是在 ChatGPT 中提问得到的答案，将代码根据实际情况稍作修改，就可以运用在想要的网站中提取数据，就算是爬虫"小白"也可以轻松地玩转数据。

2. 数据分析与挖掘

Excel 提供了丰富的数据分析工具，如公式、函数、图表等，可以帮助电商分析师对数据进行深入的分析和挖掘。如图 1-3 所示，使用公式后可以通过销售数量和销售价格计算出销售总额。而通过图表，还可以轻松发现数据中的规律和趋势，为决策提供依据，如图 1-4 所示。

图 1-3 使用公式计算

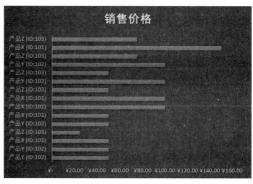

图 1-4 使用图表分析

而 AI 技术在数据分析和挖掘方面具有更强的能力。例如，机器学习算法可以自动识别数据中的模式和关联，预测未来的销售趋势；深度学习技术可以对大量的文本数据进行分析，提取有价值的信息。例如，在已有的销售数据中，想要找到更受消费者欢迎的商品，可以使用 AI 工具来分析，下面使用 AI 工具讯飞星火大模型来分析销售数据。

> **提问：** 以下是网店的销售数据，根据销售数量和销售价格，分析两者之间的关系。
>
> 订单号　　　　　订单日期　　　　　买家信息　　　　　产品信息
> 销售数量　　　　销售价格　　　　　订单状态　　　　　销售总额
> 2023102601　　　2023-10-26　　　　买家 A (ID:1)　　　产品 X(ID:101)

2	100元	完成	200元
2023102602	2023-10-26	买家B (ID:2)	产品Y (ID:102)
1	50元	退货	50元
2023102603	2023-10-27	买家C (ID:3)	产品Z (ID:103)
3	75元	完成	225元
2023102604	2023-10-27	买家D (ID:4)	产品X (ID:101)
2	100元	完成	200元
2023102605	2023-10-28	买家E (ID:5)	产品Y (ID:102)
1	50元	完成	50元
2023102606	2023-10-28	买家F (ID:6)	产品Z (ID:103)
2	50元	完成	100元

请以结论的形式告诉我，哪种商品更受消费者欢迎。

讯飞星火大模型

根据提供的销售数据，可以得出以下结论：

产品X (ID:101) 在订单号为2023102601和2023102604的订单中，销售数量为4，销售总额为400元。

产品Y (ID:102) 在订单号为2023102602和2023102605的订单中，销售数量为2，销售总额为100元。

产品Z (ID:103) 在订单号为2023102603和2023102606的订单中，销售数量为5，销售总额为325元。

根据销售数量和销售总额的数据，可以得出以下结论：

产品Z是消费者的首选，因为它在两个订单中的销售数量高于其他产品。

产品X和产品Y在销售数量和销售总额方面表现相似，但都不如产品Z受欢迎。

因此，根据提供的数据，产品Z是消费者更喜欢的商品。需要注意的是，这只是根据所提供的数据得出的初步结论，实际情况可能受到更多因素的影响，如产品特性、市场趋势等。

以上是在AI工具讯飞星火大模型中提问得到的回答，当数据较多、人工不容易判断时，AI工具可以有条理地帮你分析数据详情，并给出最终的结论。

3. 个性化推荐

虽然Excel可以进行一定程度的数据分析，但在处理大规模、复杂的用户行为数据时，其性能和效率有限。而AI技术在个性化推荐方面具有显著的优势，如分析用户的历史行为、兴趣偏好等。下面我们通过AI工具ChatGPT，结合网店商品的浏览和购买数据，对用户的行为和兴趣偏好进行分析，具体操作方法如下。

> **提问：** 以下是网店的浏览和购买数据，现在要对用户的历史行为和兴趣偏好进行分析。
>
> | 用户ID | 商品ID | 浏览次数 | 购买次数 | | 收藏次数 |
> | --- | --- | --- | --- | --- | --- |
> | 购买金额 | 购买日期 | 商品类别 | 年龄 | 性别 | 地理位置 |
> | 001 | P1001 | 5 | 2 | | 3 |
> | 150.00 | 2023-10-05 | 电子产品 | 30 | 男性 | 北京 |
> | 001 | P1002 | 3 | 1 | | 2 |
> | 80.00 | 2023-09-15 | 服装 | 30 | 男性 | 北京 |
> | 002 | P1003 | 10 | 5 | | 4 |
> | 250.00 | 2023-10-20 | 食品 | 25 | 女性 | 上海 |
> | 002 | P1004 | 2 | 0 | | 1 |
> | 0.00 | 2023-10-10 | 家具 | 25 | 女性 | 上海 |
> | 003 | P1005 | 8 | 3 | | 2 |
> | 120.00 | 2023-10-10 | 化妆品 | 35 | 女性 | 广州 |
> | 003 | P1006 | 4 | 2 | | 2 |
> | 60.00 | 2023-09-28 | 电子产品 | 35 | 女性 | 广州 |
>
> 请以结论的形式，推荐个性化商品，提高商品的转化率。

ChatGPT

根据提供的用户历史行为和兴趣偏好数据，我们可以得出以下结论和推荐策略，以提高商品的转化率。

结论1：用户兴趣偏好

用户001对电子产品和服装感兴趣，用户002对食品感兴趣，用户003对化妆品和电子产品感兴趣。

结论2：用户活跃度

用户002和003在网店的活跃度较高，浏览次数、购买次数和收藏次数均较高。

用户001相对较少活跃。

结论3：用户地理位置和年龄

用户002和用户003分别位于上海和广州，这些地区可能有地域特定的购物需求。

用户001位于北京，也有自己的特点。

推荐策略：

基于兴趣推荐：根据用户的兴趣偏好，向用户推荐与其过去浏览、购买和收藏行为相关的商品。例如，为用户001推荐电子产品和服装，为用户002推荐食品，为用户003推荐化妆品和电子产品。

活跃用户专属优惠：针对活跃用户002，可以提供特别的促销活动或折扣，以激励其继续购物。

地域特定推荐：根据用户地理位置，为用户推荐与其所在地区相关的商品。例如，用户002和用户003分别位于上海和广州，可以根据当地的购物趋势和需求进行推荐。

个性化推荐：使用个性化推荐算法，结合用户历史行为数据，为每位用户生成独特的商品推荐列表，以提高转化率。这可以包括协同过滤、内容推荐和深度学习模型等技术。

定期更新推荐：定期监测用户行为和反馈，以及商品库存和促销活动，不断优化个性化推荐策略。

通过以上推荐策略，可以更好地满足用户的需求，提高商品的转化率，增加销售量和用户满意度。但请注意，这些策略需要根据实际业务情况和数据反馈进行不断优化和调整。

以上是在ChatGPT中提问得到的回答，AI工具在进行数据分析之后，将分析结果直接呈现，为用户提供推荐策略。

4. 库存管理与优化

Excel可以帮助电商分析师对库存数据进行分析，发现库存积压、缺货等问题，为库存管理提供参考。

例如，通过图表展示一年的销售数据，发现每年11月的销售数据远远大于其他月份，如图1-5所示。由此可见，11月是全年的销售旺季，而经营者在10月时就应该加强库存的管理，避免出现库存不足的情况。

而AI工具可以实时监控库存数据，预测商品的需求量和销售

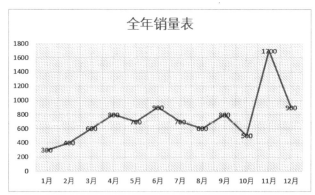

图1-5 使用图表查看数据

趋势，帮助企业实现库存的精细化管理。此外，AI工具还可以通过智能调度系统，优化物流和仓储资源，降低运营成本。下面我们通过AI工具讯飞星火大模型，结合网店商品的浏览和购买数据，对用户的行为和兴趣偏好进行分析，具体操作方法如下。

> **提问**：以下是公司全年的销售情况，根据销量，确定应该如何调整库存，请以结论的形式

呈现。

月份	销量（件）
1月	300
2月	400
3月	600
4月	800
5月	700
6月	900
7月	700
8月	600
9月	800
10月	500
11月	1700
12月	900

讯飞星火大模型

　　根据销量数据，11月的销量较平时增加明显，达到了1700件。因此，在调整库存时，应该考虑以下结论：

　　针对11月销量的增加，需要提前增加库存以满足需求。根据销售趋势，可以在10月底或11月初开始增加库存，以确保有足够的产品供应。

　　根据其他月份的销售情况，库存的调整幅度可以适当减小。例如，3月至8月的销量较为稳定，可以将库存保持在适当水平，以满足市场需求。

　　对于销售量较低的月份（如1月、2月），可以适量减少库存，以避免过多的滞销产品。

　　综上所述，根据销量数据，应该针对11月销量的增加提前增加库存，并根据其他月份的销售情况进行适度的库存调整。

　　从以上的分析中得知，可以根据当年的销售旺季、淡季和平季来调整库存，避免过多的囤货，也可以避免旺季供不应求的情况。

5. 营销策略制定

　　Excel可以帮助电商分析师对营销活动的效果进行评估，为企业制定更有效的营销策略提供支持。图1-6为营销活动中的销量数据表，仅通过数据表并不能清楚地看到销售数量及销售额的差别，此时，可以将其转换为图表，如图1-7所示。

	A	B	C	D
1	序号	商品名称	销售量	销售额
2	1	书包	500	¥ 5,000.00
3	2	笔记本	1000	¥ 3,000.00
4	3	文具套装	800	¥ 2,400.00
5	4	计算器	600	¥ 1,800.00
6	5	电子词典	400	¥ 1,200.00
7	6	笔	2000	¥ 600.00
8	7	文件夹	700	¥ 1,400.00
9	8	课程表	300	¥ 900.00
10	9	圆规	250	¥ 750.00
11	10	尺	250	¥ 750.00
12	11	U盘	500	¥ 1,500.00
13	12	MP3播放器	300	¥ 900.00
14	13	PDA	200	¥ 600.00
15	14	LED台灯	400	¥ 1,200.00
16	15	A4打印纸	1500	¥ 3,600.00
17	总计		9700	¥ 25,600.00

图 1-6 数据表查看

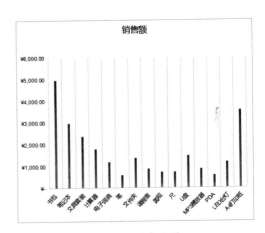

图 1-7 图表查看

而AI工具可以对大量的营销数据进行分析，发现潜在的客户群体、市场机会等，为企业制定精准的营销策略提供依据。此外，AI工具还可以通过对竞争对手的分析，帮助企业制定竞争策略。下面我们通过AI工具讯飞星火大模型，结合历史销售数据，为热卖产品制定销售策略，具体操作方法如下。

> **提问**：你是一个电商管理人员，现在需要根据学生的需求订购开学用品，请根据以下数据，制定一个营销策略，以报告的形式呈现。
>
> | 序号 | 商品名称 | 销售量 | 销售额 |
> |---|---|---|---|
> | 1 | 书包 | 500 | ¥5000 |
> | 2 | 笔记本 | 1000 | ¥3000 |
> | 3 | 文具套装 | 800 | ¥2400 |
> | 4 | 计算器 | 600 | ¥1800 |
> | 5 | 电子词典 | 400 | ¥1200 |
> | 6 | 笔 | 2000 | ¥600 |
> | 7 | 文件夹 | 700 | ¥1400 |
> | 8 | 课程表 | 300 | ¥900 |
> | 9 | 圆规 | 250 | ¥750 |
> | 10 | 尺 | 250 | ¥750 |
> | 11 | U盘 | 500 | ¥1500 |
> | 12 | MP3播放器 | 300 | ¥900 |
> | 13 | PDA | 200 | ¥600 |
> | 14 | LED台灯 | 400 | ¥1200 |

| 15 | A4打印纸 | 1500 | ¥3600 |
| 总计 | | 9700 | ¥25600 |

讯飞星火大模型

报告标题：开学用品电商营销策略

1. 背景

新学年即将开始，他们需要各种开学用品来满足学生的学习需求。作为电商管理人员，我们需要制定一份有效的采购和营销策略，以满足学生的需求，从而提高销售额和市场份额。

2. 商品销售概况

以下是各种开学用品的销售情况。

序号	商品名称	销售量	销售额
1	书包	500	¥5,000
2	笔记本	1000	¥3000
3	文具套装	800	¥2400
4	计算器	600	¥1800
5	电子词典	400	¥1200
6	笔	2000	¥600
7	文件夹	700	¥1400
8	课程表	300	¥900
9	圆规	250	¥750
10	尺	250	¥750
11	U盘	500	¥1500
12	MP3播放器	300	¥900
13	PDA	200	¥600
14	LED台灯	400	¥1200
15	A4打印纸	1500	¥3600
总计		9700	¥25600

3. 营销策略建议

基于上述销售概况，以下是我们的开学用品采购和营销策略建议。

（1）重点关注热销商品

我们应该继续加大对热销商品的采购和营销。笔记本、书包、文具套装和笔等商品的销售量较高，这些商品在学生开学季非常受欢迎。我们可以考虑增加库存以满足潜在的需求，并通过促销活动提高销售额。

（2）推广新商品

对于销售量较低的商品，如PDA、MP3播放器、LED台灯等，我们可以考虑制订专门的促销计划，同时与学生进行沟通，以提高其对这些商品的认知和需求。这些商品可能需要更多的宣传工作以吸引潜在客户。

（3）学生套餐优惠

我们可以创建学生套餐，将热销商品组合在一起，以吸引学生购买多个商品。例如，可以提供笔记本、笔、文件夹和计算器的套餐，并提供一定的折扣，以鼓励大宗购买。

（4）促销和广告活动

制定促销活动，如优惠券、限时折扣和特别促销活动，以增加销售额。同时，可以使用社交媒体广告和电子邮件营销来提醒潜在客户购买我们的开学用品。

（5）定期检查库存

定期检查库存，确保我们有足够的库存以满足需求，特别是在开学季和假期季节。避免因缺货而失去潜在的销售机会。

（6）定期分析销售数据

持续跟踪销售数据，了解商品的销售趋势和用户偏好，以便根据实际情况调整我们的策略和库存。

4. 总结

在新学年即将开始之际，我们的开学用品采购和营销策略将重点关注热销商品，同时积极推广和促销销售量较低的商品。通过制订各种促销计划和创建学生套餐，我们可以提高销售额，满足学生的需求，同时持续关注市场变化，并定期调整我们的策略。这将有助于我们在竞争激烈的市场中取得成功。

以上是利用AI工具讯飞星火大模型分析数据之后得到的销售报告。虽然生成的销售报告并不完全符合实际的需要，但也可以为用户提供思路。

1.2 电商数据分析的思维和方法

电商行业在数字化时代迅速崛起，成为全球商业的主要推动力之一。随着越来越多的消费者选择在线购物，电商企业积累了大量的数据，这些数据包含宝贵的市场洞察信息。然而，数据本身并不具备意义，只有通过深刻的分析和洞察，我们才能发现商机、改进运营、提高用户体验，以及提高竞争力。

1.2.1 电商数据分析的思维

电商数据分析是一个复杂而多样化的领域,需要具备一系列思维能力和技能来有效地分析和解释数据,以支持商业决策。

1. 统计思维

在电商数据分析过程中,统计思维具有极其重要的地位。它为分析师提供了理解数据分布、趋势和关系的有效工具。例如,通过运用统计方法来深度分析销售数据,我们可以计算出销售额的平均值、中位数、标准差等统计指标。这些指标可以为我们揭示销售数据的波动性和趋势,便于我们更好地了解销售情况。

2. 假设检验和推断能力

数据分析师必须具备假设检验的能力,以便确定不同组之间的差异是否具有统计学意义。例如,在评估一项促销活动对销售额的显著影响时,可以使用假设检验来分析促销活动实施前后的销售数据差异。

3. 数据可视化能力

数据可视化是一种通过图形方式呈现复杂数据的技术,旨在提高数据的可理解性和沟通效率。借助数据可视化,分析师能够更轻松地识别数据中的趋势、关系和模式。例如,通过创建销售趋势图,可以直观地展示不同产品类别的销售情况,从而帮助管理层更准确地把握市场需求。

4. 问题解决能力

分析师必须具备对问题的识别和解决能力,并能够从数据中寻找答案。例如,当销售额下降时,分析师需要追踪根本原因,如可能是市场竞争加剧、库存问题或促销策略不当等,随后提出相应的解决方案。

5. 业务洞察力

电商数据分析不仅涉及数据的解析,更关乎业务运营的深度理解。分析师在进行数据分析时,需要将数据与实际业务情境相联系,以提供有针对性的策略建议。例如,若分析师发现某类商品在某一地理区域的需求有所增长,便可以提出增加库存以满足该市场需求的建议。

6. 沟通能力

分析师需要具备将复杂分析结果简明扼要地传达给非技术人员（如管理层或市场团队）的能力。分析师应具备清晰的书面和口头沟通技巧，以确保战略决策的制定。

7. 创新思维

电商数据分析需要具备创新思维，不断探索和开发新的方法和技术以解决复杂的问题。例如，通过应用机器学习模型，我们可以预测用户的购买行为，并为其提供个性化的推荐和建议。此外，我们还可以设计实验来测试新的营销策略的有效性，以便不断优化和改进。

8. 持续学习和自我改进

随着电商数据分析领域的日新月异，数据分析师必须始终保持学习的态势，及时了解和掌握新的工具、技术和分析方法。这种持续学习的能力和自我提升的能力，对于适应不断变化的数据分析需求至关重要。

通过综合运用这些思维方法，电商数据分析师能够更深入地理解消费者行为和市场趋势，有效提升销售业绩和运营效率，为业务决策提供强有力的数据支持。这些能力的完美结合，使数据分析师能够将看似庞杂的数据转化为具有实际价值的见解和行动，为公司的业务发展贡献出重要的智慧和力量。

1.2.2 使用对比法分析

在电商数据分析过程中，分析师除了应具备出色的思维能力外，还应当熟练掌握科学的数据分析方法。只有这样，我们才能从有限的数据中发掘出关键信息，并寻找到所需的有价值情报。

对比分析法是一种广泛应用于数据分析和决策制定的方法。通过比较不同组、不同时间段或不同条件下的数据，可以更好地理解和评估它们之间的差异和相似之处，从而从多个角度研究和解释数据，支持决策制定和问题解决。例如，通过比较不同季度的销售额和产品类别销售额，我们可以识别季节性趋势，以制定库存管理策略，如图1-8所示。

在电商数据分析中，经常需要从不

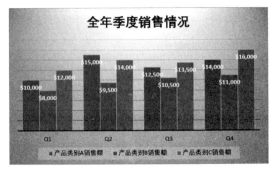

图1-8　对比分析

同的时期、竞争对手或行业、优化前后及活动前后这几个维度进行对比分析。

1. 不同时期对比

在数据分析过程中，通过对比不同时期的销售数据，我们可以识别出销售趋势、季节性差异及各产品类别的表现情况。在进行数据比较时，通常会分析环比增长率和同比增长率，以便更准确地了解店铺当前的销售数据相较于以往是否有所提升。

2. 竞争对手或行业对比

竞争对手或行业对比分析是电商领域中的一项关键任务，它有助于企业了解自身在市场中的地位，识别机会和威胁，制定战略和决策。而竞争对手可以包括直接竞争对手、同一行业的其他公司，或者市场上的主要参与者。在分析时，可以比较关键业绩指标，如销售额、市场份额、毛利率、客户满意度等，以确定自己的产品在市场上是否占有主导地位。

3. 优化前后的对比

在电商运营过程中，对店铺进行优化是常态，而对比优化前后的数据是评估改进措施效果的重要手段。通过关键指标的对比，如销售额、利润、用户满意度等，企业可以判断改进措施是否产生了显著的正面效益。这种对比分析可以帮助企业识别改进前后的差异，包括存在的问题和潜在的机会。比如，可能会发现优化后某个产品类别的销售额有所增加，同时也有可能发现某一市场领域的竞争状况加剧。这些信息有助于企业更好地调配资源以解决问题和利用机会。

4. 活动前后的对比

对比活动前后的数据对于企业和组织在活动和项目管理中具有至关重要的作用。在开展活动时，通常会设定特定的目标和关键绩效指标。通过对比前后数据，可以验证这些目标是否已经实现。如果目标未能达成，可以深入分析原因并采取相应的改进措施，调整战略、战术和资源分配，以更好地实现活动的目标。这种分析方法有助于企业和组织在活动和项目管理中做出更加科学、客观的决策，提高整体运营效率和项目管理水平。

1.2.3 使用细分法分析

细分法是一种数据分析方法，其涉及将整体数据集分解为更小的、更具体的子集，以便更深入地理解和研究不同子群体之间的差异和相似之处。这种方法有助于揭示隐藏在整体数据中的模式、趋势和洞察，从而更好地满足不同用户群体的需求。在使用细分分析法时，其主要方法与步骤如下。

1. 数据分割

首先，我们将整体数据集划分为若干个子集，每个子集均包含一组特定的特征、属性或标准。这一过程依据多种因素进行，例如地理位置、年龄、性别、兴趣及购买历史等。

2. 分析子群体

在分析过程中，应对每个子集进行独立的考量，深入探究其行为特征、喜好倾向、需求表现及发展趋势。为实现这一目标，我们需要运用统计指标、数据可视化技术及假设检验等手段，进行综合分析和研究。

3. 比较和对比

在不同子群体之间进行对比分析，有助于发现不同群体之间的差异和相似之处，从而更好地了解这些群体的独特特征和需求。

4. 洞察和决策

基于对不同子群体的洞察，制定相应的策略、产品定位、市场营销思路，以满足不同子群体的需求。

例如，一个电商平台希望了解其用户群体，并为不同用户群体提供个性化的购物体验，如图1-9所示。

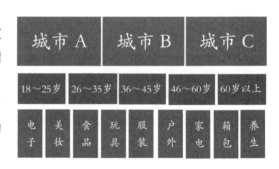

图1-9 细分购物人群

可以进行细分法分析如下。

（1）分割用户群体。将用户分为不同子群体，基于以下标准。

- 地理位置：城市A、城市B、城市C。
- 年龄：18～25岁、26～35岁、36～45岁、46～60岁、60岁以上。
- 兴趣：电子产品爱好者、时尚购物者、食品爱好者。

（2）分析子群体。对每个子群体进行独立分析，包括购买历史、浏览行为、平均购物金额等指标，细分每个子群体的消费情况。

（3）比较和对比。通过比较不同子群体之间的数据，发现以下差异。

- 城市A的用户更倾向于购买电子产品，城市B的用户更关注时尚商品，城市C的用户更喜欢食品。

- 26～35岁的用户平均购物金额较高，而18～25岁的用户浏览频率更高。

（4）洞察和决策。基于这些发现，电子商务平台可以制定以下策略。

- 针对城市A的用户，增加电子产品的库存和促销。
- 针对时尚购物者（不论年龄）提供个性化推荐和时尚活动。
- 针对城市B和C的用户，分别增加时尚类和食品类商品的种类和优惠。

通过细分法分析，电子商务平台可以更好地理解用户需求，提供个性化的购物体验，提高销售额和用户忠诚度。这种分析方法在市场营销、产品开发和客户关系管理中非常有用。

1.2.4 使用AB测试法分析

AB测试法（A/B Testing）是一种常用的实验设计和数据分析方法，用于比较两个或多个变体（通常标记为A和B）之间的性能差异，以确定哪个变体在特定条件下更有效。AB测试法通常应用于网站优化、应用程序开发、市场营销策略等领域，以帮助测试者做出数据驱动的决策。

AB测试法的基本原则主要包括以下几点。

1. 随机分组

在AB测试中，用户或样本被随机分成两个或多个组，其中一个是对照组，通常保持当前状态或原始版本，其他组是实验组，应用了变化或新版本。这确保了实验的客观性，减少了潜在的偏见。

2. 实施变体

变化可以包括不同的网页设计、不同的广告文案、不同的产品功能、不同的价格策略等。这些变化旨在测试它们是否会对用户行为和业务绩效产生显著影响。

3. 数据收集

在AB测试期间，数据分析工具用于收集用户行为数据，例如点击率、转化率、购买率、停留时间等。这些数据用于比较不同组之间的性能。

4. 统计分析

通过使用统计方法，例如假设检验和置信区间，分析不同组之间的绩效数据，以确定是否存在显著的差异。

5. 决策

基于统计分析的结果，企业可以决定采纳哪个版本或策略，以获得更好的业务结果。这可能包括优化产品、网站或市场策略，以满足用户需求。

例如，一家电子商务网站希望确定购买按钮的颜色对用户点击率的影响。他们进行的AB测试如下。

（1）随机分组。网站的用户被随机分为两组。对照组看到的是原始网站，购买按钮是蓝色（变体A）；实验组看到的购买按钮变成了绿色（变体B）。

（2）数据收集。在一段时间内，网站追踪用户的点击率，记录每个按钮的点击次数和总浏览次数。

（3）统计分析。使用假设检验，网站分析了两组之间的差异，发现变体B（绿色按钮）的点击率显著高于变体A（蓝色按钮）。

（4）决策。基于统计分析结果，网站决定采用变体B，将绿色按钮应用于整个网站，以提高用户点击率，如图1-10所示。

AB测试法帮助电子商务网站确定哪种按钮颜色对提高用户点击率更有效，而不是仅仅凭主观决策。这种方法在网站优化和市场营销决策中广泛应用，可以优化用户体验和提高转化率。

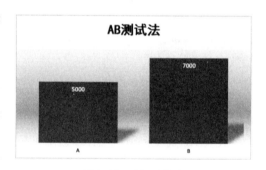

图1-10　AB测试法

1.2.5 使用漏斗法分析

漏斗法是一种有力的分析工具，用于追踪和理解用户在完成一系列连续步骤或事件时的转化率和流失率。这一方法广泛应用于网站、应用程序、销售和营销等领域，以帮助企业优化用户体验，提高转化率和销售效率。

漏斗法的核心思想是将用户行为过程划分为多个阶段，每个阶段代表用户在实现特定目标或完成关键操作时的不同步骤。这个序列就像一个漏斗，因为在每个步骤中，一部分用户可能会流失，就像液体通过漏斗时会有损失。漏斗分析有助于确定用户旅程中的哪些步骤用户最有可能流失，从而为企业提供改进的机会。

漏斗分析通常包括以下步骤。

1. 定义漏斗

漏斗的定义是漏斗分析的基础。企业这一步骤要求明确定义用户旅程的每个关键阶段，从最初的互动开始，一直到达到企业的特定目标为止。这些阶段可以根据企业的业务需求而变化，但它们通常包括用户的初次接触、信息获取、兴趣表达、交易执行等。在这个阶段，需要确定每个阶段的成功标准，以便衡量用户是否成功完成了这些步骤。

2. 设置跟踪

一旦确定了漏斗的各个阶段，接下来是设置跟踪和数据收集工具。企业需要确保每个阶段的用户行为都得到了记录，这通常通过使用网站分析工具、应用程序分析工具或自定义事件跟踪来实现。这些工具将帮助企业追踪用户在每个阶段的行为，包括页面浏览、按钮点击、表单提交等。

3. 分析流失率

漏斗分析的核心是理解用户在每个阶段之间的流失情况。通过比较每个阶段的用户数量，企业可以计算出用户从一个阶段到下一个阶段的转化率。如果在某个特定阶段的流失率较高，这表明企业需要关注并优化这一步骤。例如，如果很多用户在填写付款信息时流失，可能需要改进该页面的设计，简化付款流程，或提供更多的支付选项。

4. 改进用户体验

基于漏斗分析的结果，企业可以制定改进策略。这些策略旨在降低流失率并提高用户转化率。改进策略可以包括如下几个方面。

- 优化页面布局和设计，使其对用户更友好和更吸引人。
- 提供引导信息，以帮助用户更轻松地完成每个阶段。
- 简化流程，减少不必要的步骤和降低填写信息的复杂性。
- 提供个性化用户体验，根据用户的需求和兴趣提供相关内容或产品建议。

这里以电子商务网站的购买漏斗分析举例。一家电子商务网站想要了解用户在购买产品过程中的流失情况，以提高转化率和销售量，在进行购买漏斗分析时包括以下阶段，如图1-11所示。

通过流程图，只能掌握产品的成交转化过程，并不能准确判断出成交转化的具体情况，此时，可以使用漏斗模型来分析产品的转化情况，如图1-12所示。

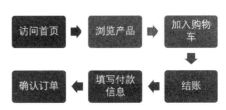

图1-11 成交转化流程

通过对漏斗图的分析，可以发现以下情况。

- 70%的用户在访问首页后流失。
- 30%的用户在浏览产品后流失。
- 15%的用户在加入购物车后流失。
- 10%的用户在进入结账页面后流失。
- 5%的用户在填写付款信息后流失。
- 3%的用户在确认订单后流失。

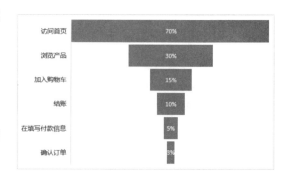

图1-12　转化情况漏斗图

基于这些发现，电子商务网站采取了以下行动。

- 优化首页，提供更吸引人的内容，以降低首页流失率。
- 优化产品页面，增加有吸引力的产品描述和图片，以降低浏览产品阶段的流失率。
- 简化购物车和结账页面的设计，以提高用户转化率。
- 提供用户友好的付款信息填写界面，以降低用户在填写付款信息阶段的流失率。
- 引入订单确认页面的可视化元素和购买保障信息，以提高最后阶段的转化率。

通过漏斗分析和相应的改进措施，电子商务网站成功地提高了购买转化率，从而提高了销售额和用户满意度。这展示了漏斗法在优化用户体验和增加转化率方面的关键作用。

1.2.6　使用类聚法分析

类聚法也称聚类分析，用于将相似的事物或数据点分成一组，这些事物在某个方面相似，而在其他方面不同。这个方法的目标是帮助用户理解数据中的模式和组织，将相似的东西放在一起，以便更好地理解它们。

例如，一家电商公司希望使用类聚法来分析他们的顾客，以便更好地制定营销策略。在收集了大量的客户数据之后，包括购买历史、浏览行为、年龄、性别等信息，再次对这些数据进行分析。

在分析的过程中，可能会发现有一类客户喜欢购买食品，而另一类客户更倾向于购买化妆品，如图1-13所示。此时，就可以根据这些不同的客户类型来制定不同的营销策略。例如，可以向食品购买者发送食品的促销信息，而向化妆品购买者发送美妆相关的信息。

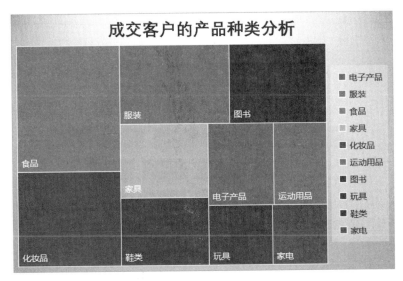

图1-13 成交种类分布

总之,类聚法是一种有助于组织和理解数据的方法,能够帮助电商公司更好地了解他们的客户和产品,以便更有效地进行市场营销和决策制定。

1.3 电商数据分析的流程

进行电商数据分析的目的是让决策者根据数据的波动,做出更好的决策。而我们在进行数据分析时,需要以目标为导向,按照步骤准备数据、分析数据,才能在分析过程中找到关键数据。

1.3.1 明确分析目的

在面对众多的数据时,很多人往往觉得无从下手,这是因为没有找到数据分析的方向。

无论做什么事情,都需要确定目标,而在数据分析之前,可以先问问自己,通过这次数据分析,你想得到什么结果?

只有带着目标分析数据,才不会使数据分析偏离航向。在确认目标之后,还需要把这个目标分解成若干个不同的分析要点,明确要达到这个目标需要从哪几个方面、哪几个点进行分析,而这几个点需要分析的内容有哪些。

例如,如果你要分析一家电商企业上半年的销售数据,以提高销售额为目标,那么仅仅对每个月的销售额进行统计分析是不够的,还需要分析该电商平台的访问量、用户购买行为、产品库存情况，以及促销活动的效果等因素，以实现提升销售额的目标，如图1-14所示。

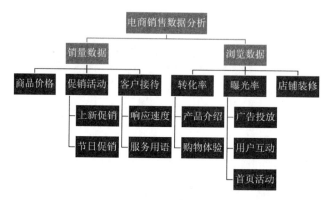

图1-14　分析目的

在明确了数据分析的目标之后，接下来就要进行有针对性的数据收集，才能保证数据分析的有效性。

1.3.2　数据收集

在数据分析之前，首先需要有数据的支持，只有收集了相关的数据，才能进一步建立数据模型，发现数据规律和相关性，从而解决问题，实现预测。

如果只是进行简单的当月销售数据分析，可以使用公司的数据库，但要实现更多目的，如数据预测、数据趋势等，就需要不同渠道的各种数据的支持。例如，公开出版物、互联网、市场调查、数据收集机构等，都是收集数据的好渠道，接下来一一讲解。

1. 公司数据库

公司从成立开始，就记录了众多数据，如不同时间的产量、销售数据、利润数据等，是数据分析的最佳数据资源。

2. 公开出版物

在分析发展前景、行业增长数据、社会行为等数据时，可以在众多公开出版物中寻找数据资源，例如《中国统计年鉴》《中国社会统计年鉴》《世界发展报告》《世界经济年鉴》等统计类出版物。

3. 网络数据

在网络时代，很多网络平台会定期发布相关的统计数据，而利用搜索工具，可以快速地收集到所需的数据。例如，在国家及地方统计局网站、各行业组织网站、政府机构网站、传播媒体网站、大型综合门户网站等，都可以找到想要的数据。图1-15为在百度指数中搜索女装的数据，除了查看趋势研究，还能查看需求图谱、人群画像等，数据全面且有效。

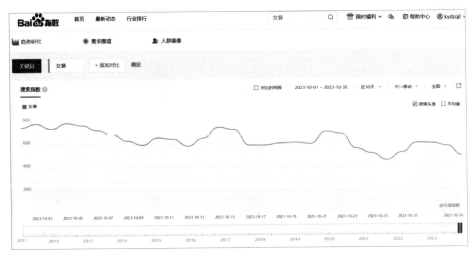

图1-15 查看百度指数中相关数据

4. 市场调查

在进行数据分析时，用户的需求与感受是分析产品的第一要素，为了获取相关的信息，需要使用各种手段来了解产品的反馈信息，分析市场范围，了解市场的现状和发展空间，为市场预测和营销决策提供客观、准确的数据资料。在进行市场调查时，一般可以通过问卷调查、观察调查、走访调查等形式来完成。

5. 数据收集机构

在信息时代，每天的数据都呈爆发式增长，若想获取第一手的数据信息，不妨选择专业的数据收集机构来完成数据的收集工作。但是数据收集机构虽然有庞大的数据库，却也因为数据众多，在进行数据分析时，需要筛选和整理出适合当前需要的数据。

1.3.3 数据处理

在数据采集过程中，通常需要大量的数据，但在数据分析阶段，需要有选择地关注关键数据。这是因为数据来源各异，所以所获得的数据往往杂乱无章。这时，我们需要对这些不规则的数据进行整理，删除错误和重复的数据，提取出有价值的信息，以便为后续数据分析打下坚实的基础。

在处理数据时，我们可以采用多种方法来规范数据，包括数据检查、数据清洗、数据转换、数据提取、数据分组和数据计算等。

1. 数据检查

在进行数据分析之前，首要任务是进行数据检查，以确保数据的真实性、有效性和准确性。这意味着要仔细检查数据，筛选掉不必要的信息，并排除那些可能会干扰分析的逻辑混乱或不一致的数据。数据检查的目的是确保数据集是可信的，从而使后续的分析能够建立在可靠的基础之上，如图1-16所示。

2. 数据清洗

数据收集过程中难免会产生错误、重复和多余的数据，这些问题可能会影响数据的准确性和可用性。因此，数据清洗是必不可少的步骤。在数据清洗过程中，我们会发现并处理这些问题，确保只留下有效的数据，而无效或冗余的数据被删除或纠正。这有助于提高数据质量，以便更好地进行分析，如图1-17所示。

3. 数据转换

数据的来源不同，因此数据可能会具有不同的格式和单位。为了能够比较和分析这些数据，需要对其进行标准化和统一处理，以确保数据的一致性。数据转换包括将不同格式的数据转化为标准格式，以及将不同单位的数据转化为相同单位，从而使它们更容易比较和分析，如图1-18所示。

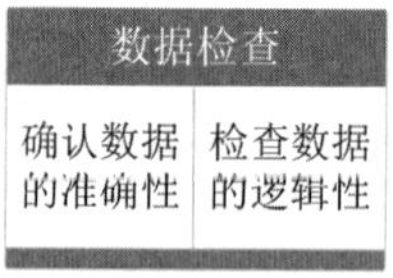

数据检查	
确认数据的准确性	检查数据的逻辑性

图1-16　数据检查

图1-17　数据清洗

图1-18　数据转换

4. 数据提取

并非所有数据对于分析特定的问题都是必要的。根据分析的需求，可以有选择性地提取数据，只选择与分析目标相关的数据。这可以包括提取特定时间段内的数据，查找最大值、最小值、平均值等关键信息，以便更好地理解数据，如图1-19所示。

5. 数据分组

数据分组是将相似的数据根据其特征归类在一起。这有助于更好地理解数据，尤其是当数据集非常庞大时。数据分组可以根据产品销售情况、生产数据、市场份额等特征来组织数据，使其更易于分析和解释，如图1-20所示。

6. 数据计算

数据分析通常需要进行计算，以得出更准确的信息。这可能包括对数据进行求和，计算平均值、标准差、百分比等操作，以便深入了解数据的规律和趋势。计算后的结果可以为决策提供更多的依据，如图1-21所示。

数据提取
根据分析内容查看重点数据 / 提取最大/最小/平均数据

图1-19 数据提取

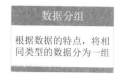

图1-20 数据分组

图1-21 数据计算

通过数据处理，我们能够从混乱的数据中提取所需的信息。处理数据时，一些原本不引人注意的数据，在经过分组、计算等处理后，可能会呈现出全新的面貌，为数据分析提供更多有益的参考。

1.3.4 数据分析

数据分析主要通过统计分析、数据挖掘等方法，对经过整理的数据进行深入研究，从中找出规律和趋势，最终得出结论，以支持问题解决和决策制定。

在目标分析阶段，我们需要明确采用何种方法来分析目标内容。在进行数据分析时，我们需要借助各种工具，例如排序、筛选、分类汇总、数据透视表、Excel数据分析工具等。然而，工具的使用只是其中一部分，更关键的是我们的数据分析思路。这种思路指导我们如何展开数据分析工作，明确从何处着手，需要哪些内容和指标等。

1. 5W2H分析法

5W2H分析法，是以5个W开头的英语单词和两个H开头的英语单词进行提问，从回答中找到解决问题的线索，5W2H的具体框架如图1-22所示。

这种简单方便的方法经常应用于市场营销

图1-22 5W2H分析法

和管理活动等方面，对决策和执行性都有很大的帮助。

例如，我们要通过5W2H分析法进行商场客流分析，可以先了解顾客的购买目的（Why），再审视商场的商品是否与顾客的预期相同（What），然后具体分析谁会是我们的顾客（Who），以及顾客什么时候会购买我们的产品（When），在哪些平台购买（Where），如何购买（How），顾客花费的金钱和时间成本分别是多少（How much），如图1-23所示。

图1-23　顾客下单分析

2. PEST分析法

PEST分析是指宏观环境的分析，是对影响一切行业和企业的各种宏观环境进行分析，因为行业不同，其分析内容会有所区别。但基本来说，都会包括政治、经济、技术和社会这四类环境因素，P是政治（Political），E是经济（Economic），S是社会（Social），T是技术（Technological）。

在进行PEST分析时，需要掌握大量的、充分的相关研究资料，并且对所分析的企业有深刻的认识，否则，此种分析很难进行下去，其分析主要有以下几个方面，如图1-24所示。

图1-24　PEST分析法

3. 4P营销理论

4P营销理论，是指将营销组合的几十个要素概括分为4类，包括产品（Product）、价格（Price）、渠道（Place）和促销（Promotion），以此为指导建立公司业务分析框架，如图1-25所示。

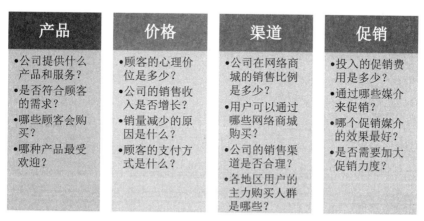

图1-25　4P营销理论

4. 逻辑树

逻辑树是分析问题时最常用的工具之一，也叫问题树、分解树等。使用逻辑树分析问题，关键在于将所有子问题分层罗列，找出问题所有的关键项目，帮助分析者厘清思路，避免重复和无关的思考，如图1-26所示。

图1-26　逻辑树

5. 用户使用行为理论

这一理论主要用于网站和应用程序的分析，它研究用户为获取和使用产品或服务而采取的行为。通过分析用户在网站上的行为，如点击、浏览和购买，可以改进用户体验和网站设计，如图1-27所示。

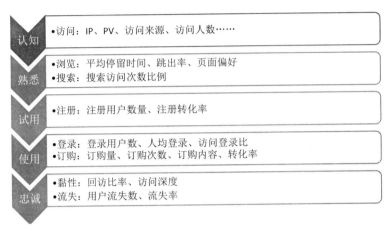

图1-27　用户使用行为理论

数据分析的方法很多，可以单独使用，也可以嵌套使用，要根据实际情况灵活选择。

1.3.5　数据展现

经过数据分析之后，隐藏的数据和数据的特征就会呈现在大家面前。但是，从枯燥的数据中并不能直接看出数据之间的关系，也不容易发现其中的规律。此时，我们可以将数据转化为图表等更加直观的表现形式。

在图1-28所示的工作表中，虽然已经将每一季度的销售情况罗列出来，但也不能让人一目了然地看出每一季度的销量变化。所以，图表是数据展现的最佳工具，可以让人一眼看出销售数据的增减，如图1-29所示。常用的数据图表包括柱形图、条形图、折线图、饼图、散点图、雷达图等。在实际应用时，需要根据数据分析的目的和数据的规律，选择相应的图表。

季度	产品1	产品2	产品3	产品4
Q1	250	180	300	120
Q2	280	190	320	140
Q3	270	200	310	130
Q4	300	210	330	150

图1-28　数据表　　　　图1-29　图表

1.3.6 数据报告

数据分析的目的是，将数据分析的结果用逻辑清晰、直观有力的报告形式呈现出来，所以，数据报告是数据分析必不可少的一环。

一份合格的数据分析报告，必须有一个好的分析框架，并且图文并茂、层次分明，让受众可以一目了然地查看数据，理解报告内容，从而做出决策。

而在数据报告中，一定要有明确的结论，因为只有我们明确分析目标时提出的问题，才能让数据分析的每一个环节都围绕这个问题来展现。

当我们找出问题的关键时，一定要提出建议或解决方案，因为决策者需要的并不仅仅是找出问题，更需要的是建议和解决方案。所以，进行数据分析时，并不仅仅是熟悉数据分析的方法就可以，还需要了解和熟悉公司详情，这样才能根据实际情况提出具体的建议或解决方案。

得出解决方案之后，如果仅使用Excel来撰写报告过于勉强，此时，可以选择使用Word或演示文稿来制作报告，陈述数据分析的结果。

如果报告需要递交给上级，或者作为企业存档使用，可以选择使用Word制作报告。一份完整的Word报告，其框架如图1-30所示，以文字为主，图形为辅。

如果数据分析报告需要在会议室、展会等公共场所演示，可以选择使用演示文稿制作报告。演示文稿以图片为主，文字为辅，其框架如图1-31所示。

图1-30　Word文档制作报告　　　　　图1-31　演示文稿制作报告

1.4 认识电商数据分析的常见数据

在电子商务数据分析领域，通常会遇到各种数据指标，如点击次数、访客数量、商品收藏次数、回购次数，以及交易量等。根据这些数据的性质，电子商务数据可以大致划分为行业数据、商品数据、客服数据、收藏和加购数据、店铺首页数据及店铺整体数据。数据分析专家可以通过研究这些数据来寻找潜在的模式和规律，并根据分析结果随时调整经营策略。

1.4.1 行业数据

行业数据就是对所在行业的各种数据进行采集、分析和预测，帮助商家更好地了解行业趋势和变化，以便他们能够做出更明智的决策，适应市场变化。在如今这个大数据时代，电商行业非常注重对市场整体趋势和综合排名的分析，因为这些数据可以帮助商家们更好地把握市场变化，从而调整经营策略。简单来说，行业数据就是商家们的"导航仪"，帮助他们顺利前行。

1. 市场整体趋势

在评估市场整体趋势时，我们需要关注市场占有率、市场潜在拓展率及市场饱和度。如果一个市场的空间已经接近饱和，而商家因缺乏深入了解急于进入，那么他们很可能会遭受竞争对手的激烈抵抗，甚至一败涂地。因此，在进入市场之前，进行详尽的市场分析至关重要。要避免进入那些已经过度竞争的"红海"市场，而是要寻找当前尚未被充分开发的"蓝海"市场，为日后的店铺运营奠定良好的基础。切勿急于盲目进入市场，而是应该先做好深入调查和分析，以确保能够稳健、长远地发展。

2. 综合排名

行业的商品排名和店铺排名数据，能够帮助我们更加有计划地开展各项运营与推广工作，以提高自己店铺的销量和排名。我们可以从百度指数、生意参谋等各种数据分析工具中查看同行的排名情况，图1-32所示为化妆品行业的品牌指数。在该页面中，单击选项栏还可以查看其他参数，比如品牌搜索指数、品牌资讯指数等。这些数据为我们提供了更全面的行业洞察，让我们能够更好地了解市场需求和竞争态势，从而更有针对性地开展运营推广工作。

第1章 从零开始：电商数据分析思维与方法

图1-32　查看行业排行

1.4.2　商品数据

新开店的商家，经常会遇到发货错误、漏发、缺货等情况，以致受到客户不好的评价，影响店铺好评度。发生此类事件的原因大多与没有精确掌握商品数据有关，所以，必须掌握商品的数量、库存量、上下架时间等。

1. 商品数量

在电子商务领域，我们通常使用SKU（Stock Keeping Unit）这一术语来表示商品的数量，它代表库存的最小单位。每一款商品在SKU中都有对应的条目，例如，如果某款商品有12个颜色分类和4个尺寸分类，那么这款商品就会有48个不同的SKU。

每个SKU对应的是特定颜色和尺寸的商品，其库存和价格也各不相同。如果某个SKU的商品无货，对应的条目会显示为灰色，顾客无法购买该商品。如图1-33所示，我们可以看到，各个SKU的颜色、尺寸、库存和价格都有明确的对应关系。

图1-33　查看商品

2. 商品存量

商品存量涵盖商品的品牌数量和库存量，其中商品品牌数量指的是店铺内不同种类的商品数量，而库存量则是对每种商品的具体数量进行描述。在参与大型促销活动之前，商家必须核实店铺的品牌数量和库存量，避免出现断货的情况。同时，商家还需要分析畅销商品的种类，根据之前的促销经验，适当增加库存量。此外，商家还应具备备用货源渠道，以便在商品销售完毕时能够及时补充同类型的货源。

3. 商品上下架时间

在淘宝平台上，商品的默认上架时间为七天，一旦超过这个时间，商品将自动下架。然而，值得注意的是，离商品下架时间越近，其排名会相应提高。因此，为了提高店铺的成交率，需要对商品进行分析，并总结出店铺成交率最高的时间段。然后，可以通过分批次上架商品的方式，合理安排商品的上下架时间，以最大限度地增加商品的流量。

1.4.3 客服数据

在电子商务的销售过程中，客户服务是店铺运营中的重要环节，它贯穿于售前、售中和售后，是提高成交率的关键所在。客服数据主要包括接待数据、订单数据和售后数据。这些数据可以直接反映店铺在客服运营中存在的问题。通过分析客服数据，可及时发现并解决这些问题，从而有效提升店铺的服务质量。

1. 接待人数

客服人员在接待客户期间，会生成一系列重要的数据指标，例如接待人数、首次响应时间、平均接待时长及回复率等。为了向客户提供更优质的服务，客服人员需要接受培训并熟练掌握标准的销售话术。同时，为了提高客户体验，客服人员还应精心设计欢迎词，以便快速响应客户的需求，并时刻做好回复客户的准备。最终，客服的目标是尽最大努力，确保不遗漏任何一位潜在客户。

2. 订单数据

客服人员在与客户交流中，会产生诸如订单金额、客单价、成交商品总数等订单数据。这些数据通常是衡量客服人员工作绩效的重要指标之一。因此，我们需要制定一个全面、正式、理性的客服岗位考核方案，以客观地评估客服人员的工作表现并提供恰当的激励。这个方案应该涵盖订单数据的收集、分析、评估和奖励机制等多个方面，以确保客服人员能够充分了解自己的工作表现并受到适当的激励，从而提升店铺的客服水平。

3. 售后数据

客服人员在售后处理过程中扮演着至关重要的角色。在处理订单纠纷时，客服人员的作用尤为突出。优质的售后服务是维护店铺形象的基础，售后数据的分析主要包括纠纷率、退货率、退款率等指标。为了提供优质的售后服务，售后客服需要具备应对各种售后问题的能力，以避免客户给予差评，降低店铺的损失，并维护店铺的形象。

1.4.4 收藏和加购数据

在电商领域的数据分析中，尽管收藏和加购数据并未直接反映在成交量中，但这并不意味着它们不具有重要性。这两个数据指标往往被经验丰富的商家所重视，因为它们对于客户的购买决策具有重要影响。许多客户在选购商品前，会先查看商品的收藏量，而将商品添加到购物车的用户更有可能最终完成交易。因此，对于电商商家而言，深入挖掘利用收藏和加购数据，是提高销售业绩的重要途径之一。

1. 收藏量

收藏量与店铺的人气密不可分。通常情况下，收藏量的高低可以反映店铺潜在成交客户的数量。从访客的角度来分析，收藏店铺或商品的原因可以从以下方面进行探讨。

（1）购买意向：有些客户可能对某件商品产生了购买意向，但还处在犹豫阶段，此时他们可能会选择收藏该店铺或商品以便后续再次查看。

（2）比较选择：有些客户可能会在多家店铺之间进行比较，他们会收藏多家店铺或商品，以便在后续进行详细比较后再做决定。

（3）方便查找：还有一些客户可能会喜欢某个店铺或商品，但他们可能不急于购买，因此他们会选择先收藏该店铺或商品，以便在后续需要时能够方便快捷地找到。

因此，收藏量可以作为衡量店铺热度的重要指标之一。商家在设置收藏按钮时，应该将其放置在店铺中较为醒目的位置，以便访客能够方便快捷地进行收藏操作。如图1-34所示，商品的左下角即为某商品的收藏量。

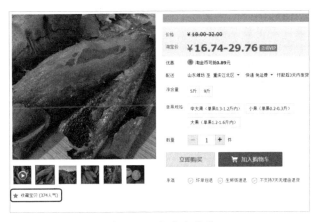

图1-34　查看收藏量

2. 加购量

加购量是指被加入购物车的商品数量，这一数据相比于收藏量更能体现潜在客户的购买意愿。因为一旦商品被加入购物车，下一步的行动极有可能是提交订单。每年各大电商平台都会举办各种购物节，为了吸引客户参与营销活动，店铺可以提示客户提前将商品加入购物车。

> **温馨提示**
>
> 收藏数据和加购数据相互配合，旨在引导客户关注商品，最终促成交易转化。为了提高店铺的收藏量和加购量，商家可以采取一些策略来吸引顾客收藏和加购商品。例如，提供红包奖励以鼓励顾客收藏店铺，或者通过提前加入购物车享受减价优惠等措施来吸引顾客加购商品。这些方法有助于提高店铺的关注度和销售转化率。

1.4.5 店铺首页数据

店铺首页是吸引访客访问店铺的重要环节，同时也是承接流量转化工作的关键部分。对于店铺首页的研究，主要关注的是访客的行为和需求。为了更好地了解访客，我们需要通过数据指标来判断他们的访问行径，其中包括访客数、点击率、停留时间和跳失率。这些数据指标对于后期的研究和分析至关重要，可以帮助我们更好地了解访客需求和行为，从而优化店铺首页的设计和运营策略，如图1-35所示。

图1-35 店铺首页数据

1. 访客数

店铺首页的访问者通常被称为潜在客户，他们往往期望能够在首页上方便地浏览到全店的商品分类。因此，为了方便客户快速定位到所需的商品，店铺首页的关键设置应当是商品的导航和分类。图1-36展示了某家电店铺的首页导航设置。

图1-36 店铺首页导航

2. 点击率

首页点击率是促进成交转化的重要指标之一。当访客对首页的商品产生兴趣时，他们会进行点击查看。如果访客在较长时间内未能找到满意的商品，他们可能会选择离开店铺。因此，首页商品的排版和布局显得尤为重要。商家应该根据客户的点击率来合理设置商品的位置，对于点击率高的商品，应该将其放置在更靠前的位置，以吸引客户的注意力并提高转化率。

3. 店铺首页停留时间

访客在首页停留的时间越长，说明访客对商品越感兴趣，成交转化的可能性就越大。如果访客在首页停留时间过短，说明店铺首页的排版设计，或者商品布局等方面存在问题，商家需要对店铺首页进行优化。

4. 店铺首页跳失率

跳失率是指用户在进入某一页面后，未进行任何操作就直接跳出的比例，是衡量店铺运营效果的重要指标。若店铺首页的跳失率过高，意味着大量潜在客户正在流失，导致推广成本的浪费。因此，店家应时刻关注首页的跳失率，并采取有效措施最大限度地降低首页跳失率。

在店铺首页的数据分析中，至关重要的是对访客进行深入的研究，以便精准地把握住这些潜在客户，并将他们转化为忠实客户，从而实现店铺的高效运营。

本章小结

本章重点介绍了电商数据分析的重要性及其背后的思维逻辑、分析流程和常见数据表现形式。在处理电商数据时，除了具备独特的电商思维模式外，还需熟悉数据分析的基本步骤和掌握常见的电商数据。同时，要善于结合Excel等分析工具和人工智能工具的优势，更好地发掘和呈现关键数据。

第 2 章

数据预处理：电商数据的获取、清洗与整理

本章导读

在电商数据收集和整理的过程中，我们经常会遭遇一些棘手的问题，比如数据质量低下、数据格式不一致，甚至数据缺失等情况。所以，数据清洗与加工是电商数据分析中不可或缺的一环。它可以帮助我们提高数据质量，确保分析结果的准确性、一致性和完整性。因此，我们应该重视这一步骤，并在实际工作中灵活运用各种数据处理技术和方法，以实现更好的数据分析效果。

知识要点

- 认识电商数据的来源
- 掌握导入外部数据的方法
- 掌握加工/清洗电商数据的方法
- 掌握规范电商数据格式的方法

2.1 电商数据的来源

电商数据分析在电子商务行业中扮演着至关重要的角色，它有助于企业对其市场、客户行为及业务绩效进行深入剖析。电商数据的主要来源包括但不限于以下三个方面：内部交易数据、网站分析工具数据及外部渠道数据。这些数据对于电商企业来说具有极高的价值，能够帮助它们更好地理解市场需求和趋势，优化产品和服务，以及制定更加有效的营销和运营策略。

2.1.1 内部交易数据

内部交易数据是电商业务中不可或缺的重要数据来源之一，主要包括电商平台自身的交易信息。这些数据涵盖从用户注册、浏览商品、下单支付到物流配送等各个环节的信息，对于电商平台的运营和优化至关重要。通过对内部交易数据的分析，电商平台可以更好地了解用户需求、优化产品和服务、提高交易效率和客户满意度，从而提升业务竞争力和盈利能力。

1. 订单信息

内部交易数据提供了全面的信息，其中包括订单的详细信息，如订单编号、订单日期、客户姓名、收货地址和付款方式等。这些数据在我们的业务处理过程中发挥着关键作用，有助于我们追踪订单的处理过程，确保每个环节准确无误。此外，通过这些数据，我们可以了解完成一个订单所需的时间，从而更好地规划工作流程并提高效率。

2. 购买历史

该部分数据涵盖客户的购买历史记录，详细记载了他们的购买频率、购买的产品类型、购买数量及购买时间。通过深入分析购买历史数据，企业可以精准掌握客户的购买习惯和喜好，以便更好地满足他们的需求。此外，这些数据还有助于企业识别出最受欢迎的产品及忠实的客户，为企业的营销策略和产品开发提供宝贵的参考信息。

3. 产品信息

内部交易数据提供了详尽的产品信息，包括产品名称、价格、详细描述、库存数量及销售状态等，如图2-1所示。这些数据在电商企业的运营中扮演着至关重要的角色，因为它们有助于企业全面监控产品的库存和销售情况。通过这些数据，电商企业可及时了解哪些产品在销售中表现良好，哪些产品可能需要调整价格或重新进行市场推广。此外，企业还可以根据销售数据来预测未来的市场需求，从而更好地规划库存和营销策略。

	A	B	C	D	E	F	G	H	I
1	产品ID	产品名称	产品类别	价格	销售数量	销售额	利润	上架日期	评分
2	1001	商品A	电子产品	299	150	44,850	8,500	2023/1/5	4.5
3	1002	商品B	服装	49	300	14,700	3,200	2023/2/15	4.2
4	1003	商品C	家具	799	50	39,950	7,200	2023/3/20	4.8
5	1004	商品D	食品	5	1,000	5,000	800	2023/4/10	4
6	1005	商品E	电子产品	599	200	119,800	25,000	2023/5/12	4.7
7	1006	商品F	服装	39	500	19,500	4,500	2023/6/25	4.1
8	1007	商品G	家具	1,499	30	44,970	8,000	2023/7/30	4.9
9	1008	商品H	食品	3	1,200	3,600	600	2023/8/18	3.5
10	1009	商品I	电子产品	899	100	89,900	15,000	2023/9/10	4.6
11	1010	商品J	服装	29	800	23,200	5,000	2023/10/5	4.3
12									
13	备注	产品的平均用户评分，在1到5之间							

图2-1　销售数据统计表

这些产品信息不仅展示了每个产品的基本情况，还反映了市场趋势和消费者需求。电商企业可以根据这些数据来优化的产品线，调整价格策略，甚至开发新的产品以满足消费者的需求。此外，这些数据还可以帮助电商企业做出更明智的采购决策，减少库存积压和缺货现象。

总之，产品信息对于电商企业来说具有极高的价值，它可以帮助企业更好地了解市场需求和消费者行为，优化产品线，提高销售业绩并实现更高的运营效率。

4. 价格信息

价格信息是一项重要的商业数据，它详细记录了每个产品的各种价格信息，包括原价、促销价、折扣等。这些数据不仅可以反映产品的价值和市场需求，还可以帮助企业了解不同价格策略对销售的影响，从而制定更加科学合理的价格策略，提高销售业绩。

通过价格信息的记录和分析，企业可以了解产品的原价和促销价之间的差异，以及这种差异对销售量的影响。如果按原价销售不佳，企业可以通过调整价格来提高销售量；如果按促销价销售良好，企业也可以考虑在原价和促销价之间设置更多的价格档次，以满足不同客户的需求。

此外，价格信息还可以反映市场的需求和竞争情况。如果某个产品的价格一直处于高位，说明该产品的市场需求较大；如果某个产品的价格一直处于低位，则说明该产品的市场需求较小。这些信息可以帮助企业更好地了解市场情况，制定更加符合市场需求的商业策略。

综上所述，价格信息的记录和分析对于企业来说非常重要。通过了解不同价格策略对销售的影响，企业可以制定更加科学合理的价格策略，提高销售业绩；同时，价格信息还可以反映市场的需求和竞争情况，帮助企业更好地了解市场情况，制定更加符合市场需求的商业策略。因此，建立一个完善的价格信息记录和分析系统对于企业来说是非常必要的。

5. 库存管理

库存数据是反映产品库存状态的核心信息，它包括详细的库存数量、库存警报及补货策略，对于企业管理库存和制定相应的补货策略具有重要的指导作用。通过掌握库存数据，企业可以更加准确地预测市场需求，提前规划库存安排，以避免出现库存短缺或过多的情况，从而为客户提供更优质的服务和体验。

在库存数据的管理和分析方面，企业需要采用专业的库存管理软件和数据分析工具，以便更加高效地处理数据并为决策提供有力支持。通过这些工具，企业可以更好地掌握库存状态、优化库存结构，从而提高企业的竞争力和运营效率。

总之，分析内部交易数据是电商业务成功的关键，通过深入了解和分析这些数据，企业可以更好地管理业务并提供更好的购物体验。

2.1.2 网站分析工具数据

电商数据分析中，网站分析工具数据扮演着至关重要的角色。这些数据是记录电商网站访问者行为的珍贵资料，能够揭示访问者的行为趋势和网站性能的秘密。通过深入分析这些数据，我们可以获得有关电商业务运营的全面状况，从而做出更明智的决策。在了解网站分析工具数据时，一般可以从访问者数据、流量来源、页面分析、转化率、用户行为路径和实时数据几个方面来查看，如图2-2所示。

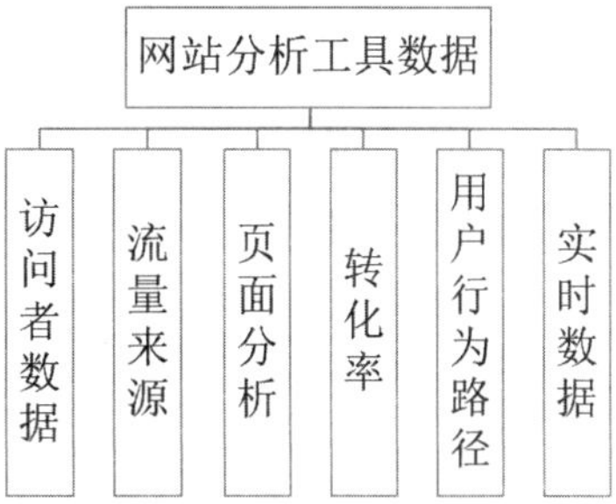

图2-2 网站分析工具数据

1. 访问者数据

网站分析工具能够精确地获取访问者的各种基本信息，包括访问时间、地理位置、设备类型、浏览器及操作系统等。这些详尽的数据对于我们更好地了解网站的目标受众及其访问方式具有重要意义。通过分析这些数据，我们可以判断出目标受众的偏好、习惯及行为模式，从而调整我们的网站策略以更好地满足用户的需求。

例如，如果数据显示大部分访问者是在晚上访问网站，那么我们就可以集中在晚上进行营销活动。如果数据显示大部分访问者使用移动设备访问我们的网站，那么我们就可以优化网站移动端体验以更好地适应移动设备。此外，通过分析数据，我们还可以了解目标受众的地理位置分布情况，从而制定更具针对性的市场推广策略。同时，我们还可以了解目标受众所使用的浏览器和操作系统的情况，从而优化我们的网站以适应各种不同的设备和平台。

2. 流量来源

网点分析工具提供了网站访问者来源的详尽数据，包括通过自然搜索、社交媒体、广告点击和直接访问等方式来到网站的访问者。这些数据对于我们确定哪些渠道能带来最多的流量非常有价值，能够让我们更好地了解目标受众及他们是如何找到我们的网站的。通过这些数据，我们可以制定更加有效的营销策略，以吸引更多的潜在客户。此外，这些数据还可以帮助我们了解哪些关键词或社交媒体平台最能吸引我们的目标受众，从而优化我们的在线广告和SEO（Search Engine Optimization，搜索引擎优化）策略。因此，对于希望提高网站流量和吸引更多潜在客户的电商企业来说，这个工具非常有用。

3. 页面分析

借助先进的网站分析工具，用户可以获取每位消费者的详尽数据，包括他们在页面的访问次数、平均停留时间及跳出率等信息。这些数据具有极高的价值，能够帮助电商企业深入了解消费者对页面的喜好和需求。通过分析这些数据，电商企业可以评估页面的吸引力，从而做出相应的改进。例如，若页面的跳出率较高，可能需要考虑优化页面内容，增强吸引力，以吸引更多的消费者留存。另外，如果页面的平均停留时间较短，可能需要改进页面设计，使其更加简洁明了，方便消费者快速找到所需信息。总之，通过网站分析工具提供的数据，电商企业可以更好地了解消费者需求，优化页面设计，提高页面的吸引力。

4. 转化率

网站分析工具能够精准地追踪并分析用户在网站上的行为，从而为企业提供关于哪些活动和页面与最终转化事件有关的详细信息。这些转化事件涵盖注册、购物车结算、订阅等关键步骤，是企业希望用户在网站上完成的主要目标。这些工具能够提供用户在网站上的所有操作细节，包括点击、浏览、购买等，通过深入的数据分析，企业可以明确哪些活动和页面对于促进转化最为关键，进而进行优化以提高转化率。此外，这些工具还可以帮助企业及时发现潜在问题和瓶颈，并采取有效措施解决这些问题。

网站分析工具还可以为企业提供更深入的用户行为和需求信息，从而帮助企业更好地了解其目标市场和客户需求。这些信息有助于企业制定更为精确和有效的营销策略。

同时，这些工具还可以帮助企业评估其营销活动的绩效，以便提高投资回报率。

总的来说，网站分析工具是一种强有力的工具，可以帮助企业更好地了解用户需求和行为，优化营销策略并提高转化率。

5. 用户行为路径

通过追踪购物者在网站上的浏览模式，可以深入了解他们浏览的顺序、最常访问的页面及最终的转化路径。这些数据对于改进产品和服务、优化用户体验至关重要。通过观察消费者的浏览模式，可以发现消费者在寻找什么、对哪些产品感兴趣及在哪个环节最终选择了离开。基于这些信息，可以通过网站设计和产品展示，提高转化率，并为顾客提供更符合他们需求的产品和服务。

6. 实时数据

一些功能强大的网站分析工具不仅提供实时数据，还提供有助于用户深入了解当前网站的各项活动的有效信息。具体而言，这些工具可以实时追踪并报告哪些页面最受访客欢迎，哪些活动最近有显著变化。通过这些数据，网站管理员可以更好地理解用户需求，并及时调整网站策略，以提升用户体验。

通过分析网站分析工具数据，电商企业可以实现以下目标。

（1）了解受众：深入了解主要访问者群体的特点，包括他们的年龄、性别、职业、兴趣爱好、收入水平、教育程度等，以便更准确地把握他们的需求和偏好，从而定制更符合他们需求的内容和产品。

（2）提升用户体验：通过详细分析用户在网站上的浏览路径和页面性能，电商企业可以发现用户在哪些方面遇到了困难，或者哪些页面需要改进以提升用户体验。通过改进网站的布局和导航，电商企业可以使网站更加简洁、易用、美观，提高用户满意度和忠诚度。

（3）改进营销策略：通过了解流量来源和转化率，电商企业可以更好地了解用户的兴趣和需求，从而优化广告和促销活动的设计和投放方式，提高转化率和收益。

（4）跟踪目标：确保电商网站达到商业目标，如销售量、订阅量和注册量等。通过数据分析和监控，可及时发现哪些方面需要改进和优化，提高网站的商业价值。

总之，网站分析工具数据对电商企业的成功至关重要。这些数据能够提供深入的洞察，帮助企业了解用户行为、市场需求和业务运营情况。通过这些数据，电商企业可以获得宝贵的市场信息，为业务决策提供强有力的数据支持。

2.1.3 外部渠道数据

外部渠道数据是指源自电商企业外部合作伙伴或渠道的数据，这些渠道包括社交媒体平台、广告投放平台及各种市场places等。这些数据在评估营销活动效果、优化广告投放，以及了解用户在不同渠道的行为模式方面具有至关重要的作用。通过利用这些外部渠道数据，电商企业可以更全面地了解其在不同市场和渠道的表现，从而制定更为精准的营销策略。

1. 社交媒体数据

社交媒体数据包括来自社交媒体平台（如Facebook、Instagram、Twitter、LinkedIn、抖音、微信等）的数据，如点击率、分享次数、评论、关注者增长等。这些数据不仅反映了品牌在社交媒体上的曝光度，也直接反映了受众对品牌内容的感兴趣程度和参与度。通过对这些数据的深入分析，我们可以了解品牌在社交媒体上的影响力，以及哪些内容最受用户欢迎。同时，我们还可以通过对比不同时间段的数据，评估各种营销策略的效果，从而有针对性地优化和改进社交媒体营销策略。

2. 广告平台数据

根据来自不同广告平台的数据，例如Google Ads、Facebook Ads、Bing Ads等，我们可以获得丰富的信息。这些数据包括广告点击率、转化率、广告费用等关键指标，为评估广告投放效果提供了重要参考。通过深入分析这些数据，我们可以了解广告投放的效率，判断广告是否吸引了目标受众的注意力，以及广告转化率是否达到预期。

根据数据的跟踪和分析情况，我们可及时调整广告策略，优化广告预算分配。例如，如果数据显示某个广告系列的点击率较高，但转化率较低，我们可能需要重新考虑该广告系列的定位和创意。此外，我们还可以根据数据反馈调整广告投放的时间、受众和竞价策略，以提高广告效果和投资回报率。

3. 市场places数据

来自Amazon、eBay、京东、淘宝等各大在线市场的数据，为我们提供了丰富的信息资源。这些信息涵盖产品排名、销售数据及用户评价等重要元素，为我们全方位地了解产品在市场中的表现提供了强有力的支持。

这些详尽的数据，就像是一面镜子，反映出产品的市场表现和受欢迎程度。通过观察产品排名，我们可以了解该产品在市场上的地位，以及其相对于竞争对手的优势。销售数据则提供了关于产品受欢迎程度的直接证据，帮助我们理解市场需求和消费者购买行为。而用户评价则提供了来自终端用户的反馈，这些反馈可以反映产品的优点和不足，为我们改进产品提供宝贵的参考。

4. 合作伙伴数据

合作伙伴数据包含与其他企业或网站进行合作的相关数据，例如联营营销活动、合作促销等的数据。这些数据有助于评估合作伙伴关系的成效，并确定合作伙伴的贡献度，以便调整合作策略。同时，这些数据还可以用于衡量和增强合作伙伴之间的协同效应，以协助企业更好地实现商业目标。对这些数据进行深入分析，可以为有关企业提供具有重要价值的洞察，从而指导其未来的合作伙伴关系战略。

5. 联盟营销数据

在当前的商业环境中，与其他网站或企业建立联盟关系并共享销售或推广数据，是一项至关重要的举措。通过结盟，企业可以拓展其业务范围，提升品牌知名度，并与同行业领导者建立紧密的合作关系。这种联盟关系不仅有助于增加企业的收益，还会为其带来更多的商业机遇和资源。

通过共享销售或推广的数据，企业能够更准确地了解其业务运营状况，预测市场趋势，并制定更有效的营销策略。通过分析这些数据，企业可以洞悉哪些产品或服务最受消费者欢迎，哪些销售渠道最为高效，以及哪些联盟伙伴的贡献最大。这些信息对于企业而言具有极高的价值，能够帮助其更好地规划商业策略，抢占市场先机。

2.2 导入外部数据

在数据分析过程中，我们通常并非从零开始收集数据，而是已通过其他途径获取了所需分析的数据。若数据并非存储于Excel中，则进行数据分析的首要步骤是将数据导入Excel。而导入的外部数据类型众多，包括文本数据、其他工作簿中的数据、Access数据及网站数据等。本节将介绍几种常见的外部数据导入方式。

2.2.1 导入商品流量文本数据

在日常办公过程中，我们经常会遇到需要将一些数据从文本文件导入Excel中的情况。为了实现这一目的，我们可以利用Excel提供的导入文本数据功能来完成。通过该功能，我们可以将文本文件中的数据快速、准确地导入Excel中，进而进行后续的数据处理和分析。

例如，从网站分析工具中导入的商品流量数据是以文本文件的形式保存的，现在需要将其导入Excel中，操作方法如下。

第1步 打开"素材文件\第2章\商品流量数据.xlsx"，选中放置数据的单元格，如A1单元格，然后单击【数据】选项卡【获取和转换数据】组中的【从文本/CSV】按钮，如图2-3所示。

第2步 打开【导入数据】对话框，选择"素材文件\第2章\商品流量.txt"文本文件，然后单击【导入】按钮，如图2-4所示。

图2-3 单击【从文本/CSV】按钮

图2-4 选择文件

第3步 在打开的对话框中，在【文件原始格式】下拉列表中单击【无】命令，然后单击【加载】按钮，如图2-5所示。

第4步 返回工作表，即可看到文本文件中的内容已经导入了工作表中，单击【表设计】选项卡【工具】组中的【转换为区域】按钮，如图2-6所示。

图2-5 单击【加载】按钮

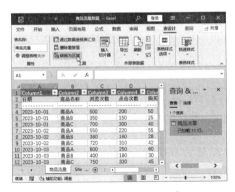

图2-6 单击【转换为区域】按钮

第 2 章
数据预处理：电商数据的获取、清洗与整理

第5步 ▶ 在弹出的提示对话框中单击【确定】按钮，如图2-7所示。

第6步 ▶ 操作完成后，即可查看文本文件导入后的最终效果，如图2-8所示。

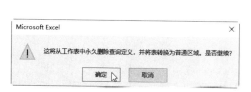

图2-7　单击【确定】按钮

图2-8　查看导入数据

除了上面的这种方法，如果想要简单地使用复制和粘贴功能，直接将文本数据复制到Excel中，会发现每一行的数据都被放置在第1列中，如图2-9所示。

此时，可以使用AI工具方便地将文本格式的数据转换为Excel格式，然后再复制到Excel中，就可以轻松地转换数据格式，如图2-10所示。

图2-9　直接复制

图2-10　从AI工具中复制

例如，要使用AI工具讯飞星火大模型，将文本格式的数据转换为Excel格式，可以使用以下方法来完成。

> 提问：将以下的数据以Excel表格的形式呈现。
>
> 日期　　　　|商品名称　|浏览次数　|点击次数　|购买次数
> ----------|---------|---------|---------|---------
> 2022-10-01 |商品A　　|500　　　|200　　　|50
> 2022-10-01 |商品B　　|350　　　|150　　　|25

45

2022-10-01	商品C	700	300	40
2022-10-02	商品A	550	220	55
2022-10-02	商品B	380	160	28
2022-10-02	商品C	720	310	42
2022-10-03	商品A	600	250	60
2022-10-03	商品B	400	180	30
2022-10-03	商品C	750	330	45

讯飞星火大模型

以下是为您提供的以Excel形式呈现的数据：

日期	商品名称	浏览次数	点击次数	购买次数
2022-10-01	商品A	500	200	50
2022-10-01	商品B	350	150	25
2022-10-01	商品C	700	300	40
2022-10-02	商品A	550	220	55
2022-10-02	商品B	380	160	28
2022-10-02	商品C	720	310	42
2022-10-03	商品A	600	250	60
2022-10-03	商品B	400	180	30
2022-10-03	商品C	750	330	45

得到AI工具讯飞星火大模型的回答后，直接将以上表格内容进行复制，再在Excel中进行粘贴操作，就可以快速将文本格式数据转换为可以进行数据分析的Excel格式了。

2.2.2 导入Access中的商品进销存数据

进销存数据经常会存入Access数据库中，这是数据分析资料的最佳来源，可是Access的数据分析功能较弱。使用Excel的导入功能，可将Access中的数据导入表格中，从而更好地分析数据。

例如，要在"上半年商品进销存"工作簿中导入Access中的数据，操作方法如下。

第1步 打开"素材文件\第2章\进销存数据.xlsx"，选中放置数据的单元格，单击【数据】选项卡【获取和转换数据】组中的【获取数据】下拉按钮，在弹出的下拉菜单中选择【来自数据库】选项，然后在弹出的子菜单中单击【从Microsoft Access数据库】命令，如

第 2 章
数据预处理：电商数据的获取、清洗与整理

图 2-11 所示。

第2步 打开【导入数据】对话框，选择"素材文件\第2章\进销存管理数据.accdb"文件，完成后单击【导入】按钮，如图2-12所示。

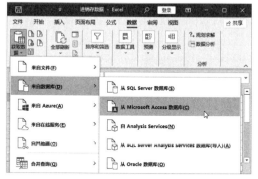

图 2-11 单击【从Microsoft Access数据库】命令　　　图 2-12 选择文件

第3步 打开【导航器】对话框，在【显示选项】目录下选择要导入的数据表，如【销售表】选项，然后单击【加载】按钮，如图2-13所示。

第4步 返回工作表，即可看到数据库中的数据已经导入了工作表中，单击【表设计】选项卡【工具】组中的【转换为区域】按钮，在弹出的提示对话框中单击【确定】按钮，如图2-14所示。

图 2-13 单击【加载】按钮　　　图 2-14 单击【转换为区域】按钮

第5步 选择F2:F22单元格区域，单击【开始】选项卡【数字】组中的【数字格式】下拉按钮 ，在弹出的下拉菜单中单击【货币】命令，如图2-15所示。

第6步 操作完成后，即可查看Access数据库文件导入后的最终效果，如图2-16所示。

图 2-15 单击【货币】命令

图 2-16 查看导入数据

2.2.3 导入网站数据

想要及时、准确地获取需要的数据，就不能忽略网络资源。在国家统计局等专业网站上，我们可以轻松获取网站发布的数据，如产品报告、销售排行、股票行情、居民消费指数等。

例如，要将国家统计局发布的标题为"2023年10月份社会消费品零售总额增长7.6%"中的数据导入Excel，操作方法如下。

第1步 打开"素材文件\第2章\10月份社会消费品零售总额增长率.xlsx"，选中放置数据的单元格，单击【数据】选项卡【获取和转换数据】组中【自网站】按钮，如图2-17所示。

第2步 打开【从Web】对话框，选择【基本】单选项，在【URL】文本框中输入要导入数据的网址，然后单击【确定】按钮，如图2-18所示。

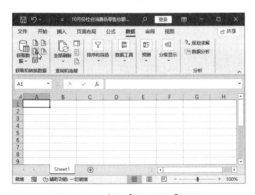

图 2-17 单击【自网站】按钮

图 2-18 输入网站地址

第3步 ▶ 打开【导航器】对话框，在【显示选项】目录下选择需要导入的数据，本例选择【Table 0】选项，然后单击【加载】按钮，如图2-19所示。

第4步 ▶ 返回工作表，即可看到网站中的数据已经导入了工作表中，单击【表设计】选项卡【工具】组中的【转换为区域】按钮，在弹出的提示对话框中单击【确定】按钮，如图2-20所示。

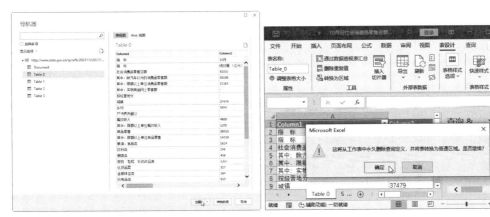

图2-19　单击【加载】按钮　　　　图2-20　单击【转换为区域】按钮

第5步 ▶ 操作完成后，即可查看导入网站数据后的最终效果，如图2-21所示。

图2-21　查看导入数据

2.3　加工处理电商数据

在数据收集和整理的过程中，常常会面临数据质量不高、数据格式不一致、缺失数据等问题。因此，为了确保数据的准确性、一致性和完整性，进行数据清洗与加工是必不可少的操作。

2.3.1 根据分析目的查看商品数据

在进行数据分析时，因为分析目的不同，所以需要查看的数据也不同。例如，在分析去年和今年的销售情况时，可以查看环比数据；分析去年11月和今年11月的促销情况时，可以查看同比数据。可是，什么是环比和同比，什么是相对数据和绝对数据呢？在数据分析之前，需要先了解这些术语，这不仅可以帮助我们打开分析的思路，还有助于在完成数据分析之后，规范地撰写数据分析报告。

1. 平均数

数据分析中的平均数，指算术平均数，是一组数据累加后除以数据个数得到的算术平均值，是非常重要的基础性指标。平均数是综合指标，代表总体的一般水平，其将总体内各单位的数量差异抽象化，掩盖各单位的差异。

例如，销售部统计了某一年上半年每个部门的销售业绩，通过计算销量平均数，可以得到总平均数。将每一个部门的销量与平均数相比较，就可以发现哪些销售部门的销量高于平均水平，需要保持；哪些销售部门的销量低于平均水平，需要继续努力，如图2-22所示。

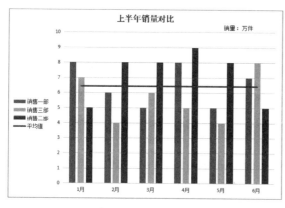

图2-22　平均数

> **温馨提示**
>
> 　　除了算术平均数，还有几何平均数、调和平均数等，在我们日常生活中，提到的"平均数"通常都是指算术平均数。

2. 相对数与绝对数

在进行数据分析时，相对数与绝对数是经常会使用的综合指标。

相对数是指由两个有关联的指标对比计算而得到的结果，用于反映客观现象之间的数量联系程度，其计算公式为：

$$相对数 = \frac{比较数值（比数）}{基础数值（基数）}$$

在这个公式中，用来作为与基础数值进行对比的指标数值被称为"比较数值"，即"比数"；用来作为对比标准的指标数值被称为"基础数值"，即"基数"。

相对数多以倍数、乘数、百分数等表示，是用以反映客观现象之间数量联系程度的综合指标。

绝对数是反映客观现象总体在一定时间、地点条件下的总规模、总水平的综合指标，如人口总数、GDP、销售数量等就是绝对数。相对数与绝对数如图2-23所示。

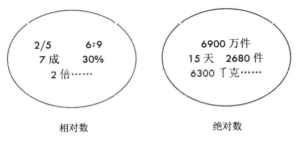

图2-23 相对数与绝对数

3. 比例与比率

在统计学概念中，比例表示总体中部分数值与总体数值的比较，反映的是部分与整体的关系。例如，公司现上架了新品A、新品B和新品C三类商品，在一定销售周期内，要计算新品A的销售比例，计算公式是：

$$销售比例 = \frac{新品A}{新品A+新品B+新品C}$$

比率表示总体中一部分数值与另一部分数值的比较，反映的是部分与部分的关系。例如，公司现上架了新品A、新品B两类商品，现在要计算新品A与新品B的销售比率，计算公式是：

$$销售比率 = \frac{新品A}{新品B}$$

4. 番数与倍数

番数与倍数属于相对数，但是在使用时却容易发生混淆。

番数：是指原数量的2的n次方（2^n）倍。例如，"今年的销量比去年翻了一番"。此时的计算公式为原数量的2倍（2^1）；如果是"翻了两番"则表示数量为原数量的4倍（2^2），而不是原数量乘以2；"翻了三番"即是8倍（2^3），以此类推。

倍数：倍数是一个数除以另一个数所得的商。例如，"今年的销量是去年的2倍"。此时的计算公式为：

$$\frac{今年销量}{去年销量} = 2$$

> **温馨提示**
> 倍数一般表示数量的增长或上升幅度，如果需要表示减少或下降的幅度，可以使用百分比等数值，例如"成本降低了50%"。

5. 百分比与百分点

百分比也是一种相对数，也叫百分数或百分率，它可以表示一个数是另一个数的百分之多少。计算公式为：

$$百分比 = \frac{比数}{基数} \times 100\%$$

例如，售价"从36元降低到28元"，求降价的百分比，套用以上公式，可以得到以下结果：

$$\frac{36-28}{36} \times 100\% \approx 22\%$$

而百分点，是指在以百分数形式表示的情况下，不同时期的相对指标的变动幅度，1个百分点=1%。例如，"某一年'双11'销售利润率为46%，与前一年的31%相比，提高了15个百分点"。

6. 频数与频率

频数属于绝对数，是指一组数据中个别数据重复出现的次数。

例如，某商场开业，从进入商场的300人中获取测试数据，其中的120人购买了商品。现在，可以按有无购买商品来分类，购买的人数为120，无购买的人数为180，这就是频数。

频率用于反映某类别在总体中出现的频繁程度，一般用百分数表示，是一种相对数。其计算公式为：

$$频率 = \frac{某组类别次数}{总次数} \times 100\%$$

例如，在购买了某产品的150人中进行测试，其中46人二次购买了该产品，104人在一年内并未进行回购，那么计算商品回购率的公式为：

$$\frac{46}{150} \times 100\% \approx 31\%$$

7. 同比与环比

同比是指今年某个时期与过去某年相同时期的数据比较，例如去年一季度与今年的一季度、去年的国庆黄金周和今年的国庆黄金周、去年的11月和今年的11月等，都属于同比。同比数据说明了本阶段发展水平与前一个同期同阶段发展水平相比的变化情况。

环比是指某个时期与前一时期的数据对比。例如，2023年11月与2023年10月相比、今年的第二季度与第一季度相比、今年的下半年与今年的上半年相比等，都属于环比。环比数据表明了逐渐发展的趋势和速度。

2.3.2 转换商品记录方式

数据转换是数据分析过程中的关键步骤之一。通过数据转换，我们可以对原始数据进行重构、整理和重新组织，以便更好地进行数据分析和洞察。数据转换涉及将数据从一种形式转换为另一种形式，如改变数据的结构、格式、单位或计量方式等。

1. 行列转换

在记录数据时，需要考虑行列字段的设置是否方便后期进行数据分析。如图2-24所示，数据表为一维表格，在设置行列时，添加的日期是从左往右的，无论是查看数据或是分析数据都非常不便。此时，

	A	B	C	D	E	F	G
1	日期	11月9日	11月10日	11月11日	11月12日	11月13日	11月14日
2	销量（件）	254	562	620	198	233	188
3	销售店铺	星光天地	星光天地	星光天地	星光天地	星光天地	星光天地
4	接待客服	李军	王明	李军	王明	李军	王明
5	客流量统计（位）	13580	26540	28960	12500	13200	11800
6	转化率	1.87%	2.12%	2.14%	1.58%	1.77%	1.59%

图2-24 一维表格

就需要转换行和列的排列，但并不需要重新输入数据，使用转置功能就可以了，操作方法如下。

第1步 打开"素材文件\第2章\双11促销流量表.xlsx"，选中需要转换行列的数据区域，按【Ctrl+C】组合键复制数据，然后选中放置数据的单元格，如A8单元格，单击【开

始】选项卡【剪贴板】组中的【粘贴】下拉按钮，在弹出的下拉菜单中单击【选择性粘贴】命令，如图2-25所示。

第2步 打开【选择性粘贴】对话框，勾选【转置】复选框，单击【确定】按钮，如图2-26所示。

图2-25 单击【选择性粘贴】命令

图2-26 勾选【转置】复选框

第3步 返回工作表中可以看到，数据已经成功进行了行列转换，效果如图2-27所示。

2. 记录方式转换

由于数据表记录的人员不同、标准不同，所以收集的数据记录方式会有所不同。例如，有人用"是"和"否"来表达可行与不可行，而有的人则习惯用"YES"和"NO"来表达。面对记录方式不统一的情况时，就需要转换记录方式。例如，要将"YES"和"NO"的表达方式转换为"是"和"否"来表达，操作方法如下。

图2-27 二维表格

第1步 打开"素材文件\第2章\客户调查表.xlsx"，选中B2:B10单元格区域，单击【开始】选项卡【编辑】组中的【查找和选择】下拉按钮，在弹出的下拉菜单中单击【替换】命令，如图2-28所示。

第2步 打开【查找和替换】对话框，在【替换】选项卡的【查找内容】文本框中输入

“YES”，在【替换为】文本框中输入“是”，然后单击【全部替换】按钮，如图2-29所示。

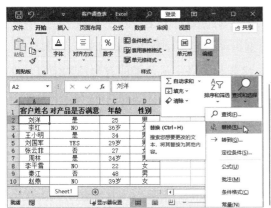

图2-28　单击【替换】命令

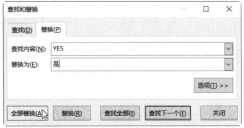

图2-29　单击【全部替换】按钮

第3步 弹出的提示对话框将提示替换完成，单击【确定】按钮即可，如图2-30所示。然后使用相同的方法，将“NO”替换为“否”。

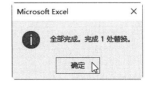

图2-30　单击【确定】

第4步 数据表中的年龄记录方式也不相同，此处要去掉“岁”字，也可以使用替换的方法。选中C2:C10单元格区域，再次打开【查找和替换】对话框，在【查找内容】文本框中输入“岁”，【替换为】文本框保持空白，完成后单击【全部替换】按钮，然后依次单击【确定】按钮，如图2-31所示。

第5步 返回工作表中，可以看到工作表中的数据已经统一成相同的记录方式，效果如图2-32所示。

图2-31　单击【全部替换】按钮

	A	B	C	D
1	客户姓名	对产品是否满意	年龄	性别
2	刘洋	是	25	男
3	李红	否	36	女
4	王小明	是	34	男
5	刘国军	是	29	男
6	张云菲	否	27	女
7	周林	是	34	男
8	李平雪	否	22	女
9	秦江	否	48	男
10	赵燕	否	39	女

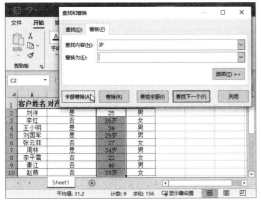

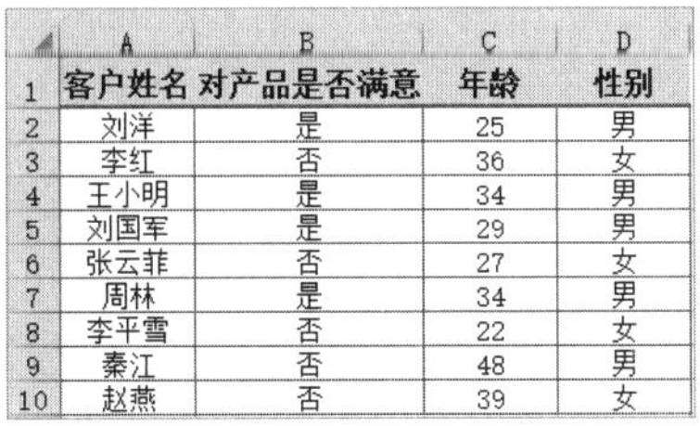

图2-32　查看效果

2.3.3 分类数据

一个优秀的数据分析师，会根据数据的不同，对其进行分类。通过对数据进行分类，我们可以将数据按照特定的标准和属性进行组织和归类，以便更好地理解和分析数据。数据分类可以帮助我们发现数据中的模式、趋势和关联，从而提取有价值的信息。在Excel中可以输入的数据类型包括文本型、数值型、货币型、日期型等，每种类型都有各自的特点和应用场景。

1. 文本型数据

在Excel中，文本型数据是指以文本形式呈现的数据。与数值型数据不同，文本型数据通常不进行数学计算，而是用于标识、描述或分类信息。而输入文本型数据的方法很简单，只需要将鼠标光标定位到单元格中，再进行输入就可以了。而一些不需要进行计算的数字也可以保存为文本形式，如电话号码、身份证号码等。所以，文本并没有严格意义上的概念，而Excel也将许多不能理解的数值和公式数据视为文本。

但是，在输入编号数据时，如果编号的开头为0，直接输入数据后，系统会自动省略编号前的0，此时可以先将单元格格式设置为文本型，然后再进行输入，操作方法如下。

第1步 打开"素材文件\第2章\商品定购表.xlsx"，选中要输入编号的单元格区域，右击鼠标，在弹出的快捷菜单中单击【设置单元格格式】命令，如图2-33所示。

第2步 打开【设置单元格格式】对话框，在【数字】选项卡的【分类】列表框中选择【文本】选项，然后单击【确定】按钮，如图2-34所示。

图2-33 单击【设置单元格格式】命令

图2-34 选择【文本】选项

第3步 返回工作表中，在设置了文本格式的单元格中输入以0开头的编号，即可正常显示，在单元格的左上角会出现一个绿色小三角，提示这些数字是文本型数据，如图2-35所示。

图 2-35 输入文本型数据

> **温馨提示**
> 数值记录为文本型之后，不能参与计算，如果要将文本型数值转换为数字，可以选中文本型数值，然后单击右侧的下拉按钮，在弹出的下拉菜单中选择【转换为数字】命令。

2. 数值型数据

数值是代表数量的数字形式，如商品的销售数量、金额、店铺的浏览量等。数值可以是正数，也可以是负数，但共同的特点是都可以进行数值计算，如加、减、求平均值等。除了数字之外，还有一些特殊的符号也被Excel理解为数值，如百分号（%）、货币符号（$）、科学记数符号（E）等。

而录入数值型数据的方法与录入文本型数据几乎相同。只是在自然界中，数字的大小是无尽的，而在Excel中表示和存储的数字最大只精确到15位有效数字。如果输入的整数数字超出15位，那15位之后的数字会变为0。如"123456789123456789"，输入Excel中后就变为了"123456789123456000"。如果是大于15位有效数字的小数，则会将超出的部分截去。

对于一些很大或很小的数值，Excel会自动以科学记数法来表示，如"123456789123456"，会以科学记数法表示为"1.23457E+14"，表示1.23457×10^{14}。

> **温馨提示**
> 如果需要输入18位的身份证号码，可以在输入数据之前，将其设置为文本格式，设置方法见2.3.3第一部分。

在新建的表格中，所有单元格都采用了默认的常规数字格式，我们可以根据需要重新设置数字格式。

例如，在"商品订购表1"中，预计购买的商品数量和实际购买的数量有差别，在计算预算的差距时，我们可以设置负数的格式，突出显示超出预计的商品数量，操作方法如下。

第1步 打开"素材文件\第2章\商品定购表1.xlsx"，选中要统计超出预计量的单元格区域，然后单击【开始】选项卡【数字】组中的【数字格式】按钮，如图2-36所示。

第2步 打开【设置单元格格式】对话框，在【数字】选项卡的【分类】列表框中选择【数值】选项，然后在右侧的【小数位数】微调框中设置小数位数为"0"，在【负数】列表框中选择一种负数样式，完成后单击【确定】按钮，如图2-37所示。

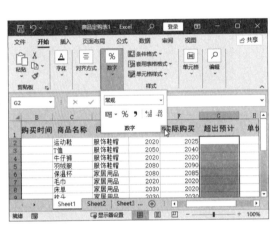

图2-36 单击【数字格式】按钮

图2-37 设置数值格式

第3步 返回工作表中，在G2单元格中输入公式"=E2-F2"，如图2-38所示。

第4步 按【Enter】键确认，并将公式填充至下方，即可查看到设置了数字格式后的效果，如图2-39所示。

图2-38 输入公式

图2-39 查看效果

3. 货币型数据

货币型数据在电商领域中扮演着重要的角色。无论是商品的成本价格、销售价格、利润，还是宣传成本等，货币型数据都是不可或缺的。为了方便区分货币数据，我们可以将相关数据设置为货币型数据，操作方法如下。

第1步 打开"素材文件\第2章\商品定购表2.xlsx"，选中要设置数据格式的单元格区域，单击【开始】选项卡中的【数字格式】下拉按钮，在弹出的下拉菜单中单击【货币】命令，如图2-40所示。

第2步 返回工作表中，在单元格中输入数据，即可查看到已经自动添加了货币符号，如图2-41所示。

图2-40 单击【货币】命令　　　　图2-41 查看效果

> **温馨提示**
> 如果要为货币格式设置更丰富的样式，如设置小数位数、货币符号、负数样式等，可以进入【设置单元格格式】对话框中进行详细设置。

在设置货币型数据时，可以看到有一个选项是"会计专用"数据格式，如果不清楚两者之间的区别，可以在AI工具中提问获取答案。

提问： 在Excel中，会计专用格式和货币格式有什么区别？

⑤ ChatGPT

在Excel中，会计专用格式和货币格式都是用于显示金融数据的数字格式，但它们在显示方式上有一些区别。以下是它们的主要区别：

（1）货币格式。

- 显示方式：货币格式通常显示为货币符号、数字分隔符（千位分隔符）和小数点，如"$1,234.56"。
- 小数位数：货币格式可以根据需要设置小数位数，可以选择显示零到两位小数。这使用户能够控制显示的精度。

（2）会计专用格式。

- 显示方式：会计专用格式与货币格式相似，也包含货币符号、数字分隔符和小数点。不同之处在于，负数通常在数字前面有一个括号，而不是简单地使用负号，例如"($1,234.56)"。
- 小数位数：类似于货币格式，会计专用格式允许设置小数位数，并且可以选择显示零到两位小数。

总体而言，货币格式和会计专用格式在显示财务数据时提供了一些不同的选项，选择哪种格式通常取决于用户的个人偏好和特定的财务报表要求。

上面的回答清楚地解释了会计专用格式和货币格式的区别，在使用时就可以根据需求和使用场景，选择合适的数字格式以使数据更加清晰、准确地传达信息，并提升数据处理和表达的效果。

4. 日期和时间型数据

在日常的数据处理和分析中，日期和时间是一类重要的数据类型。无论是在个人生活中还是商业环境中，我们经常需要记录、计算、分析与日期和时间相关的信息。Excel作为一款强大的电子表格软件，提供了丰富的功能来处理和管理日期和时间型数据。

在实际工作中，如果要在单元格中输入时间，可以以时间格式直接输入，如输入"15:30:00"。在输入时间数据时，系统默认按24小时制输入，如果要按照12小时制输入，就需要在输入的时间后加上"AM"或"PM"字样表示上午或下午。

如果要在单元格中输入日期，可以在年、月、日之间用"/"或"-"隔开。例如，在单元格中输入"23/10/1"，按下【Enter】键后就会自动显示为日期格式"2023/10/1"。

如果要使输入的日期或时间以其他格式显示，例如输入日期"2023/10/1"后自动显示为"2023年10月1日"的格式，就需要设置单元格格式了，操作方法如下。

第1步 ▶ 打开"素材文件\第2章\商品定购表3.xlsx"，选中要设置数据格式的单元格区域，单击【开始】选项卡【数字】组中的【数字格式】按钮 ⌐，如图2-42所示。

第2步 ▶ 打开【设置单元格格式】对话框，在【数字】选项卡的【分类】列表框中单击【日期】命令，在右侧的【类型】列表框中选择一种日期格式，完成后单击【确定】按钮，如图2-43所示。

第 2 章
数据预处理：电商数据的获取、清洗与整理

图 2-42 单击【数字格式】按钮

图 2-43 设置日期格式

第3步 在设置了日期格式的单元格区域中，可使用任一日期输入方法输入日期，如图 2-44 所示。

第4步 输入完成后按【Enter】键，即可看到输入的日期自动转换为设置的日期格式，然后输入其他日期即可，如图 2-45 所示。

图 2-44 输入日期

图 2-45 查看日期格式

2.3.4 重组商品数据

数据重组是指重新组织和调整数据的结构，以便更好地满足分析需求和提取有价值的信息。通过数据重组，我们可以更好地理解数据，发现数据之间的关系和模式，并为后续的分析和决策提供支持。

1. 拆分数据

在收集到的数据表中，一列数据项可能包含多种类型的信息，例如，地址栏包含省份、城市、区域等。在数据分析时，如果要单独统计省份、城市等信息时，就需要对其进行拆分，操作方法如下。

第1步 打开"素材文件\第2章\销量订单表.xlsx"，选中需要拆分的数据区域，单击【数据】选择卡【数据工具】组中的【分列】按钮，如图2-46所示。

第2步 打开【文本分列向导–第1步，共3步】对话框，选择【分隔符号】单选项，单击【下一步】按钮，如图2-47所示。

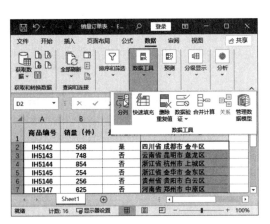

图2-46 单击【分列】按钮　　　图2-47 选择【分隔符号】单选项

> **温馨提示**
> 如果需要拆分的数据中包含分隔符号，如Tab键、分号、逗号、窗格，或其他分隔符号，可以选择【分隔符号】单选项；如果并没有分隔符号，且字节宽度相同，可以选择【固定宽度】单选项。

第3步 打开【文本分列向导–第2步，共3步】对话框，勾选【空格】复选框，然后直接单击【完成】按钮，如图2-48所示。

第4步 返回工作表，即可查看到客户所在地数据列成功拆分成为三列，如图2-49所示。

> **温馨提示**
> 在【文本分列向导–第3步，共3步】中可以设置文本的数据格式，因为本例并不需要更改数据格式，所以可以直接在第2步时单击【完成】按钮。

第 2 章
数据预处理：电商数据的获取、清洗与整理

图 2-48 勾选【空格】复选框

图 2-49 查看效果

2. 合并数据

数据拆分是将一列数据拆分为多列，而数据合并则是将多列数据合并为一列。如果只是简单的文本连接，如将上一例中拆分后的省份、城市和区域数据连接在一起，使用逻辑连接符（&）就可以了，操作方法如下。

第1步 ▶ 接上一例继续操作，在H2单元格中输入公式"=D2&E2&F2"，如图2-50所示。

第2步 ▶ 按【Enter】键即可得到合并的结果，然后将公式填充到下方的单元格中即可，如图2-51所示。

图 2-50 输入公式   图 2-51 填充公式

但是，有一些数据通过简单的逻辑连接符合并并不能使阅读很方便，如图2-52所示。

63

此时，可以配合函数来完成数据的合并。例如，在合并时需要将频率转换为百分数文本，并添加必要的连接词“的人使用”，操作方法如下。

2023年购物App用户使用频率		
频率	App	合并
0.308	淘宝	0.308淘宝
0.208	京东	0.208京东
0.164	拼多多	0.164拼多多
0.089	美团	0.089美团
0.087	唯品会	0.087唯品会

图 2-52　简单逻辑连接

第1步 打开“素材文件\第2章\购物App使用频率调查.xlsx”，在C3单元格中输入公式“=TEXT(A3,"0.0%")&"的人使用"&B3”，如图2-53所示。

第2步 按【Enter】键即可得到合并的结果，然后将公式填充到下方的单元格中即可，如图2-54所示。

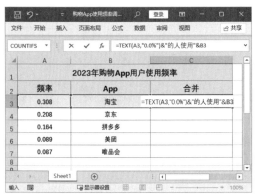

图 2-53　输入公式

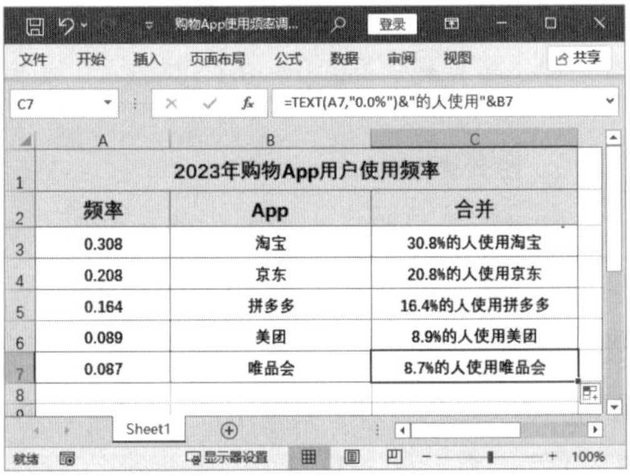

图 2-54　填充公式

温馨提示

公式与函数的具体使用方法将在第3章详细讲解。

3. 提取数据

提取数据跟前两种情况都不一样，需要从数据列中提取需要的某部分数据，例如，要从“部门销售数据”数据表中的“售前一部A组”提取出“售前一部”，可以使用函数来完成，操作方法如下。

第1步 打开“素材文件\第2章\客服服务数据.xlsx”，在C2单元格中输入公式“=LEFT(A2,4)”，表示返回A2单元格左边的4个字符，如图2-55所示。

第2步 按【Enter】键即可得到提取的结果，然后将公式填充到下方的单元格中即可，如图2-56所示。

第 2 章
数据预处理：电商数据的获取、清洗与整理

图 2-55　输入公式　　　　　　　　图 2-56　填充公式

2.4　规范处理数据格式

在现代的数据处理和分析工作中，数据的规范性是至关重要的。然而，对于大规模的数据集或复杂的数据类型，手动处理和规范数据格式可能是一项烦琐且耗时的任务。随着人工智能和自然语言处理技术的发展，现在可以借助 AI 工具等智能助手来帮助我们规范数据格式。

2.4.1　快速删除重复数据

在日常的数据处理和分析中，经常会遇到需要快速删除重复数据的情况。重复数据不仅会占据存储空间，还可能干扰分析结果的准确性。因此，有效地去除重复数据是数据清洗和整理的重要步骤之一。

1. 使用命令按钮删除

在 Excel 中，通过数据工具组中的删除重复值命令，可以快速删除重复数据。下面，以在"行政管理表"中删除重复的部门为例，介绍删除重复数据的方法。

第1步 ▶ 打开"素材文件\第 2 章\行政管理表 .xlsx"，在数据区域中选中任意单元格，然后单击【数据】选项卡【数据工具】组中的【删除重复值】按钮，如图 2-57 所示。

第2步 ▶ 打开【删除重复值】对话框，在【列】列表框中选择需要进行重复项检查的列，然后单击【确定】按钮，如图 2-58 所示。

65

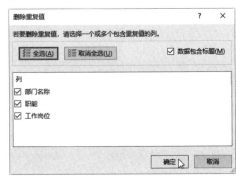

图2-57 单击【删除重复值】按钮　　　　图2-58 选择要删除的重复项

第3步 ▶ 系统将对选中的列进行重复项检查并删除重复项，检查完成后会弹出提示框告知，单击【确定】按钮，如图2-59所示。

第4步 ▶ 返回工作表中，即可查看到重复数据已经被删除，如图2-60所示。

图2-59 单击【确定】按钮　　　　图2-60 查看删除效果

2. 使用AI工具删除

当表格中有重复数据时，将数据复制到AI工具中也可以快速地删除，删除后再将其复制到表格中即可。下面以讯飞星火大模型为例进行讲解，操作方法如下。

> **提问**：请删除重复数据，并以Excel的形式呈现。
>
> 部门名称　职能　　　　　　　　　　　　　　　　工作岗位
> 行政部　　建立和完善行政人事部的工作程序　　　　行政办公室
> 财务部　　管理公司财产和资金　　　　　　　　　　财务室
> 开发部　　行使公司技术引进、新产品开发研究　　　科研办公室

市场部	负责市场调研、品牌推广	营销中心
销售部	商品销售和售后服务	销售部
行政部	建立和完善行政人事部的工作程序	行政办公室
财务部	管理公司财产和资金	财务室
开发部	行使公司技术引进、新产品开发研究	科研办公室
市场部	负责市场调研、品牌推广	营销中心
销售部	商品销售和售后服务	销售部
行政部	建立和完善行政人事部的工作程序	行政办公室
财务部	管理公司财产和资金	财务室
开发部	行使公司技术引进、新产品开发研究	科研办公室

讯飞星火大模型

以下是删除重复数据并以Excel形式呈现的结果：

部门名称	职能	工作岗位
行政部	建立和完善行政人事部的工作程序	行政办公室
财务部	管理公司财产和资金	财务室
开发部	行使公司技术引进、新产品开发研究	科研办公室
市场部	负责市场调研、品牌推广	营销中心
销售部	商品销售和售后服务	销售部

上述表格是经过删除重复数据后的结果。请注意，这个表格中只包含每个部门的唯一记录。在Excel中，你可以通过使用"删除重复值"功能来轻松执行这种操作。

以上是在讯飞星火大模型中提问得到的答案，将得到的答案复制到Excel中，即可完成重复数据的删除。在AI工具中规范数据格式的提问和操作方法大致相同，读者可以自行摸索使用AI工具规范其他的数据格式。

2.4.2 删除空白行和列

在数据处理和整理过程中，经常会遇到需要删除空白行和列的情况。空白行和列不仅会占据存储空间，还可能干扰数据的可视化和分析结果的准确性。因此，及时删除空白行和列是数据清洗和整理的重要步骤之一。

1. 使用【筛选】功能删除空白行

使用【筛选】功能可以筛选出数据表中的空白行，然后将其删除，操作方法如下。

第1步 打开"素材文件\第2章\电商促销数据统计.xlsx"，选中数据区域，然后单击【数据】选项卡【排序和筛选】组中的【筛选】按钮，如图2-61所示。

第2步 进入筛选状态，单击任意筛选字段右侧的下拉按钮，在弹出的下拉菜单中只勾选【空白】复选框，单击【确定】按钮，如图2-62所示。

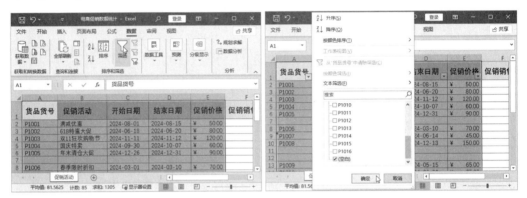

图2-61 单击【筛选】按钮　　　　　图2-62 勾选【空白】复选框

第3步 返回工作表中可以查看到，已经筛选出空白行，选中空白行右击，在弹出的快捷菜单中单击【删除行】命令，如图2-63所示。

第4步 再次单击【数据】选项卡【排序和筛选】组中的【筛选】按钮取消筛选，如图2-64所示。

图2-63 单击【删除行】命令　　　　　图2-64 取消筛选

第5步 取消筛选后即可查看到已经删除了空白行，如图2-65所示。

第 2 章
数据预处理：电商数据的获取、清洗与整理

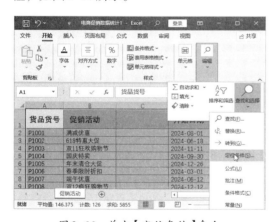

图 2-65　查看删除效果

2. 使用【定位条件】功能删除空白列

使用【定位条件】功能，可以先定位空白行或列，再执行删除操作。下面以删除空白列为例进行讲解，操作方法如下。

第1步 ▶ 打开"素材文件\第2章\电商促销数据统计1.xlsx"，选中数据区域，单击【开始】选项卡【编辑】组中的【查找和选择】下拉按钮，在弹出的下拉菜单中单击【定位条件】命令，如图2-66所示。

第2步 ▶ 打开【定位条件】对话框，选择【列内容差异单元格】单选项，单击【确定】按钮，如图2-67所示。

图 2-66　单击【定位条件】命令　　　图 2-67　选择【列内容差异单元格】单选项

第3步 ▶ 返回工作表，即可查看到已经选中数据区域内的所有非空列。单击【开始】选项卡【单元格】组中的【格式】下拉按钮，在弹出的下拉菜单中选择【隐藏和取消隐藏】选项，在弹出的子菜单中单击【隐藏列】命令，如图2-68所示。

69

第4步 选中设置了表格边框的单元格区域,单击【开始】选项卡【编辑】组中的【查找和选择】下拉按钮,在弹出的下拉菜单中单击【定位条件】命令,如图2-69所示。

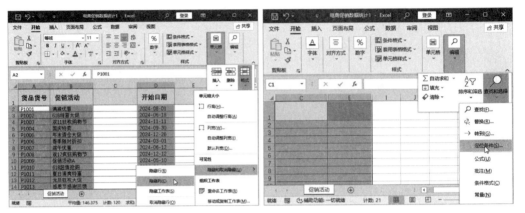

图2-68 单击【隐藏列】命令　　　　　　　图2-69 单击【定位条件】命令

第5步 打开【定位条件】对话框,选择【可见单元格】单选项,然后单击【确定】按钮,如图2-70所示。

第6步 在选中的单元格上右击,在弹出的快捷菜单中单击【删除】命令,弹出【删除】对话框,选择【右侧单元格左移】单选项,完成后单击【确定】按钮,如图2-71所示。

图2-70 选择【可见单元格】单选项　　　　　图2-71 单击【删除】命令

第7步 选中第1行到第23行,单击【开始】选项卡【单元格】组中的【格式】下拉按钮,在弹出的下拉菜单中选择【隐藏和取消隐藏】选项,在弹出的子菜单中单击【取消隐藏列】命令,如图2-72所示。

第8步 操作完成后即可查看到已经删除了空白列,如图2-73所示。

第 2 章
数据预处理：电商数据的获取、清洗与整理

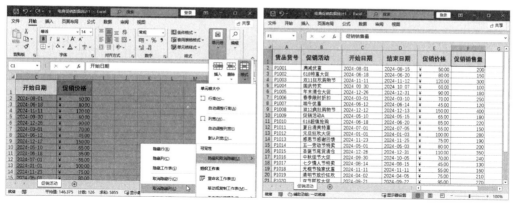

图 2-72　单击【取消隐藏列】命令　　　　　图 2-73　查看效果

2.4.3　整理不规范日期

在日常数据处理中，我们经常会遇到不规范的日期格式，例如日期表达方式不一致、日期与时间混合在一起、日期包含额外的字符等。这些不规范的日期数据可能会导致分析和计算的困扰，因此整理和标准化日期数据变得十分重要。

例如，在"网上商城家电销售情况"工作表中，要将不规范的日期统一整理，操作方法如下。

第1步 打开"素材文件\第2章\网上商城家电销售情况.xlsx"，选中B列的日期数据，单击【数据】选项卡【数据工具】组中的【分列】按钮，如图2-74所示。

第2步 打开【文本分列向导-第1步，共3步】对话框，选择【分隔符号】单选项，然后单击【下一步】按钮，如图2-75所示。

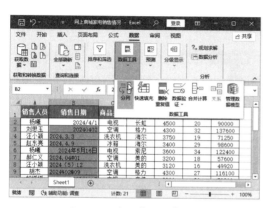

图 2-74　单击【分列】按钮　　　　　图 2-75　选择【分隔符号】单选项

第3步 在打开的【文本分列向导–第2步，共3步】对话框中直接单击【下一步】按钮，如图2-76所示。

第4步 在打开的【文本分列向导–第3步，共3步】对话框中选择【日期】单选项，然后单击【完成】按钮，如图2-77所示。

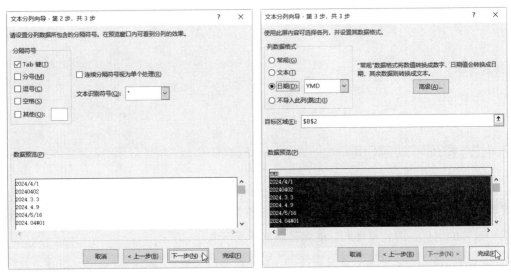

图2-76　单击【下一步】按钮　　　　　　图2-77　选择【日期】单选项

第5步 返回工作表中，选中B列的日期数据，然后单击【开始】选项卡【数字】组中的【数字格式】下拉按钮，在弹出的下拉列表中单击【短日期】命令，如图2-78所示。

第6步 操作完成后即可查看到，不规范的日期已经更改为规范的日期格式，如图2-79所示。

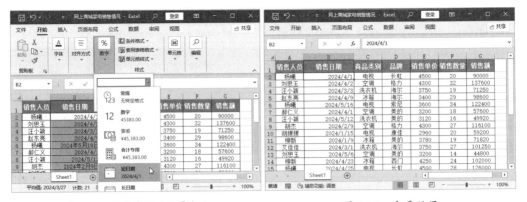

图2-78　单击【短日期】命令　　　　　　图2-79　查看效果

2.4.4 整理合并单元格

当工作表中有合并单元格时，会影响数据的分析与处理，此时需要取消合并单元格。如果只有少量的合并单元格，可以依次执行取消合并操作；如果合并单元格较多，无疑会浪费太多时间。而取消合并单元格之后，还需要填充空白单元格，避免分析时发生错误。

例如，在"三年销量统计表"中，要取消合并单元格并填充空白单元格，操作方法如下。

第1步 ▶ 打开"素材文件\第2章\三年销量统计表.xlsx"，选中多个合并单元格，在【开始】选项卡的【对齐方式】组中单击【合并后居中】下拉按钮，在弹出的下拉菜单中单击【取消单元格合并】命令，如图2-80所示。

第2步 ▶ 拆分后将出现空白单元格，保持单元格的选中状态不变，单击【开始】选项卡【编辑】组中的【查找和选择】下拉按钮，在弹出的下拉菜单中单击【定位条件】命令，如图2-81所示。

第3步 ▶ 打开【定位条件】对话框，选择【空值】单选项，然后单击【确定】按钮，如图2-82所示。

图2-80　单击【取消单元格合并】命令

图2-81　单击【定位条件】命令

图2-82　选择【空值】单选项

第4步 此时将自动选中拆分出的所有空白单元格,将鼠标光标定位到编辑栏中,输入公式"=A2"(使用该公式,即表示空白单元格的内容与上一个单元格一样;若鼠标光标定位在A7单元格,则输入"=A6",以此类推),如图2-83所示。

第5步 按【Ctrl+Enter】组合键,即可根据输入的公式,快速填充所选空白单元格,如图2-84所示。

图 2-83 输入公式

图 2-84 填充空白单元格

2.5 AI工具高效技能点拨

通过前面知识的学习,相信读者朋友已经熟练掌握了数据清洗与加工的相关技能,能够熟练地处理各种数据类型,了解数据清洗和加工的重要性及如何有效地进行数据清洗和加工。在如今AI工具盛行的时代,我们不妨借助AI工具来更高效地获取和加工数据。通过借助AI工具,我们可以更快、更准确地完成数据处理任务,提高工作效率。

01 用讯飞星火大模型编写网页商品爬取代码

在数据分析的复杂过程中,数据收集被视为不可或缺的重要一步。这一环节对于后续的数据处理与分析至关重要,因为只有准确、全面的数据才能确保分析结果的可靠性。为了实现高效的数据收集,我们利用AI工具来自动化和优化这一过程。其中,编写网页爬取代码是一种可行且高效的方法。下面,以在讯飞星火大模型中获取爬虫代码为例,介绍使用AI工具的方法。

> **提问**:你是网络数据抓取高手,熟练掌握Python编程语言,具有良好的网络编程基础,能

第 2 章
数据预处理：电商数据的获取、清洗与整理

够熟练使用网络爬虫框架。现在我需要抓取淘宝最近一天的手机销量数据，获取最高销量商品。

请直接给我完整的Python代码，以代码块的格式输出。

讯飞星火大模型

```python
import requests
from bs4 import BeautifulSoup

def get_html(url):
    headers = {
        'User-Agent': 'Mozilla/5.0 (Windows NT 10.0; Win64; x64) 
                       AppleWebKit/537.36 (KHTML, like Gecko) 
                       Chrome/58.0.3029.110 Safari/537.3'}
    response = requests.get(url, headers=headers)
    if response.status_code == 200:
        return response.text
    else:
        return None

def parse_html(html):
    soup = BeautifulSoup(html, 'lxml')
    items = soup.find_all('div', class_='item J_MouserOnverReq')
    data = []
    for item in items:
        title = item.find('div', class_='row row-2 title').text.strip()
        sales = item.find('strong').text.strip()
        data.append([title, sales])
    return data

def get_top_sales(data):
    top_sales = sorted(data, key=lambda x: int(x[1]), reverse=True)[0]
    return top_sales

if __name__ == '__main__':
    url = 'https://s.taobao.com/search?q=手机&sort=sale-desc'
```

```
    html = get_html(url)
    if html:
        data = parse_html(html)
        top_sales = get_top_sales(data)
        print("最高销量商品: ", top_sales[0], "销量: ", top_sales[1])
    else:
        print("抓取失败")
```

这是一段简单的Python代码,用于抓取淘宝最近一天手机的销量数据。请注意,这个代码可能会受到淘宝网站结构变化的影响,如果无法正常运行,请检查网站的HTML结构并相应地修改代码。

得到以上代码后,将其复制到PyCharm中运行,就可以成功抓取对应的数据。

02 用 AI 工具 ChatGPT 快速清洗表格中的无用数据

在数据收集阶段,我们可能会面临一个常见的问题:存在无用数据。这些数据可能会对我们的分析产生负面影响,因此,在进行数据分析之前,对数据进行清洗显得尤为重要。如果我们不知道如何有效地清洗这些数据,那么寻求AI工具的帮助是一个明智的选择,它能够帮助我们快速、准确地清洗和分析数据,从而提高我们的工作效率和数据质量。

> **提问:** 你是一名电商数据分析师,具有专业的数据分析技能和丰富的行业经验,你擅长运用各种数据分析工具和技术。现在要统计用户的购物车行为,收集到的数据如下:
>
> | 用户ID | 商品ID | 商品名称 | 商品价格 | 购物车数量 | 加入购物车时间 | 购物车状态 |
> | --- | --- | --- | --- | --- | --- | --- |
> | 1 | 101 | 电脑鼠标 | 19.99 | 2 | 2023/11/1 10:15 | 未结算 |
> | 2 | 202 | 无线键盘 | 29.99 | 1 | 2023/11/1 10:30 | 已结算 |
> | 3 | 103 | 蓝牙耳机 | 49.99 | 3 | 2023/11/1 11:00 | 未结算 |
> | 1 | 104 | 移动硬盘 | 79.99 | 1 | 2023/11/1 11:30 | 未结算 |
> | 4 | 205 | 智能手表 | | | | 已结算 |
> | 2 | 106 | 无线耳机 | 39.99 | 1 | 2023/11/1 12:30 | 未结算 |
> | 3 | 107 | 双肩背包 | 59.99 | 1 | 2023/11/1 13:00 | 已结算 |
> | 1 | 108 | 游戏机 | | 1 | | 已结算 |
> | 4 | 209 | 手机支架 | 9.99 | | 2023/11/1 14:00 | 未结算 |
> | 2 | 110 | 数码相机 | 129.99 | | 2023/11/1 15:00 | |

5	301	蓝牙无线耳机			2023/11/1 16:00	未知
6	401	电子书阅读器	199.99	3	2023/11/1 17:00	未知
		未知商品			2023/11/1 18:00	未知
7	502	手机壳	12.99	2	2023/11/1 19:00	已结算
8	805	书包	34.99	2	2023/11/1 22:00	未结算

现在,请你从专业的角度处理缺失和无效的内容,并以表格的形式输出。

ChatGPT

为了处理缺失和无效的内容,我会采取以下步骤:

- 删除购物车状态为未知的商品行,以及商品价格或购物车数量为空的行。
- 删除购物车状态为未结算但购物车数量为0的行,以及购物车状态为已结算但购物车数量不为0的行。

下面是处理后的表格:

用户 ID	商品 ID	商品名称	商品价格	购物车数量	加入购物车时间	购物车状态
1	101	电脑鼠标	19.99	2	2023/11/1 10:15	未结算
2	202	无线键盘	29.99	1	2023/11/1 10:30	已结算
3	103	蓝牙耳机	49.99	3	2023/11/1 11:00	未结算
1	104	移动硬盘	79.99	1	2023/11/1 11:30	未结算
2	106	无线耳机	39.99	1	2023/11/1 12:30	未结算
3	107	双肩背包	59.99	1	2023/11/1 13:00	已结算
4	209	手机支架	9.99	1	2023/11/1 14:00	未结算
7	502	手机壳	12.99	2	2023/11/1 19:00	已结算
10	805	书包	34.99	2	2023/11/1 22:00	未结算

在这个处理后的表格中,我们已经删除了购物车状态为未知的商品行,以及商品价格或购物车数量为空的行。同时,也删除了购物车状态为未结算但购物车数量为0的行,以及购物车状态为已结算但购物车数量不为0的行。这样可以确保数据更为准确和完整。

以上是ChatGPT提供的清洗后的表格数据,删除了无效的数据后,用户将其中的数据粘贴到Excel中即可进行分析。

本章小结

本章旨在阐述电商数据分析的数据获取来源及处理方法。在处理电商数据时，除了应具备独特的电商思维模式，还需熟悉数据分析的基本步骤并掌握常见的电商数据。同时，应充分发挥Excel分析工具及人工智能AI工具的优势，以便更准确地发掘和呈现关键数据。

第 3 章

数据计算与统计：公式与函数应用

本章导读

数据计算是数据分析的基础，涉及对数据进行各种数学运算、统计计算和逻辑判断等操作，以生成新的指标、衍生变量或汇总数据。所以，数据计算在数据分析中具有重要的地位，通过正确的数据计算，才能得到准确的分析结果和有意义的结论，从而支持决策和行动。本章先介绍公式与函数的相关知识，然后深入讲解数据计算的原理和方法，从而让读者获得更多有价值的信息和见解。

知识要点

- 了解公式和函数的基础知识
- 掌握公式的使用方法
- 掌握数组公式的使用方法
- 掌握常用函数
- 了解专业函数

3.1 掌握公式应用

公式是对工作表中的数值执行计算的等式,是以"="开头的计算表达式,包含数值、变量、单元格引用、函数和运算符等。下面将介绍公式中运算符的种类和优先级、自定义公式和复制公式等相关知识。

3.1.1 公式中的运算符与优先级

在 Excel 中,公式是进行各种计算和数据处理的基础工具。了解公式中的运算符及其优先级是掌握高效使用公式的关键要素之一。公式中的运算符用于表示不同的数学运算、逻辑判断和文本操作,而优先级则决定了运算符的执行顺序,确保公式按照预期的方式进行计算。

1. 算术运算符

算术运算符是一种用于完成基本的数学运算的符号,包括加法、减法、乘法、除法、百分比和乘方等,主要分类和含义如表 3-1 所示。

表 3-1 算术运算符

算术运算符	含义	示例	算术运算符	含义	示例
+	加号	300+100	/	除号	96/3
-	减号(负号)	360-120	^	乘幂号	9^5
*	乘号	56*96	%	百分号	50%

2. 比较运算符

比较运算符是一种用于判断两个值之间关系的符号。具体来说,它可以检查两个值是否相等,一个值是否大于另一个值,或者一个值是否小于另一个值等。常见的比较运算符包括:=(等于)、<>(不等于)、<(小于)、>(大于)、<=(小于等于)和>=(大于等于)。

需要注意的是,这些运算符的返回结果为逻辑值。当条件满足时,比如两个数相等,返回的结果为真,用数字 1 表示;反之,如果条件不满足,结果为假,用数字 0 表示。比较运算符的主要分类和含义如表 3-2 所示。

表3-2 比较运算符

比较运算符	含义	示例	比较运算符	含义	示例
=	等于	A1=B1	>	大于	A1>B1
<>	不等于	A1<>B1	<=	小于等于	A1<=B1
<	小于	A1<B1	>=	大于等于	A1>=B1

3. 文本运算符

文本运算符被用来连接或拼接两个或更多的字符串。其中最常用的文本运算符是"&",其主要功能就是将两个字符串连接在一起。例如,"北京市"&"朝阳区"的计算结果就是"北京市朝阳区"。

4. 引用运算符

引用运算符主要用于标明工作表中的单元格或单元格区域,包括":"(冒号)、","(逗号)和" "(空格)。

(1)冒号为区域运算符,用于对两个引用之间,包括两个引用在内的所有单元格进行引用,如B5:G5。

(2)逗号为联合操作符,用于将多个引用合并为一个引用,如SUM(B5:B10, D5:D10)。

(3)空格为交叉运算符,用于对两个引用区域中共有的单元格进行运算,如SUM(A1:B8 B1:D8)。

5. 运算符的优先级

在一个表达式中,当存在多个运算符时,这些运算符的优先级将决定表达式中哪部分应先被处理。例如,在数学表达式"a－b＊c"中,根据运算规则,乘法(＊)和除法(／)的优先级高于加法(＋)和减法(－)。因此,这个表达式实际上会被计算为"a－(b＊c)",运算符的优先顺序如表3-3所示。

表3-3 运算符的优先级

优先顺序	运算符	说明	优先顺序	运算符	说明
1	":"(冒号)、","(逗号)、" "(空格)	引用运算符	3	%	百分比运算
2	－	作为负号使用,如-9	4	^	乘幂运算

续表

优先顺序	运算符	说明	优先顺序	运算符	说明
5	*和/	乘和除运算	7	&	连接两个文本字符串
6	+和-	加和减运算	8	=、<、>、<>、<=、>=	比较运算符

3.1.2 认识公式的3种引用方式

在使用公式时经常会涉及单元格的引用，单元格地址引用的作用是指明公式中所使用的数据的地址。在编辑公式时，需要对单元格的地址进行引用，一个引用地址代表工作表中的一个或多个单元格或单元格区域。

那么，在引用单元之前，先通过AI工具ChatGPT来认识公式的3种引用方式。

> 提问：请问Excel中的3种引用方式分别是什么？

ChatGPT

在Excel中，公式可以使用3种不同的引用方式来引用单元格，包括相对引用、绝对引用和混合引用。

1. 相对引用：默认情况下，Excel中的公式使用相对引用。在相对引用中，公式中引用的单元格地址会根据填充或复制公式的位置而自动调整。例如，如果公式= A1 + B1位于单元格C1中，当复制这个公式到单元格C2时，公式会自动调整为= A2 + B2。相对引用可以方便地进行批量计算，但在复制公式时要注意目标单元格与原始单元格之间的相对位置。

2. 绝对引用：在某些情况下，我们希望公式中的某个单元格地址保持固定，不随复制或填充公式而改变。这时，可以使用绝对引用。在绝对引用中，使用"$"来锁定单元格的行或列。例如，$A$1表示固定的单元格A1。当复制或填充公式时，绝对引用不会改变，始终指向固定的单元格。

3. 混合引用：混合引用是相对引用和绝对引用的组合。在混合引用中，可以将"$"放在行或列的位置，使其中一个保持固定，而另一个相对调整。例如，$A1表示列A固定，行号相对调整；A$1表示行1固定，列名相对调整。通过混合引用，可以根据需要锁定公式中的行或列。

通过灵活使用这3种引用方式，可以更好地控制公式对单元格的引用，适应不同的计算需求。在编写公式时，根据具体情况选择适当的引用方式，并注意公式在复制或填充时的引用调整。

从ChatGPT的回答中，我们了解了单元格引用的3种方式，下面通过几个案例来更深入地理解这3种引用方式。

1. 相对引用

相对引用，是指公式中引用的单元格以它的行、列地址为它的引用名，如A1、B2等。

例如，在"服装销售表"中，销售金额等于销售价格乘以销售数量，此公式中的单元格引用就要使用相对引用，因为复制一个单元格中的销售数据到其他销售金额单元格时，引用的单元格要随着公式位置的变化而变化。

第1步 ▶ 打开"素材文件\第3章\服装销售表.xlsx"，在G2单元格中输入计算公式"=C2*D2"，单击编辑栏中的【输入】按钮✓，如图3-1所示。

第2步 ▶ 选择G2单元格，将鼠标光标移动到G2单元格的右下角，当鼠标光标变为+时，按住鼠标左键不放向下拖动填充公式，如图3-2所示。

第3步 ▶ 操作完成后可以发现，其他单元格的引用地址也随之变化，如图3-3所示。

图3-1　输入计算公式

图3-2　填充公式

图3-3　查看结果

2. 绝对引用

绝对引用指的是某一确定的位置，如果公式所在单元格的位置改变，绝对引用将保持不变；如果多行或多列地复制或填充公式，绝对引用也同样不作调整。

默认情况下，新公式常使用相对引用，读者也可以根据需要将相对引用转换为绝对引用。下面以实例来讲解单元格的绝对引用。

在"服装销售表"中,由于每种商品的推广成本相同,在一个固定单元格中输入数据即可,所以推广成本在公式的引用中要使用绝对引用,而不同商品的销售金额和成本不同,因此销售金额和成本所在的单元格采用相对引用,该例操作方法如下。

第1步 接上一例操作,在H2单元格中输入计算公式"=G2-E2-$F$2",单击编辑栏中的【输入】按钮 ✓,如图3-4所示。

第2步 选择H2单元格,将鼠标光标移动到H2单元格的右下角,当鼠标光标变为+时,按住鼠标左键不放向下拖动填充公式,如图3-5所示。

第3步 操作完成后可以发现,虽然其他单元格的引用地址发生了变化,但绝对引用的F2单元格不会发生变化,如图3-6所示。

图 3-4 输入公式

图 3-5 填充公式

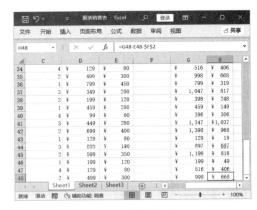

图 3-6 查看结果

3. 混合引用

在计算数据时,如果公式所在的单元格的位置发生改变,则相对引用改变,而绝对引用不变。如果多行或多列地复制公式,相对引用自动调整,而绝对引用不作调整。

例如,某电商公司决定扩大经营范围,准备今后10年内,每年年末从利润留成中提取10万元存入银行，10年后这笔存款将用于新店的开设和运营。假设银行存款年利率为3.4%，那10年后一共可以积累多少资金？假设年利率变为5%、5.5%、6%，又可以积累多少资金呢？

下面，使用混合引用单元格的方法计算年金终值，操作方法如下。

第1步 ▶ 打开"素材文件\第3章\计算普通年金终值.xlsx"，在C4单元格中输入计算公式"=$A$3*(1+C$3)^$B4"。此时，绝对引用公式中的单元格A3，混合引用公式中的单元格C3和B4，如图3-7所示。

第2步 ▶ 按【Enter】键得出计算结果，然后选中C4单元格，将鼠标光标移动到C2单元格的右下角，当鼠标光标变为+时，按住鼠标左键不放向下拖动填充公式C13，如图3-8所示。

图3-7　输入公式　　　　　　　图3-8　向下填充公式

> **教您一招：普通年金终值介绍**
>
> 普通年金终值是指最后一次支付时的本息之和，它是每次支付的复利终值之和。假设每年的支付金额为A，利率为i，期数为n，则按复利计算的普通年金终值S为：
>
> $$S=A+A*(1+i)+A(1+i)^2+\cdots+A*(1+i)^{n-1}$$

第3步 ▶ 选中其他引用公式的单元格，可以发现，多列复制公式时，引用会自动调整。随着公式所在单元格的位置改变，混合引用中的列标也会随之改变。例如，单元格C13中的公式变为"=$A$3*(1+C$3)^$B13"，如图3-9所示。

第4步 ▶ 选择C4单元格，将鼠标光标移动到C4单元格的右下角，当鼠标光标变为+时，按住鼠标左键不放向右拖动填充公式至F4单元格，如图3-10所示。

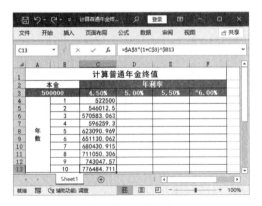

图 3-9 查看公式

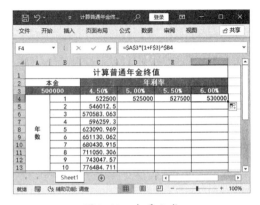

图 3-10 向右填充公式

第5步 操作完成后可以发现，多行复制公式时，引用会自动调整，随着公式所在单元格的位置改变，混合引用中的列标也会随之改变。例如，单元格F4中的公式变为"=$A$3*(1+F$3)^$B4"，如图3-11所示。

第6步 使用相同的方法，将公式填充到其他空白单元格，此时可以计算出在不同利率条件下，不同年份的年金终值，如图3-12所示。

图 3-11 查看公式

第7步 在C14单元格中输入公式"=SUM(C4:C13)"，并将公式填充到右侧的单元格，即可计算出不同利率条件下，10年后的年金终值，如图3-13所示。

图 3-12 填充其他公式

图 3-13 查看结果

3.1.3 为单元格定义名称并计算

在Excel中，不管是一个独立的单元格，还是多个不连续的单元格组成的单元格组合，或者是连续的单元格区域，都可以为其定义一个名字。在为单元格定义名称之后，还可以将其应用于计算。

1. 为单元格定义名称

为单元格或单元格区域定义名称，不仅能够使公式更易读、易维护，还能减少输入错误和提高工作的可追溯性。例如，要为"产品销售表"中的数据区域定义名称，操作方法如下。

第1步 打开"素材文件\第3章\产品销售表.xlsx"，选择要定义名称的单元格区域，然后单击【公式】选项卡【定义的名称】组中的【定义名称】按钮，如图3-14所示。

第2步 打开【新建名称】对话框，在【名称】框内输入定义的名称，然后单击【确定】按钮，如图3-15所示。

图3-14 单击【定义名称】按钮

图3-15 输入定义的名称

> **温馨提示**
> 选择要定义的单元格或单元格区域，在【名称】框中直接输入定义的名称后，按【Enter】键也可以定义名称。

第3步 操作完成后，即可为选择的单元格区域定义名称，当再次选择单元格区域时，会在名称框中显示定义的名称，如图3-16所示。

第4步 使用相同的方法为单价区域定义名称即可，如图3-17所示。

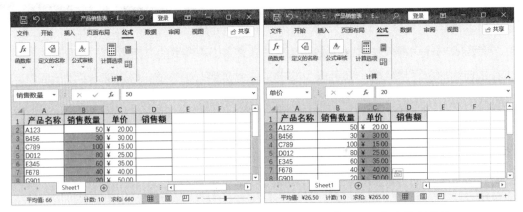

图 3-16　查看名称　　　　　　　图 3-17　定义其他名称

教您一招：管理名称

为单元格定义名称后，可以单击【公式】选项卡【定义的名称】组中的【名称管理器】按钮，打开【名称管理器】对话框，在其中可以对名称进行编辑、删除等操作。

2. 将自定义名称应用于公式

为单元格定义名称之后，可以将其应用到公式计算中，以提高工作效率，减少计算错误，操作方法如下。

第1步 接上一例操作，在 D2 单元格中输入公式"=销售数量*单价"，如图 3-18 所示。

第2步 按【Enter】键确认，即可得到计算结果，并自动填充到下方的单元格，如图 3-19 所示。

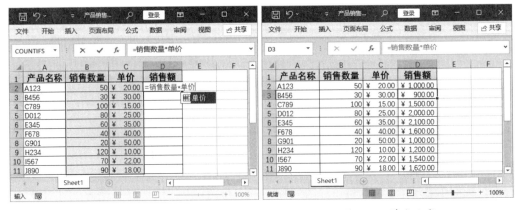

图 3-18　输入公式　　　　　　　图 3-19　填充公式

3.2 使用数组公式计算数据

数组就是多个数据的集合，组成数组的每个数据都是该数组的元素。在Excel中，如果需要对一组或多组数据进行多重计算，就可以使用数组公式，快速计算出结果。

3.2.1 在单个单元格中使用数组公式进行计算

在Excel中，可以使用数组公式计算出单个结果，也可以利用数组公式计算出多个结果。操作的方法基本一致，都必须先创建好数组公式，然后再将创建好的数组公式运用到简单的公式计算或函数计算中，最后按【Ctrl+Shift+Enter】组合键显示出数组公式计算的结果。

数组公式可以代替多个公式，从而简化工作表模式。例如，"水果网络销售明细"中记录了多种水果产品的单价及销售数量，使用数组公式可以一次性计算出所有水果的销售总额，操作方法如下。

第1步 打开"素材文件\第3章\水果网络销售明细.xlsx"，选择存放结果的D11单元格，输入公式"=SUM(B3:B10*C3:C10)"，如图3-20所示。

第2步 输入数据后，按【Ctrl+Shift+Enter】组合键，即可得出计算结果，如图3-21所示。

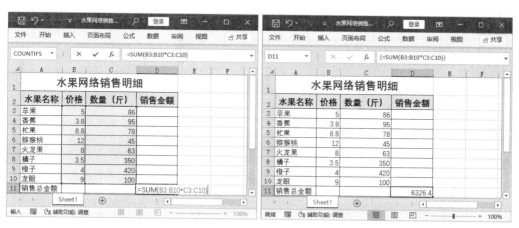

图3-20　输入公式　　　　　　图3-21　查看计算结果

> **温馨提示**
> 在使用数组公式进行计算时需要注意，在合并单元格中，不能输入数组公式。

3.2.2 在多个单元格中使用数组公式进行计算

在Excel中，某些公式和函数可能会返回多个值，有一些函数也可能需要一组或多组数据作为参数。如果要使数组公式计算出多个结果，则必须将数组公式输入与数组参数具有相同列数和行数的单元格区域中。

例如，要应用数组公式分别计算出各种水果的销售额的方法如下。

第1步 接上一例操作，选择存放结果的D3:D10单元格区域，在编辑栏中输入公式"=B3:B10*C3:C10"，如图3-22所示。

第2步 输入数据后，按【Ctrl+Shift+Enter】组合键确认计算多个结果，如图3-23所示。

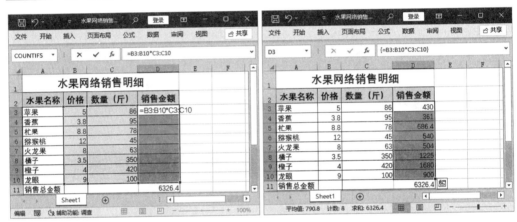

图3-22　输入公式　　　　　　　　图3-23　查看计算结果

> **教您一招：数组的扩充功能**
>
> 在创建数组公式时，将数组公式置于大括号（{}）中，或在公式输入完成后按【Ctrl+Shift+Enter】组合键，数组公式可以执行多项计算并返回一个或多个结果。数组公式对两组或多组数组参数的值执行运算时，每个数组参数都必须有相同数量的行和列。除了用【Ctrl+Shift+Enter】组合键输入公式外，创建数组公式的方法与创建其他公式的方法相同。某些内置函数也是数组公式，使用这些公式时必须作为数组输入才能获得正确的结果。

3.3　通过AI工具学习函数应用

在Excel中，将一组特定功能的公式组合在一起，就形成了函数。利用公式可以计算一些简单的数据，而利用函数则可以很容易地完成各种复杂数据的处理工作，并简化公式的使用。

3.3.1 函数的定义

Excel 所提供的函数其实是一些预定义的公式，它使用一些被称为参数的特定数值按特定的顺序或结构进行计算。

如果不知道函数的定义，可以在 AI 工具中了解函数。下面，以讯飞星火大模型为例，介绍学习方法。

> **提问：** 请表述 Excel 函数的定义。

讯飞星火大模型

Excel 函数是一种内置的工具，用于执行各种数学、逻辑、文本、日期等操作，以便在 Excel 中进行数据处理和分析。它是预先编写的代码块，可通过输入参数来执行特定的计算或操作，并返回结果。

Excel 函数由函数名和一对括号组成，括号内包含函数的参数。函数名用于标识特定的函数，并告诉 Excel 要执行哪种操作。参数是函数用于计算的输入值，可以是单个值、单元格范围、常量或其他函数的结果。

Excel 函数有各种类型，包括数学函数（如 SUM、AVERAGE、MAX、MIN）、逻辑函数（如 IF、AND、OR）、文本函数（如 CONCATENATE、LEFT、RIGHT）、日期函数（如 TODAY、YEAR、MONTH）、统计函数（如 COUNT、COUNTIF、SUMIF）等。每个函数都有特定的功能和语法规则，用于执行特定的操作。

通过使用 Excel 函数，您可以在电子表格中进行各种计算和操作。它可以帮助您进行数据求和、平均值计算、条件判断、文本拼接、日期处理、数据筛选等任务。使用函数，您可以自动化地处理复杂的计算过程，并轻松处理大量数据。

您可以通过在单元格中输入函数，或者使用函数向导或函数库来添加函数。在输入函数时，Excel 会提供函数的参数提示和语法验证，以帮助您正确使用函数。

总之，Excel 函数是一种内置的工具，用于在电子表格中执行各种计算和操作。它为您提供了广泛的功能，使您能够更轻松地处理和分析数据。熟练掌握 Excel 函数将帮助您更高效地使用 Excel，并提升数据处理和分析的能力。

通过 AI 工具讯飞星火大模型的回答，我们了解了什么是函数。Excel 函数是处理和分析数据的重要工具，通过熟练掌握函数的定义和使用方法，就可以更高效地进行数据处理和计算，提高工作效率并准确获取所需的结果。

3.3.2 认识函数结构

函数是预先编写的公式，可以将其认作一种特殊的公式。它一般具有一个或多个参数，可以更加简单、便捷地进行多种运算，并返回一个或多个值。函数与公式的使用方法有很多相似之处，如首先需要输入函数才能使用函数进行计算。输入函数前，还需要了解函数的结构。

下面，我们通过AI工具ChatGPT来认识函数的结构。

> **提问：** 请讲述一下Excel函数的结构。

ChatGPT

Excel函数的结构通常包括函数名称、参数和参数的值。以下是一般的Excel函数结构。

1. 函数名称：函数名称是函数的标识符，用于指定要执行的具体函数。例如，SUM、AVERAGE、IF等都是常见的Excel函数名称。

2. 参数：参数是函数执行所需的输入值。函数可以接受一个或多个参数，参数之间使用逗号进行分隔。参数可以是常数值、单元格引用、表达式或其他函数的返回值。不同的函数具有不同的参数要求和数量。

3. 参数分隔符：参数分隔符用于分隔参数，常用的分隔符是逗号。每个参数的顺序和类型都要与函数的定义相匹配。

4. 函数返回值：函数的返回值是函数执行后得到的结果。返回值可以是数字、文本、日期、逻辑值等，具体取决于函数的功能和计算结果。

下面是一个示例，展示了函数的一般结构：

`=函数名(参数1,参数2,…)`

例如，使用SUM函数计算A1到A10单元格范围内的总和，可以写成：

`=SUM(A1:A10)`

其中，SUM是函数名称，A1:A10是参数，用于指定要求和的单元格范围。

需要注意的是，函数的具体结构和使用方法因不同的函数而异。因此，在使用特定函数之前，建议参考相关文档或使用Excel的内置函数帮助来了解特定函数的正确结构和参数要求。

从以上的回答中可以发现，Excel函数的结构提供了一种强大而灵活的方式来进行数据分析、计算和处理。

而函数作为公式的一种特殊形式存在，是由"="符号开始的，右侧依次是函数名称、左括号、以英文半角逗号分隔的参数和右括号。具体结构如图3-24所示。

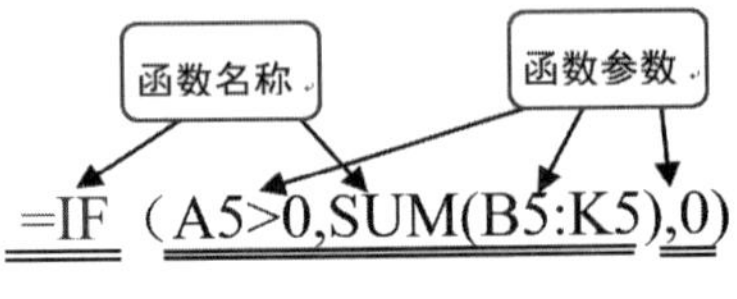

图3-24 函数的结构

3.3.3 认识函数的分类

在Excel中，根据函数的功能，主要可将函数划分为12个类型。函数在使用过程中，一般也是依据这个分类进行定位，然后再选择合适的函数。因此，学习函数知识，必须了解函数的分类。

下面，我们可以通过ChatGPT来了解函数的分类有哪些。

> **提问：** Excel函数的分类有哪些？

⑤ ChatGPT

Excel函数可以根据其功能和用途进行不同的分类。以下是Excel函数的全部分类。

1. 数学和三角函数：包括基本的四则运算（加、减、乘、除）、幂运算、取整、取余、绝对值、三角函数（如sin、cos、tan）等。

2. 逻辑函数：包括IF函数、AND函数、OR函数、NOT函数等。逻辑函数用于进行条件判断和逻辑运算，根据条件的真假返回相应的结果。

3. 文本函数：包括CONCATENATE函数、LEFT函数、RIGHT函数、LEN函数等。文本函数用于处理和操作文本数据，如合并文本、提取子字符串、计算字符长度等。

4. 统计函数：包括SUM函数、AVERAGE函数、COUNT函数、MAX函数、MIN函数等。统计函数用于对数据进行汇总和统计分析，如求和、平均值、计数、最大值、最小值等。

5. 查找和引用函数：包括VLOOKUP函数、HLOOKUP函数、INDEX函数、MATCH函数等。这些函数用于在数据中查找特定的值或引用特定的单元格。

6. 日期和时间函数：包括DATE函数、TODAY函数、YEAR函数、MONTH函数等。日期和时间函数用于处理日期和时间相关的操作，如日期计算、格式转换、提取年份和月份等。

7. 统计函数：包括SUMIF函数、COUNTIF函数、AVERAGEIF函数等。条件函数根据满足特定条件的数据进行计算和统计。

8. 数组函数：包括SUMPRODUCT函数、TRANSPOSE函数、MMULT函数等。数组函数用于处理多个数值数组或矩阵的运算和操作。

9. 数据库函数：包括DSUM函数、DCOUNT函数、DMAX函数、DMIN函数等。数据库函数用于对大量数据进行查询、筛选和分析。

10. 工程函数：包括IRR函数、NPV函数、PV函数等。工程函数用于进行财务和投资方面的计算和分析。

11. 信息函数：包括CELL函数、INFO函数、ERROR.TYPE函数等。信息函数用于获取单元格、工作表和文件的相关信息。

12. 宏函数：包括自定义的宏函数，用于根据用户的需求进行自定义的计算和操作。

这些是Excel函数的主要分类，每个分类中都有许多具体的函数可供使用。根据具体的数据处理需求，可以选择适当的函数来进行计算、分析和操作。熟练掌握不同分类的函数，能够更高效地利用Excel进行各种数据处理任务。

从以上回答中可以看出，这些函数根据其功能和用途进行了划分，而每个分类中都有多个具体的函数可供使用。通过合理选择和运用这些函数，用户可以实现复杂的数据计算、统计分析、条件判断、文本处理、日期计算等操作，提高工作效率和准确性。

3.3.4 输入与编辑函数

输入函数的方法很多，可以根据自己的情况来选择。如果对函数很熟悉，可以直接输入函数；如果对函数不太熟悉，可以使用函数库输入函数，也可以使用提示功能快速输入函数；如果是常用函数，可以在【自动求和】下拉列表中选择；如果不能确定函数的正确拼写或计算参数，可以使用【插入函数】对话框来输入函数。

1. 直接输入函数

如果知道函数名称及函数的参数，可以直接在编辑栏中输入表达式调用函数，这是最常见的函数调用方法之一。

第1步 打开"素材文件\第3章\购物节销售数据表.xlsx"，选中要存放结果的单元格，本例中选择G2，在编辑栏中输入函数表达式"=PRODUCT(E2:F2)"（意为对单元格区域E2:F2中的数值进行乘积运算），如图3-25所示。

第2步 完成输入后，单击编辑栏中的【输入】按钮✓，或者按【Enter】键进行确认，G2单元格中即可显示计算结果，如图3-26所示。

图3-25　输入函数 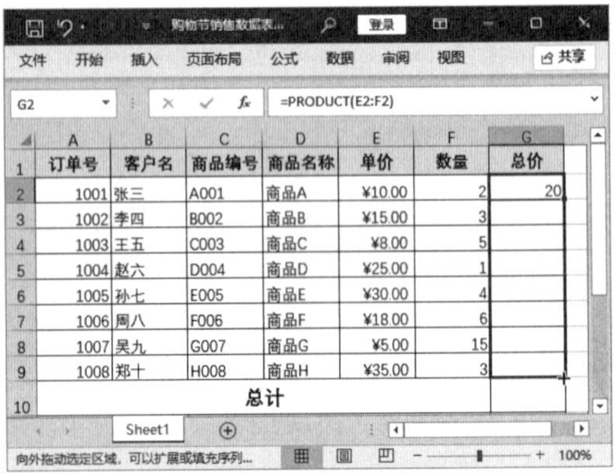　　　　　　图3-26　查看结果

第3章
数据计算与统计：公式与函数应用

第3步 利用填充功能向下复制函数，即可计算出其他产品的销售金额，如图3-27所示。

图3-27 填充函数

2. 通过提示功能快速调用函数

如果用户对函数并不是非常熟悉，在输入函数表达式的过程中，可以利用函数的提示功能进行输入，以保证输入正确的函数。

第1步 接上一例操作，选中要存放结果的单元格，输入"="，然后输入函数的首字母，例如"S"，此时系统会自动弹出一个下拉列表，该列表中将显示所有"S"开头的函数，可在列表框中找到需要的函数，选中该函数时，会出现一个浮动框，说明该函数的含义，如图3-28所示。

第2步 双击选中的函数，即可将其输入单元格中，输入函数后我们可以看到函数语法提示，如图3-29所示。

图3-28 选择函数

图3-29 查看语法提示

第3步 根据提示输入计算参数，如图3-30所示。

第4步 ▶ 完成输入后，按【Enter】键，即可得到计算结果，如图3-31所示。

图3-30　输入函数参数　　　　　　　　图3-31　查看计算结果

3. 使用"自动求和"按钮调用函数

使用函数计算数据时，求和函数、求平均值函数等用得非常频繁，因此Excel提供了【自动求和】按钮，通过该按钮，可快速使用这些常用函数进行计算。

例如，要在"2023年销量统计表"中计算"平均销量"，操作方法如下。

第1步 ▶ 打开"素材文件\第3章\2023年销量统计表.xlsx"，选中要存放结果的单元格，如B14，在【公式】选项卡中单击【自动求和】下拉按钮，在弹出的下拉列表中单击【平均值】选项，如图3-32所示。

第2步 ▶ 拖动鼠标选择计算区域，默认选择上方数据单元格，如图3-33所示。

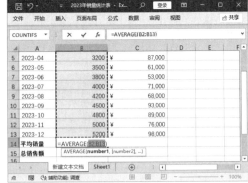

图3-32　单击【自动求和】下拉按钮　　　图3-33　选择计算区域

第3步 ▶ 按【Enter】键，即可得到平均销量，如图3-34所示。

第 3 章
数据计算与统计：公式与函数应用

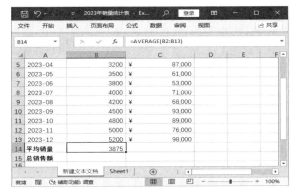

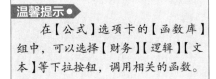

温馨提示●

在【公式】选项卡的【函数库】组中，可以选择【财务】【逻辑】【文本】等下拉按钮，调用相关的函数。

图 3-34　查看计算结果

4. 通过【插入函数】对话框调用函数

Excel 提供了数百个函数，如果不能确定函数的正确拼写或计算参数，建议用户使用【插入函数】对话框来插入函数。

例如，要在"2023年销量统计表"中计算"总销售额"，操作方法如下。

第1步 ● 接上一例操作，选择要存放结果的单元格，然后单击编辑栏中的【插入函数】按钮 *fx*，如图 3-35 所示。

第2步 ● 打开【插入函数】对话框，在【或选择类别】下拉列表中选择函数类别，在【选择函数】列表框中选择需要的函数，如【SUM】函数，然后单击【确定】按钮，如图 3-36 所示。

图 3-35　单击【插入函数】按钮

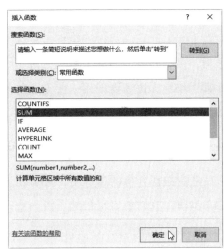

图 3-36　选择函数

> **温馨提示**
> 如果只知道某个函数的功能，不知道具体的函数名，可以在【搜索函数】文本框中输入函数功能，如【随机】，然后单击【转到】按钮，此时将在【选择函数】列表框中显示Excel推荐的函数，在【选择函数】列表框中选择某个函数后，会在列表框下方显示该函数的作用及语法等信息。

第3步 ▶ 打开【函数参数】对话框，在【Number1】参数框中设置要进行计算的参数，然后单击【确定】按钮，如图3-37所示。

第4步 ▶ 返回工作表，即可查看到计算结果，通过填充功能向下复制函数，计算出其他时间的营业额总计，如图3-38所示。

图3-37 设置函数参数

图3-38 填充函数

3.4 电商数据处理中的常用函数

在了解了使用函数进行数据运算的方法后，就可以应用函数计算数据了。常用的基本函数，主要包括自动求和函数、平均值函数、最大值函数、最小值函数。除此之外，在日常工作中，还需要使用一些专业的函数分析数据，如财务函数、文本函数、统计函数等。

3.4.1 使用SUM函数计算商品的销量总和

在电商数据分析的过程中，计算销量的总和无疑是最为基本和核心的操作之一。通过这一步骤，我们可以轻松地了解一个产品或店铺在一定时间内的整体销售情况，进而评估其市场受欢迎程度和商业表现。

例如，要根据店铺上半年的销售数据计算商品的销量总和，如果不知道使用什么函数，

第 3 章
数据计算与统计：公式与函数应用

就可以寻求AI工具的帮助。

> **提问**：你是一名数据分析师，精通Excel公式与函数的使用方法，现在需要计算一组数据。工作表收集了每一个分店上半年的销量数据，现在需要计算每一个分店上半年的销售总量，使用函数应该怎样计算？

⑤ ChatGPT

在Excel中，你可以使用SUM函数来计算每一个分店上半年的销售总量。

假设你的数据布局如下：

分店	1月销量	2月销量	3月销量	4月销量	5月销量	6月销量
分店A	100	150	200	120	180	250
分店B	80	120	160	100	130	190
分店C	120	100	180	90	160	220

1. 在Excel中，选择你要放置总销售额的位置，例如，如果要放在每个分店行的最后一列，可以在G列中输入总销售额。

2. 在H2单元格（或你选择的位置）中输入以下SUM函数：

```
=SUM(B2:G2)
```

这个公式将计算B2到G2范围内的销售额总和。你可以拖动这个公式到其他行以计算每个分店的销售总量。

3. 按【Enter】键完成。

这样，你就可以在每个分店行的最后一列看到相应的上半年销售总量。

根据以上回答，我们可以从AI工具ChatGPT学习到使用SUM函数求和的过程。不过，上述回答中SUM函数中的语法结构并不清楚，为了便于理解函数的意义，可以再次在AI工具中提问。

> **提问**：请讲述SUM函数的语法结构。

⑤ ChatGPT

SUM函数的语法结构如下：

```
SUM(number1, [number2], …)
```

其中：

- number1 是第一个要相加的数值或单元格引用。

- number2 是第二个要相加的数值或单元格引用，以此类推。你可以根据需要添加更多的数值或单元格引用，用逗号分隔。
- 方括号表示参数是可选的，你可以根据需要省略或添加更多的数值或单元格引用。

注意：
- SUM函数可以处理包含数字的单元格范围、单个单元格引用和数字直接输入。
- SUM函数会忽略文本、逻辑值和错误值，并将它们视为0。
- SUM函数还可以用于计算多个范围的总和，将它们放在括号内并用逗号分隔。
- 如果你希望仅考虑满足某些条件的单元格进行求和，可以使用SUMIF或SUMIFS函数。

以下是一些示例：
- =SUM(A1, A2, A3)：计算A1、A2和A3单元格的总和。
- =SUM(A1:A10)：计算A1到A10范围内的数值之和。
- =SUM(A1, B1, C1)：计算A1、B1和C1单元格的总和。
- =SUM(1, 2, 3, 4)：计算数字1、2、3和4的总和。

SUM函数是Excel中常用的函数之一，可以用于计算一系列数值的总和。

以上回答明确地说明了求和函数的语法结构和使用方法，现在可以进行实际的操作。下面以在"上半年销售业绩"表中使用SUM函数计算"销售总量"为例，举例说明。

第1步 打开"素材文件\第3章\上半年销售业绩.xlsx"，选择要存放结果的单元格，如H3，输入函数"=SUM(B3:G3)"，如图3-39所示。

第2步 按【Enter】键进行确认，即可得出计算结果，通过填充功能向下复制函数，计算出所有人的销售总量，如图3-40所示。

图3-39　输入函数

图3-40　查看结果

3.4.2 使用AVERAGE函数计算商品月销售平均值

如果要计算销量平均值，利用AI工具提问寻求帮助的方法与计算销量总和的方法相似，不再赘述。在Excel中，一般会使用AVERAGE函数来计算平均值，这个函数是对选择的单元格或单元格区域进行算术平均值运算。而在使用之前，可以结合AI工具ChatGPT了解AVERAGE函数的语法。

提问： 请讲述一下AVERAGE函数的语法结构。

ChatGPT

AVERAGE函数的语法结构如下：

AVERAGE(number1, [number2], …)

其中：
- number1 是第一个要求平均值的数值或单元格引用。
- number2 是第二个要求平均值的数值或单元格引用，以此类推。你可以根据需要添加更多的数值或单元格引用，用逗号分隔。
- 方括号表示参数是可选的，你可以根据需要省略或添加更多的数值或单元格引用。

注意：
- AVERAGE函数可以处理包含数字的单元格范围、单个单元格引用和数字直接输入。
- AVERAGE函数会忽略文本、逻辑值和错误值，并将它们视为0。
- 如果要计算满足某些条件的单元格的平均值，可以使用AVERAGEIF或AVERAGEIFS函数。

以下是一些示例：
- =AVERAGE(A1, A2, A3)：计算A1、A2和A3单元格的平均值。
- =AVERAGE(A1:A10)：计算A1到A10范围内的数值的平均值。
- =AVERAGE(A1, B1, C1)：计算A1、B1和C1单元格的平均值。
- =AVERAGE(1, 2, 3, 4)：计算数字1、2、3和4的平均值。

AVERAGE函数用于计算一组数值的平均值，是Excel中常用的函数之一。

根据以上回答，如果要在"上半年销售业绩"表中使用AVERAGE函数计算"平均值"，操作方法如下。

第1步 接上一例操作，选中要存放结果的单元格，输入函数"=AVERAGE(B3:G3)"，如图3-41所示。

第2步 按【Enter】键进行确认,即可得出计算结果,通过填充功能向下复制函数,计算出销售平均值,如图3-42所示。

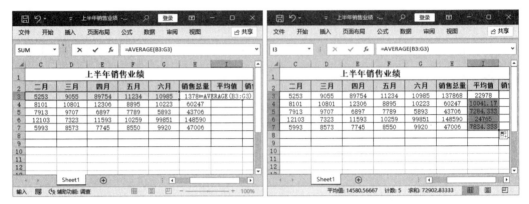

图3-41　输入函数　　　　　　　　　　　　图3-42　查看结果

3.4.3　使用MAX函数计算销量最大值

如果要计算销量最大值,可以使用MAX函数对选择的单元格区域中的数据进行比较,计算出其中的最大值,然后返回目标单元格。首先使用ChatGPT查看MAX函数的语法。

> **提问:** 请讲述一下MAX函数的语法结构。

ChatGPT

MAX函数的语法结构如下:

MAX(number1, [number2], …)

其中:

- number1 是第一个要比较的数值或单元格引用。
- number2 是第二个要比较的数值或单元格引用,以此类推。你可以根据需要添加更多的数值或单元格引用,用逗号分隔。
- 方括号表示参数是可选的,你可以根据需要省略或添加更多的数值或单元格引用。

注意:

- MAX函数可以处理包含数字的单元格范围、单个单元格引用和数字直接输入。
- MAX函数会忽略文本、逻辑值和错误值,并将它们视为0。
- 如果要找到满足某些条件的数值中的最大值,可以使用MAXIFS函数。

以下是一些示例:

- =MAX(A1, A2, A3)：返回A1、A2和A3单元格中的最大值。
- =MAX(A1:A10)：返回A1到A10范围内的数值中的最大值。
- =MAX(A1, B1, C1)：返回A1、B1和C1单元格中的最大值。
- =MAX(1, 2, 3, 4)：返回数字1、2、3和4中的最大值。

MAX函数用于查找一组数值中的最大值，可以帮助你在Excel中进行数据分析和比较。

根据以上回答，例如要在"上半年销售业绩"表中使用MAX函数计算每个月的"最高销售量"，操作方法如下。

第1步 接上一例操作，选择要存放结果的单元格，如B8，输入函数"=MAX(B3:B7)"，如图3-43所示。

第2步 按【Enter】键进行确认，通过填充功能向右复制函数，即可计算出每个月和销售总量的最高销售量，如图3-44所示。

图3-43 输入函数

图3-44 查看结果

3.4.4 使用MIN函数计算销量最小值

如果要计算销量最小值，可以使用MIN函数。MIN函数与MAX函数的作用相反，它可以对选择的单元格区域中的数据进行比较，计算出其中的最小值，然后返回目标单元格。首先使用ChatGPT查看MIN函数的语法。

> **提问：** 请讲述一下MIN函数的语法结构。

ChatGPT

MIN函数的语法结构如下：

```
MIN(number1, [number2], …)
```

其中：
- number1 是第一个要比较的数值或单元格引用。
- number2 是第二个要比较的数值或单元格引用，以此类推。你可以根据需要添加更多的数值或单元格引用，用逗号分隔。
- 方括号表示参数是可选的，你可以根据需要省略或添加更多的数值或单元格引用。

注意：
- MIN 函数可以处理包含数字的单元格范围、单个单元格引用和数字直接输入。
- MIN 函数会忽略文本、逻辑值和错误值，并将它们视为0。
- 如果要找到满足某些条件的数值中的最小值，可以使用 MINIFS 函数。

以下是一些示例：
- =MIN(A1, A2, A3)：返回A1、A2和A3单元格中的最小值。
- =MIN(A1:A10)：返回A1到A10范围内的数值中的最小值。
- =MIN(A1, B1, C1)：返回A1、B1和C1单元格中的最小值。
- =MIN(1, 2, 3, 4)：返回数字1、2、3和4中的最小值。

MIN函数用于查找一组数值中的最小值，可以帮助你在Excel中进行数据分析和比较。

根据以上回答，例如要在"上半年销售业绩"表中使用MIN函数计算每个月的"最低销售量"，操作方法如下。

第1步 接上一例操作，选择要存放结果的单元格，如B9，输入函数"=MIN(B3:B7)"，如图3-45所示。

第2步 按【Enter】键进行确认，通过填充功能向右复制函数，即可计算出每个月和销售总量的最低销售量，如图3-46所示。

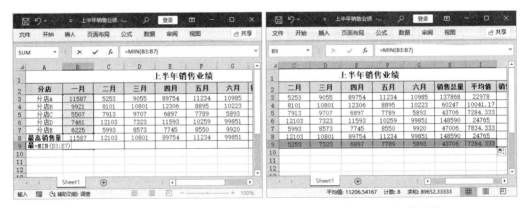

图3-45　输入函数　　　　　　　　图3-46　查看结果

3.4.5 使用RANK函数计算销量排名

如果要计算销量排名，可以使用RANK函数让指定的数据在一组数据中进行比较，将比较的名次返回目标单元格中，RANK函数是计算排名的最佳函数。下面先使用ChatGPT查看RANK函数的语法。

> **提问**：请讲述一下RANK函数的语法结构。

ChatGPT

RANK函数的语法结构如下：

RANK(number, ref, [order])

其中：
- number 是要进行排名的数值或单元格引用。
- ref 是包含要进行排名的数值范围或单元格范围。
- order 是一个可选参数，用于指定排名的顺序。默认情况下，它是按降序排列的，即最大值排名第一。如果要按升序排列，可以将order设置为1或升序排列的逻辑值TRUE，如果要按降序排列，可以将order设置为0或降序排列的逻辑值FALSE。

注意：
- RANK函数将为指定的数值或单元格在范围中进行排名，返回排名的位置。
- 如果有相同的数值，则它们将获得相同的排名，并且在下一个排名位置将会有跳过。
- RANK函数可以用于数字和日期类型的数据，但不能用于文本类型的数据。

以下是一些示例：
- =RANK(A1, $B$1:$B$10)：返回A1单元格的值在B1到B10范围内的排名。
- =RANK(100, A1:A10, 1)：返回数值100在A1到A10范围内按升序排列的排名。

RANK函数在数据分析和排序方面非常有用，可以帮助你确定数值在给定范围内的相对位置和排序顺序。

根据以上回答，例如，要在"上半年销售业绩"表中使用RANK函数计算"销售排名"，操作方法如下。

第1步 ▶ 接上一例操作，选中要存放结果的单元格，如G3，输入函数"=RANK(H3,$H$3:$H$7,0)"，如图3-47所示。

第2步 ▶ 按【Enter】键进行确认，通过填充功能向下复制函数，即可计算出每个分店销售总量的排名，如图3-48所示。

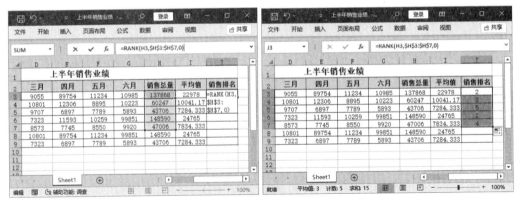

图 3-47 输入函数　　　　　图 3-48 查看结果

3.4.6 使用SUMIF函数计算销售量

如果要计算某一类商品的销售量，可以使用SUMIF函数对区域中符合指定条件的值求和。下面先使用AI工具讯飞星火大模型来提问，查看如何使用SUMIF函数。

> **提问：** 你是一名数据分析师，精通Excel公式与函数的使用方法，现在需要计算一组数据。某电商收集了一个月的销售数据，现在需要计算其中一类数据的销售量，请使用合适的函数计算。

🔅讯飞星火大模型

为了计算一类数据的销售量，我们可以使用Excel的SUMIF函数。假设销售数据在A列，产品类别数据在B列，我们需要计算的产品类别为"某类产品"，那么可以使用以下公式：

```
=SUMIF(B:B,"某类产品",A:A)
```

这个公式会计算B列中所有等于"某类产品"的对应A列的销售量之和。

根据以上回答，我们可以从AI工具讯飞星火大模型中学习到如何使用SUMIF函数，下面再通过提问，了解SUMIF函数的语法结构。

> **提问：** 请讲述一下SUMIF函数的语法结构。

🔅讯飞星火大模型

SUMIF函数是Excel中常用的数学和三角函数，该函数的主要作用是对报表范围中符合指定条件的值进行求和。具体的语法结构如下：

第3章
数据计算与统计：公式与函数应用

```
SUMIF(range, criteria, [sum_range])
```

- range 表示要评估的单元格范围，每个范围内的单元格必须是数字或名称、数组或包含数字的引用，空白和文本值将被忽略；criteria 为需要满足的条件。
- sum_range 为实际需要求和的单元格范围。

例如，假设我们想要获得运营部职员的工资总额，可以使用类似这样的语法结构：=SUMIF(B2:B15,"运营部",A2:A15)。在这个例子中，B2:B15是查找区域，"运营部"是条件，而A2:A15则是求和区域。

根据以上回答，例如，要在"SUMIF函数"工作簿中计算服装类的销售数据，操作方法如下。

第1步 打开"素材文件\第3章\SUMIF函数.xlsx"，选中要存放结果的单元格，如G2，复制AI工具中提示的函数"=SUMIF(B:B,"某类产品",A:A)"，然后将其中的"某类产品"更改为"服装"，如图3-49所示。

第2步 按【Enter】键进行确认，即可计算出服装类产品的销售量，如图3-50所示。

图 3-49　输入函数　　　　　　　　图 3-50　查看结果

> **温馨提示**
> 函数中B:B、A:A为B列和C列，在计算时也可以选择具体的单元格区域，例如A2:A32、B2:B32等。

3.4.7 使用SUMIFS函数计算单个种类的销量和

如果要计算单个种类的销量和，可以使用SUMIFS函数对区域中满足多个条件的单元格求和。下面先使用AI工具提问，查看如何使用SUMIFS函数。

> **提问**：你是一名数据分析师，精通Excel公式与函数的使用方法，现在需要计算一组数据。某电商收集了一个月的销售数据，时间位于A2:A32单元格区域，种类位于B2:B32单元格区域，销售部位于D2:D32单元格区域，现在需要计算服装种类在5月中旬的销售量，请编写公式。

ChatGPT

要计算服装种类在5月中旬的销售量，你可以使用Excel中的SUMIFS函数。假设你的时间数据是日期格式，而5月中旬的日期范围是5月10日到5月20日，你可以按照以下步骤编写公式。

假设你要查找的日期范围是5月10日到5月20日：

1. 在一个单元格中输入开始日期，比如E1，键入5/1。
2. 在另一个单元格中输入结束日期，比如F1，键入5/15。

然后，你可以使用以下公式来计算5月中旬的销售量：

`=SUMIFS(D2:D32, B2:B32, "你要查找种类", A2:A32, ">="&E1, A2:A32, "<="&F1)`

请替换公式中的"你要查找的种类"为实际的服装种类名称。这个公式将在销售部范围（D2:D32）中找到符合服装种类和日期范围条件的销售量之和。

根据以上回答，我们可以从AI工具ChatGPT中学习到如何使用SUMIFS函数，下面再通过提问，了解SUMIFS函数的语法结构。

> **提问**：请讲述SUMIFS函数的语法结构。

ChatGPT

SUMIFS函数是Excel中的一种条件求和函数，它根据多个条件对指定范围的单元格进行求和。SUMIFS函数的语法结构如下：

`SUMIFS(sum_range, criteria_range1, criteria1, [criteria_range2, criteria2], …)`

- sum_range：指定要求和的范围，即包含要相加的值的单元格范围。
- criteria_range1：第一个条件的范围，即要在其中检查条件的单元格范围。
- criteria1：第一个条件的要求，即要满足的条件。
- [criteria_range2, criteria2], …：可选参数，允许您指定更多的条件范围和条件。

你可以根据实际情况添加多个条件范围和条件。SUMIFS函数将仅对符合所有条件的单元格进行求和。

第 3 章
数据计算与统计：公式与函数应用

请注意，如果你的条件是文本，应该将文本用引号括起来。如果你有多个条件，它们之间是"与"的关系，即所有条件都必须同时满足。

在前面提到的例子中，SUMIFS 函数用于在销售部范围（sum_range）中查找符合指定服装种类和日期范围条件的销售量。

从 AI 工具 ChatGPT 的回答中，我们看到 AI 工具不仅回答了当前的问题，还能结合上一个问题进行分析。

根据以上回答，例如，要在"SUMIFS 函数"工作簿中计算服装类 5 月中旬的销售数据，操作方法如下。

第1步 打开"素材文件\第3章\SUMIFS函数.xlsx"，在F2和F3单元格中设置起止日期，然后选中要存放结果的单元格，如F5，复制 AI 工具中提示的函数"=SUMIFS (D2:D32, B2:B32, "你要查找种类", A2:A32, ">="&E1, A2:A32, "<="&F1)"，并将其中的"你要查找种类"更改为"服装"，将"E1"和"F1"更改为"F2"和"F3"，如图3-51所示。

第2步 按【Enter】键进行确认，即可计算出服装类产品5月中旬的销售量，如图3-52所示。

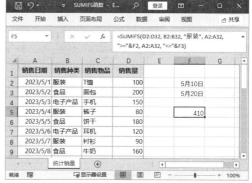

图 3-51　输入函数　　　　　　　图 3-52　查看结果

3.4.8　使用条件函数 IF 计算

在电商经营的过程中，选品是重中之重，在收集了众多数据之后，可以根据商品的情况对其进行评分。如何从评分中选出符合条件的商品，是不是也可以使用函数来选择呢？如果不太熟悉公式和函数的操作，就可以利用 AI 工具来找答案。

> **提问：** 你是一名数据分析师，精通 Excel 公式与函数的使用方法，现在需要筛选出产品中评分高于4.5的数据。评分位于G2:G22，要求将高于和等于4.5的数据显示为选中，低于4.5的数据显示为淘汰，请编写公式。

讯飞星火大模型

首先，在H2单元格输入以下公式：

```
=IF(G2>=4.5,"选中","淘汰")
```

然后将H2单元格中的公式向下拖动至H22单元格，以应用到整个G2:G22范围。这样，H列中就会显示相应的结果，大于或等于4.5的数据显示为"选中"，低于4.5的数据显示为"淘汰"。

根据以上回答，我们可以从AI工具讯飞星火大模型中学习到如何使用IF函数，下面再通过提问，了解IF函数的语法结构。

> **提问：** 请讲述IF函数的语法结构。

讯飞星火大模型

IF函数是Excel中非常常用的逻辑函数，用于根据指定条件的真假情况返回不同的结果。它的语法结构如下。

```
IF(logical_test, value_if_true, value_if_false)
```

其中：
- logical_test 是一个条件或表达式，用于判断真假。
- value_if_true 是在条件为真时要返回的值或表达式。
- value_if_false 是在条件为假时要返回的值或表达式。

注意：
- logical_test 可以是一个比较运算符、逻辑运算符或其他返回TRUE或FALSE的表达式。
- value_if_true 和 value_if_false 可以是常量值、单元格引用、公式或其他函数。
- value_if_true 和 value_if_false 的数据类型可以不同，Excel会自动进行类型转换。

以下是一些示例：
- =IF(A1>10,"大于10","小于等于10")：如果A1大于10，则返回"大于10"，否则返回"小于等于10"。
- =IF(B2="男","先生","女士")：如果B2单元格的值是"男"，则返回"先生"，否则返回"女士"。

IF函数在条件判断和逻辑处理方面非常有用，可以根据不同的条件返回不同的结果，用于数据分析、条件筛选、逻辑判断等场景。

结合AI工具的回答，例如要在"IF函数"工作簿中选择评分为4.5及以上的商品，操

第 3 章
数据计算与统计：公式与函数应用

作方法如下。

第1步 打开"素材文件\第3章\ IF 函数 .xlsx"工作簿，在 H2 单元格中输入 AI 工具提供的公式"=IF(G2>=4.5,"选中","淘汰")"，如图 3-53 所示。

第2步 按【Enter】键进行确认，然后将公式填充到下方的单元格中，即可计算出评分 4.5 及以上的商品，如图 3-54 所示。

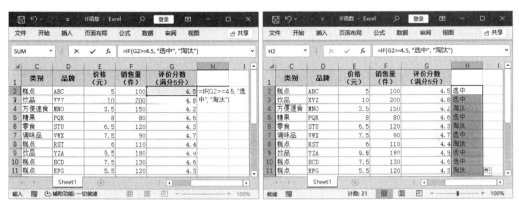

图 3-53　输入函数　　　　　　　　　图 3-54　查看结果

3.4.9　使用 YEAR、MONTH、DAY 函数提取生产日期

在售卖商品时，必须牢记商品的生产日期，避免出现过期商品。为了更好地管理，可以分别提取生产日期中的年、月、日。在提取之前，可以先在 AI 工具中输入需要解决的问题，寻找答案。

> **提问：** 你是一名数据分析师，精通 Excel 公式与函数的使用方法，现在已经收集了店铺中所有商品的生产日期，位于 D 列，现在需要从有效期中分别提取年、月、日，请编写公式。

ChatGPT

如果你已经收集了店铺中所有商品的生产日期，并希望从这个日期中分别提取年、月、日，可以使用 Excel 的日期函数。假设生产日期的数据位于 D 列，以下是提取年、月、日的公式：

提取年份（在 E 列）：

=YEAR(D1)

提取月份（在 F 列）：

111

```
=MONTH(D1)
```

提取日(在G列):

```
=DAY(D1)
```

这里假设生产日期位于D列,你可以根据实际情况调整公式中的单元格引用。使用这些公式后,E列将包含年份,F列将包含月份,G列将包含日期。

根据以上回答,我们可以分别通过3个函数来提取年、月、日。在正式提取之前,可以再了解一下这3个函数的语法结构。

> **提问:** 请讲述一下YEAR函数的语法结构。

⑤ ChatGPT

YEAR 函数用于从日期中提取年份。它的基本语法结构如下:

```
YEAR(serial_number)
```

• serial_number: 必需,一个包含日期的 Excel 序列号,或者是对包含日期的单元格的引用。

例如,如果日期位于 A1 单元格,你可以使用以下公式提取年份:

```
=YEAR(A1)
```

这将返回 A1 单元格中日期的年份。记得替换 A1 为你实际的日期所在的单元格引用。

> **提问:** 请讲述一下MONTH函数的语法结构。

⑤ ChatGPT

MONTH 函数用于从日期中提取月份。它的基本语法结构如下:

```
MONTH(serial_number)
```

• serial_number: 必需,一个包含日期的 Excel 序列号,或者是对包含日期的单元格的引用。

例如,如果日期位于 A1 单元格,你可以使用以下公式提取月份:

```
=MONTH(A1)
```

这将返回 A1 单元格中日期的月份。记得替换 A1 为你实际的日期所在的单元格引用。

> **提问:** 请讲述一下DAY函数的语法结构。

第 3 章
数据计算与统计：公式与函数应用

> **ChatGPT**
>
> DAY 函数用于从日期中提取日。它的基本语法结构如下：
>
> DAY(serial_number)
>
> • serial_number：必需，一个包含日期的 Excel 序列号，或者是对包含日期的单元格的引用。
>
> 例如，如果日期位于 A1 单元格，你可以使用以下公式提取日：
>
> =DAY(A1)
>
> 这将返回 A1 单元格中日期的日。记得替换 A1 为你实际的日期所在的单元格引用。

在了解了函数的语法之后，现在，需要在"日期函数"工作簿中分别提取年、月、日，操作方法如下。

第1步 ▶ 打开"素材文件\第3章\日期函数.xlsx"，选择要存放结果的单元格，如E2，输入函数"=YEAR(D2)"，按【Enter】键进行确认，如图3-55所示。

第2步 ▶ 选择要存放结果的单元格，如F2，输入函数"=MONTH(D2)"，按【Enter】键进行确认，如图3-56所示。

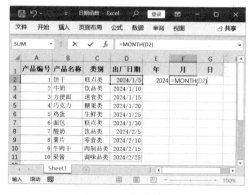

图 3-55　输入函数　　　　　　图 3-56　查看结果

第3步 ▶ 选择要存放结果的单元格，如G2，输入函数"=DAY(D2)"，按【Enter】键进行确认，如图3-57所示。

第4步 ▶ 然后选择E2:G2单元格区域，将鼠标光标移动到G2单元格的右下角，当鼠标光标变为+时，按住鼠标左键不放向下拖动，将公式填充到下方的单元格中，如图3-58所示。

图 3-57 输入函数

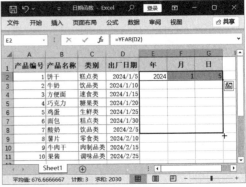

图 3-58 填充公式

第5步 操作完成后，即可查看到已经提取出所有商品的年、月、日，如图 3-59 所示。

图 3-59 查看结果

3.4.10 使用LEFT函数提取产品代码

产品的代码往往代表产品的各种信息，现在需要从总代码中提取左侧的三位代码，应该使用什么函数呢？就让AI工具来帮助你。

> **提问：** 你是一名数据分析师，精通Excel公式与函数的使用方法，现在需要从总代码中提取左侧的三位编码，代码位于I2，请编写公式。

ChatGPT

如果你想从总代码中提取左侧的三位编码，假设总代码位于单元格I2，你可以使用Excel的LEFT函数。具体公式如下：

第 3 章 数据计算与统计：公式与函数应用

```
=LEFT(I2, 3)
```

这个公式将返回总代码（I2单元格中的内容）的左侧三位字符。
你只须将这个公式输入你需要提取编码的目标单元格中即可。

根据以上回答，我们可以从AI工具ChatGPT中学习到如何使用LEFT函数提取代码，下面再通过提问，了解LEFT函数的语法结构。

> **提问：** 请讲述一下LEFT函数的语法结构。

ChatGPT

LEFT 函数是Excel中用于从文本字符串的开头提取指定数量字符的函数。其语法结构如下：

```
LEFT(text, num_chars)
```

- text: 要提取字符的文本字符串。
- num_chars: 指定要提取的字符数。

例如，如果你想从单元格A1的文本中提取前5个字符，公式将是：

```
=LEFT(A1, 5)
```

这将返回A1单元格中文本的前5个字符。

从AI工具ChatGPT的回答中，我们可以清楚地查看到LEFT函数的语法结构，现在根据回答，在"LEFT函数"工作簿中提取代码的前三位，操作方法如下。

第1步 打开"素材文件\第3章\LEFT函数.xlsx"，选中要存放结果的单元格，如J2，复制AI工具中提示的函数"=LEFT(I2, 3)"，如图3-60所示。

第2步 按【Enter】键进行确认，即可从产品代码中提取前三位，如图3-61所示。

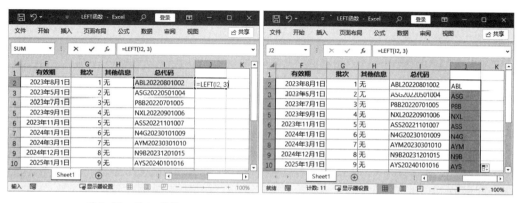

图 3-60　输入函数　　　　　　　　图 3-61　查看结果

3.4.11 使用LEN函数验证电话号码

在电商的销售过程中,电话号码是与客户沟通的重要资源,为了保证收货信息,电话号码必须正确。此时可以使用LEN函数验证电话号码。

> **提问:** 你是一名数据分析师,精通Excel公式与函数的使用方法,现在已经收集了顾客的联系方式,手机号码为11位,为了确保不遗漏数字,需要检查手机号码的位数是否正确,手机号码位于G2单元格,请编写公式。

ChatGPT

如果你想在 Excel 中检查手机号码是否为11位数字,可以使用 LEN 函数结合条件语句。假设手机号码所在单元格为G2,你可以使用以下公式检查手机号码是否为11位:

=IF(LEN(G2) = 11,"正确","错误")

这个公式使用LEN函数检查G2单元格中的手机号码长度是否为11位。如果是,它将返回"正确",否则返回"错误"。你可以将这个公式复制到其他单元格一次性检查多个手机号码。

根据以上回答,我们了解了如何使用LEN函数验证手机号码。下面通过AI工具了解LEN函数的语法结构。

> **提问:** 请讲述一下LEN函数的语法结构。

ChatGPT

LEN 函数用于返回文本字符串的字符数。其语法结构如下:

LEN(text)

• text: 必需,要计算字符数的文本字符串,可以是文本常量、文本单元格引用或包含义本的公式。

例如,如果你有一个文本字符串位于 A1 单元格,可以使用以下公式获取字符数:

=LEN(A1)

这将返回 A1 单元格中文本字符串的字符数。

现在,根据以上的回答,例如要在"LEN函数"工作簿中验证手机号码的位数,操作方法如下。

第1步 打开"素材文件\第3章\LEN函数.xlsx",选中要存放结果的单元格,如J2,复制AI工具中提示的函数"=IF(LEN(G2) = 11,"正确","错误")",如图3-62所示。

第2步 按【Enter】键进行确认，即可查看到，如果手机号码的位数正确，则显示为"正确"，错误则显示为"错误"，如图3-63所示。

图 3-62 输入函数

图 3-63 查看结果

3.5 AI工具高效技能点拨

通过前面知识的学习，相信读者朋友已经掌握了在Excel中使用公式与函数的方法。下面结合本章内容，让AI工具给读者介绍一些工作中的实用经验与技巧，帮助你更灵活地使用公式和函数处理数据。

01 用 ChatGPT 查找合适的函数

在Excel中分析数据时，计算是必不可少的步骤。遇到比较复杂的计算时，经常不知道如何编写公式。此时，使用AI工具查找合适的函数，并编写计算公式是一个不错的选择。例如，某电商因为开拓市场，向银行贷款50万元，贷款年利率为4.9%，贷款期限为120个月（10年），现在需要计算每月应偿还的金额，可以在AI工具中查找计算方法。

> **提问**：你是一名数据分析师，现在公司因进货需要，向银行贷款50万元，位于B1，贷款年利率为4.9%，位于B3，贷款期限为120个月（10年），位于B2，现计算每月应偿还的金额，请编写公式。

ChatGPT

你可以使用 Excel 的 PMT 函数来计算每月应偿还的金额。PMT 函数的语法如下：

```
PMT(rate, nper, pv, [fv], [type])
```

- rate：每期利率，即年利率除以还款期数。
- nper：还款总期数，即还款的总期数。
- pv：现值，即贷款金额。
- fv：未来值，通常设置为 0。
- type：指定付款是在期初还是期末，一般设为 0 表示期末支付。

根据描述，你可以在某个单元格输入以下公式：

=PMT(B3/12, B2, -B1)

这里假设：
- 贷款金额（现值）为B1单元格。
- 年利率为B3单元格，假设B3中为8%，则用 B3/12 计算每期利率。
- 贷款期限为B2单元格，假设B2中为120个月。

请将这个公式输入合适的单元格中，它将给出每月应偿还的金额。

现在根据以上的回答，我们开始计算，操作方法如下。

第1步 打开"素材文件\第3章\PMT函数.xlsx"，选中要存放结果的单元格B4，复制AI工具中提示的函数"=PMT(B3/12,B2,-B1)"，如图3-64所示。

第2步 按【Enter】键进行确认，即可计算出月还款额，如图3-65所示。

图3-64　输入函数

图3-65　查看结果

02 用AI工具讯飞星火大模型快速计算季度销售额

在分析销售数据时，经常会根据季度来分析销售额，现在需要计算第三季度的销售额，除了使用公式计算之外，还可以使用AI工具进行计算。

> **提问**：你是一名数据分析师，精通Excel公式与函数的使用方法。现在已经收集了1～12月的销售数据，请问第三季度的销售额是多少？

第3章
数据计算与统计：公式与函数应用

月份	销售额（万元）
1月	20
2月	15
3月	25
4月	30
5月	35
6月	40
7月	45
8月	50
9月	55
10月	60
11月	65
12月	70

讯飞星火大模型

第三季度是指7月、8月和9月。根据给出的数据，我们可以计算第三季度的销售额：

45+50+55 =150万元

所以，第三季度的销售额为150万元。

通过以上的提问，AI工具会自动计算第三季度的销售额，不再需要通过公式来计算。

本章小结

在本章的学习中，我们通过AI工具了解了使用公式和函数的方法，并掌握了常用公式和函数的应用技巧。熟练掌握公式和函数的使用，可以极大地提升数据处理和分析的效率，使工作更加高效和准确。不断地学习和实践，掌握更多的公式和函数知识，将帮助我们在Excel中处理各种复杂的数据计算和分析任务。

Excel

第4章

数据分析基本技法：
数据的排序、筛选与分类汇总

本章导读

在进行电商数据分析时，使用条件格式、排序、筛选和分类汇总是最常用的分析手段。在查看重点销售数据时，使用条件格式，让关键数据一目了然；通过对数据进行排序，可以让凌乱的销售数据升序或降序排列；通过筛选，可以挑选出需要的商品数据；通过分类汇总，可以将数据按要求汇总。本章首先讲解各种数据分析方法，再详细介绍使用条件格式、数据排序、数据筛选及数据分类汇总的具体方法。

知识要点

- 掌握条件格式的使用方法
- 掌握排序数据的方法
- 掌握筛选数据的方法
- 掌握分类汇总数据的方法

第4章
数据分析基本技法：数据的排序、筛选与分类汇总

4.1 使用条件格式分析成交数据

条件格式是电商数据分析中常用的工具之一，它可以帮助我们快速发现销售数据中的模式、趋势和异常情况。通过条件格式，我们可以根据特定的条件对数据进行格式化，以突出显示感兴趣的数据点，获得可视化的分析结果，做出更有针对性的决策。

4.1.1 显示销量大于某值的单元格

如果要在表格中显示一些数据，如大于某个值的数据、小于某个值的数据、等于某个值的数据时，可以使用突出显示单元格规则来实现。在使用该规则之前，可以先通过ChatGPT了解突出显示单元格规则的含义。

> **提问：** 请解释突出显示单元格规则中命令的含义。

ChatGPT

突出显示单元格规则是指Excel中的一组预定义规则，可以应用于单元格或单元格区域，以根据其内容设置特定的格式。这些规则可以帮助用户快速发现和分析数据中的模式、趋势和异常情况。

突出显示单元格规则菜单包含一系列的规则选项，每个选项都有不同的含义和功能。以下是一些常见的突出显示单元格规则的命令及其含义：

1. 大于：突出显示满足大于指定值的条件的单元格。
2. 小于：突出显示满足小于指定值的条件的单元格。
3. 等于：突出显示满足等于指定值的条件的单元格。
4. 介于：突出显示满足指定范围内的条件的单元格。
5. 文本包含：突出显示包含特定文本的条件的单元格。
6. 发生日期：突出显示与指定日期条件相符的单元格。
7. 重复值：突出显示重复出现的单元格。

通过选择适当的规则选项并设置相应的条件，可以在数据中快速找到特定模式或异常情况，并将其突出显示，以便进行进一步的分析和处理。这些突出显示单元格规则提供了一种快捷而有效的方式来发现数据中的重要信息，并使其在电子表格中更加显眼和易于理解。

通过以上回答，下面以在"双11大促销量数据"工作簿中显示销售数量大于"500"的单元格为例，介绍突出显示单元格规则的使用方法。

第1步 打开"素材文件\第4章\双11大促销量数据.xlsx"工作簿，选择B2:B27单元格区域，单击【开始】选项卡【样式】组中的【条件格式】下拉按钮，在弹出的下拉菜单

中选择【突出显示单元格规则】选项，在弹出的子菜单中单击【大于】命令，如图4-1所示。

第2步 打开【大于】对话框，在数值框中输入"500"，在【设置为】下拉列表框选中【浅红填充色深红色文本】选项，然后单击【确定】按钮，如图4-2所示。

图4-1 单击【大于】命令

图4-2 设置单元格格式

第3步 返回工作簿中，即可看到B2:B27单元格区域中大于500的数值已经以浅红填充色深红色文本的单元格格式突出显示，如图4-3所示。

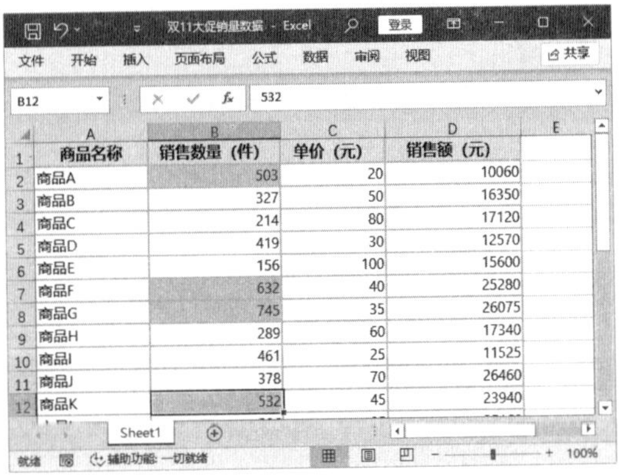

4.1.2 显示销量排名靠后的商品

在促销活动之后，如果某些商品排名靠后，那么可以考虑调整销售策略。如果要找到排名靠后的数据，可以使用项目选取规则。项目选取规则可以识别项目中排

图4-3 查看突出显示文本

名靠前或靠后的百分数或数字所指定的项，或者指定大于或小于平均值的单元格。在使用这项功能之前，首先通过ChatGPT来认识和了解项目选取规则的含义。

提问：请解释条件格式中最前/最后规则中各项命令的含义。

ChatGPT
在条件格式中的最前/最后规则中，有许多不同的命令可供选择。下面是对其中一些常见

命令的解释：

1."前10项"：选择此命令可以基于数值或文本内容，根据排名将前10个值应用特定的条件格式。

2."前10%"：选择此命令可以基于数值，根据排名将前10%的值应用特定的条件格式。

3."最后10项"：选择此命令可以基于数值或文本内容，根据排名将最后10个值应用特定的条件格式。

4."最后10%"：选择此命令可以基于数值，根据排名将最后10%的值应用特定的条件格式。

5."高于平均值"：选择此命令可以根据数值，将高于数据列或区域平均值的值应用特定的条件格式。

6."低于平均值"：选择此命令可以根据数值，将低于数据列或区域平均值的值应用特定的条件格式。

通过使用这些命令，你可以突出显示数据中排名靠前、高于一定百分比的值、数据中排名靠后、高于平均值或低于平均值的值，以便更直观地观察数据的特点和趋势。

在了解以上规则之后，就可以使用最前/最后规则分析数据。例如，要在"双11大促销量数据"工作簿中显示销售量排名后5位的数据，操作方法如下。

第1步 打开"素材文件\第4章\双11大促销量数据.xlsx"工作簿，选择B2:B27单元格区域，单击【开始】选项卡【样式】组中的【条件格式】下拉按钮，在弹出的下拉菜单中选择【最前/最后规则】选项，在弹出的子菜单中单击【最后10项】命令，如图4-4所示。

第2步 打开【最后10项】对话框，在数值框中输入"5"，在【设置为】下拉列表框中单击【绿填充色深绿色文本】选项，单击【确定】按钮，如图4-5所示。

图4-4 选择【最前/最后规则】选项

图4-5 设置单元格格式

第3步 返回工作簿中，即可看到B2:B27单元格区域中的最后5项数据的单元格已经设置为绿填充色深绿色文本，如图4-6所示。

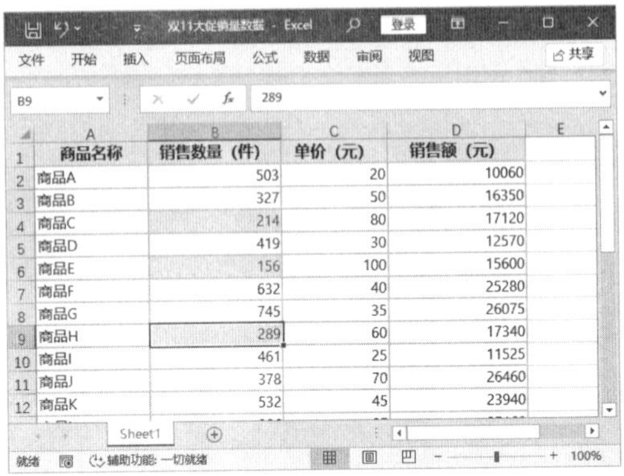

	商品名称	销售数量（件）	单价（元）	销售额（元）
2	商品A	503	20	10060
3	商品B	327	50	16350
4	商品C	214	80	17120
5	商品D	419	30	12570
6	商品E	156	100	15600
7	商品F	632	40	25280
8	商品G	745	35	26075
9	商品H	289	60	17340
10	商品I	461	25	11525
11	商品J	378	70	26460
12	商品K	532	45	23940

图4-6 查看突出显示文本

4.1.3 使用数据条显示成交数据

数据条可用于查看某个单元格相对于其他单元格的值。数据条的长度代表单元格中的值，数据条越长，表示值越大；数据条越短，表示值越小。数据条的含义并没有太多需要解释的地方，我们在使用数据条时，更需要关注数据条应该如何应用于数据分析中。下面通过ChatGPT来认识数据条的作用。

提问：你是一名电商数据分析师，精通统计学，请解释数据条在电商数据分析中的作用。

ChatGPT

作为一名电商数据分析师，统计学和可视化工具的运用对于理解和解释大量数据非常重要。数据条是一种条件格式，可以帮助您在电商数据中直观地展示数值的相对大小，从而更容易发现模式、趋势和异常。以下是在电商数据分析中使用数据条的一些常见作用：

1. 比较产品销售情况：使用数据条可以直观地比较不同产品或类别的销售情况。通过在相邻的单元格中应用数据条，您可以一眼看出哪些产品销售额更高或更低。

2. 监视销售趋势：数据条的长度和颜色可以反映销售额的相对大小。通过在时间序列数据上应用数据条，您可以迅速识别销售趋势，例如哪些月份或季度销售额较高或较低。

3. 分析地区或渠道表现：在电商中，通常有多个销售渠道或地区。通过在相应的单元格中应用数据条，您可以比较不同地区或渠道的销售表现，识别最成功的市场或销售途径。

4. 检测异常值：数据条的颜色变化可以帮助您迅速识别异常值。如果某个单元格的数据相对于其他单元格显得特别突出，可能表示存在异常情况，需要进一步调查。

5. 评估产品库存状况：通过将数据条应用于库存水平数据，您可以轻松比较不同产品的库存状况。这有助于及时调整库存策略，避免过量或不足。

6. 进行市场份额分析：在多个竞争对手存在的情况下，通过在销售额或销售数量数据上应用数据条，您可以迅速了解您的电商平台在市场上的份额情况，以及相对竞争对手的位置。

总的来说，数据条在电商数据分析中的作用是通过直观的可视化方式，帮助分析师快速了解和比较大量数据，从而做出更准确的决策。这种可视化工具使复杂的数据变得更加易于理解，有助于从数据中提取有用的见解。

第 4 章
数据分析基本技法：数据的排序、筛选与分类汇总

根据以上回答，下面以在"双11大促销量数据"工作簿中使用数据条来显示销售数量的数值为例，介绍使用数据条设置条件格式的方法。

第1步 ▶ 打开"素材文件\第4章\双11大促销量数据.xlsx"工作簿，选择B2:B27单元格区域，单击【开始】选项卡【样式】组中的【条件格式】下拉按钮，在弹出的下拉菜单中选择【数据条】选项，在弹出的子菜单中选择数据条样式，如图4-7所示。

第2步 ▶ 返回工作簿中，即可看到B2:B27单元格区域已经根据数值大小填充了数据条，如图4-8所示。

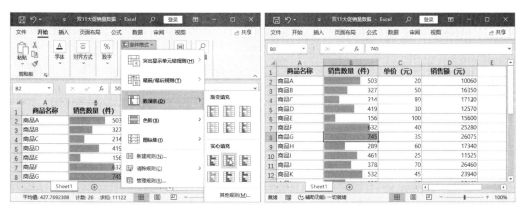

图4-7　选择数据条样式　　　　　　　　图4-8　查看数据条

4.1.4 使用色阶显示成交数据

色阶可以帮助用户直观地了解数据的分布和变化情况。Excel默认使用双色刻度和三色刻度来设置条件格式，通过颜色的深浅程度来反映某个区域的单元格数据，颜色的深浅表示值的大小。那么，色阶应该如何应用在电商数据分析中呢？下面通过ChatGPT来认识色阶的作用。

> **提问：** 你是一名电商数据分析师，精通统计学，请解释色阶在电商数据分析中的作用。

ChatGPT

在电商数据分析中，色阶（Color Scale）是一种常用的可视化工具，它通过颜色的变化来直观地展示数据的相对大小或特定规则。以下是在电商数据分析中使用色阶的一些常见作用：

1. 直观展示趋势和模式：色阶能够帮助分析师迅速识别数据中的趋势和模式。通过使用颜色的渐变，可以在大量数据中轻松识别出高值、低值和中间值，有助于发现销售量、利润等业务指标的变化趋势。

2. 突出异常值：通过设置适当的规则和颜色映射，色阶能够突出显示数据中的异常值。在电商数据中，这可能是指某个产品的销售量异常高或异常低，或者某个时间段内的异常销售活动。通过色阶，异常值会以不同的颜色标识，使其更容易被注意到。

3. 对比不同维度：电商数据通常涉及多个维度，如时间、地区、产品类别等。使用色阶，你可以对比不同维度下的数据变化。例如，你可以在时间序列中使用色阶来突显销售季节性的变化，或者在地理图中使用色阶来显示不同地区的销售状况。

4. 优化商品排名显示：在商品排名或评分的数据中，色阶可以帮助你更清晰地了解商品之间的差异。高排名的商品可以使用明亮的颜色，而低排名的商品则可以使用较暗的颜色，使这些差异一目了然。

5. 监测关键绩效指标：色阶也可以用于监测关键绩效指标，如销售目标的达成情况。通过将目标值与实际值进行比较，并使用适当的色阶规则，可以快速识别业务是否达到了预期目标。

总的来说，色阶在电商数据分析中是一种强大的可视化工具，通过直观的颜色变化，帮助分析师更快速、准确地理解数据，发现潜在的业务趋势和问题。

根据以上回答，下面以在"双11大促销量数据"工作簿的B2:B27单元格区域使用色阶为例，介绍使用色阶设置条件格式的方法。

第1步 打开"素材文件\第4章\双11大促销量数据.xlsx"工作簿，选择B2:B27单元格区域，单击【开始】选项卡【样式】组中的【条件格式】下拉按钮，在弹出的下拉菜单中选择【色阶】选项，在弹出的子菜单中选择一种色阶样式，如图4-9所示。

第2步 返回工作簿中，即可看到B2:B27单元格区域已经根据数值大小填充了选定的颜色，如图4-10所示。

图4-9 选择色阶样式

图4-10 查看色阶

4.1.5 使用图标集显示销量情况

图标集用于对数据进行注释，并按值的大小将数据划分出3～5个类别，每个图标代表

第 4 章
数据分析基本技法：数据的排序、筛选与分类汇总

一个数据范围。在使用图标集之前，可以先在 AI 工具 ChatGPT 中提问，了解图标集的作用。

> **提问：** 你是一名电商数据分析师，精通统计学，请解释条件格式中图标集在电商数据分析中的作用。

ChatGPT

在电商数据分析中，条件格式中的图标集是一种强大的工具，用于通过图标的方式在数据表中突出显示特定的信息，以便更直观地理解和分析数据。以下是图标集在电商数据分析中的一些常见作用：

1. 异常值标识：使用图标集可以轻松标识和突出显示数据中的异常值。例如，您可以将上升箭头图标应用于销售额增长的数据，而将下降箭头图标应用于销售额下降的数据，以便快速识别可能需要关注的区域。

2. 重要事件标记：如果有关键的事件或促销活动对销售数据产生影响，您可以使用图标集来标记这些时间点。这有助于在图表中直观地看到事件与销售表现之间的关系。

3. 趋势指示：图标集可以用于表示趋势方向。例如，您可以使用箭头图标表示销售趋势的方向，使数据趋势更为清晰。

4. 等级和优先级：如果您需要根据不同产品或类别的性能进行排名，图标集可以帮助您在数据表中直观地展示等级或优先级。这有助于快速识别最佳和最差的表现。

5. 目标达成状态：如果您有销售目标或其他指标，图标集可以用于显示目标达成状态。例如，您可以使用不同的图标表示是否达到了销售目标。

6. 用户行为标记：在用户行为数据中，图标集可以用于标记关键的用户行为事件，如注册、购物车放弃等。这有助于迅速识别用户旅程中的关键节点。

7. 库存状态标识：在库存管理中，使用图标集可以表示不同产品的库存状态，例如库存充足、即将售罄等。

8. 数据完整性标注：如果有数据缺失或异常情况，图标集可以用于标记这些问题，提醒分析师在进行分析时注意数据的完整性。

总体而言，条件格式中的图标集在电商数据分析中的作用是通过可视化手段快速传达数据的关键信息，帮助分析师更迅速、更直观地识别趋势、模式和异常，从而支持更有效的决策制定。

在了解图标集的作用后，下面以在"双 11 大促销量数据"工作簿的 D2:D27 单元格区域使用图标集为例，介绍使用图标集的方法。

第1步 ▶ 打开"素材文件\第 4 章\双 11 大促销量数据.xlsx"工作簿，选择 D2:D27 单元格区域，单击【开始】选项卡【样式】组中的【条件格式】下拉按钮，在弹出的下拉菜单中选择【图标集】选项，在弹出的子菜单中选择一种图标集样式，如图 4-11 所示。

第2步 返回工作簿中，即可看到D2:D27单元格区域已经根据数值大小设置了图标，如图4-12所示。

图4-11 选择图标集样式　　　　　图4-12 查看图标集效果

4.2 使用排序法查看商品销量对比

在Excel中，对数据进行排序是指按照一定的规则对工作表中的数据进行排列，以进一步处理和分析这些数据。Excel提供了多种方法对数据列表进行排序，用户可以根据需要按行或列、按升序或降序进行排序，也可以使用自定义排序命令。

4.2.1 认识排序规则

在数据处理和分析过程中，排序是一项重要的任务。排序可以帮助我们将数据按照特定的规则进行重新排列，从而使数据更加有序、易于理解和分析。在Excel中，排序规则决定了数据排序的方式和顺序，可以根据数值大小、文本顺序或自定义规则对数据进行排序。那么排序的规则是怎样的呢？先来跟着AI工具讯飞星火大模型来学习排序规则。

> **提问：** 你是一名电商数据分析师，精通统计学，请问在Excel中排序的规则是什么？

> **讯飞星火大模型**
> 　　在Excel中，我们可以通过对数据按列中的文本、数字、时间、颜色等进行排序，来实现数据的直观显示和便于查看。对于数字，升序是从小到大，降序是从大到小；对于文本和字母，升序是从A到Z，降序是从Z到A；对于日期和时间，升序是从早到晚，降序是从晚到早。
> 　　此外，Excel也提供了自定义排序的方法，例如，在工资表中我们可能想要按部门来进行排序。这需要先选择需要排序的部门和薪资数据单元，然后在"开始"选项卡的"排序和筛选"

第 4 章
数据分析基本技法：数据的排序、筛选与分类汇总

部分单击"自定义排序"，接着选择列并在打开的排序对话框中对单元格值进行排序，最后单击"确定"完成排序。

总的来说，无论是常规的排序还是自定义排序，都可以通过单击"数据"选项卡下"排序和筛选"命令组中的命令来完成。需要注意的是，在进行排序之前，应尽量确保数据区域的整洁，避免合并单元格等可能影响排序的情况。

从以上回答中可以得知，排序可以对数据进行有序排列，帮助我们从数据中发现有价值的信息。通过正确应用排序规则，我们可以更好地理解和利用数据，为决策和解决问题提供支持。

4.2.2 将商品销量进行排序

在 Excel 中，有时需要对数据进行升序或降序排列。升序是指对选择的数字按从小到大的顺序排序，降序是指对选择的数字按从大到小的顺序排序。

例如，在"双11大促销量数据"中，如果要按"销售数量"升序排列，操作方法如下。

第1步 打开"素材文件\第4章\双11大促销量数据.xlsx"工作簿，选中"销售数量（件）"字段中的任意单元格，单击【数据】选项卡【排序和筛选】组中的【升序】按钮，如图4-13所示。

第2步 操作完成后，即可看到"销售数量（件）"字段的数据已经按照升序排列，如图4-14所示。

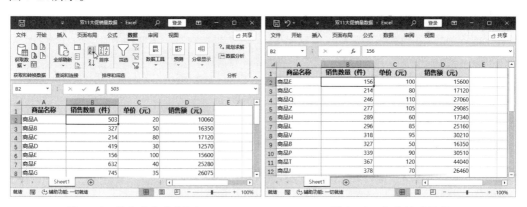

图 4-13　单击【升序】按钮　　　　　图 4-14　查看排序结果

> **温馨提示**
>
> 在【开始】选项卡【编辑】组中的【排序和筛选】下拉列表中，单击【升序】或【降序】命令，也可以快速进行排序。

4.2.3 将商品销量按总销量和季度销量排序

两个及两个以上的数据排序，称为多条件排序，是依据多列的数据规则对数据表进行排序操作，需要打开【排序】对话框，然后添加条件才能完成排序。

例如，在"全年销量统计"工作簿中，如果要按"总销量"和"3季度"的销量升序排列，操作方法如下。

第1步 打开"素材文件\第4章\全年销量统计.xlsx"工作簿，选中数据区域中的任意单元格，单击【数据】选项卡【排序和筛选】组中的【排序】按钮，如图4-15所示。

第2步 打开【排序】对话框，在【主要关键字】下拉列表中选择排序关键字，如"总销量"；在【排序依据】下拉列表中选择排序依据，如"单元格值"。在【次序】下拉列表中选择排序方式，单击【添加条件】按钮，如图4-16所示。

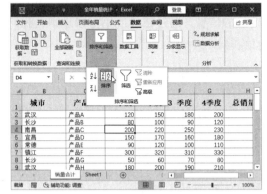

图4-15 单击【排序】按钮

第3步 使用相同的方法设置次要关键字，如"3季度"。完成后单击【确定】按钮，如图4-17所示。

图4-16 单击【添加条件】按钮

图4-17 设置次要关键字

第4步 返回工作表，即可查看到工作表中的数据将按照关键字"总销量"和"3季度"进行升序排列，如图4-18所示。

> **温馨提示**
> 执行多条件排序后，如果"总销量"数据列的数据相同，则按照"3季度"的数据大小排序。

第 4 章
数据分析基本技法：数据的排序、筛选与分类汇总

图 4-18　查看排序结果

4.2.4　将商品销量自定义排序

在筛选数据之前，首先需要知道筛选规则，以便更好地筛选数据。此时，可以首先利用 AI 工具 ChatGPT 来了解筛选的规则。

例如，在"全年销量统计"工作簿中，如果要将"地区"列自定义排序，操作方法如下。

第1步 ▶ 打开"素材文件\第4章\全年销量统计.xlsx"工作簿，选中数据区域中的任意单元格，单击【数据】选项卡【排序和筛选】组中的【排序】按钮，如图4-19所示。

第2步 ▶ 打开【排序】对话框，在【次序】下拉列表中单击【自定义序列】命令，如图4-20所示。

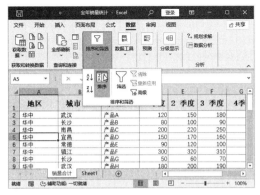

图 4-19　单击【排序】按钮　　　　　图 4-20　单击【自定义序列】命令

第3步 ▶ 打开【自定义序列】对话框，在【输入序列】栏中输入需要的序列，单击【添加】

按钮，然后单击【确定】按钮保存自定义序列的设置，如图4-21所示。

第4步 返回【排序】对话框，即可看到【次序】已经默认设置为自定义序列，在【主要关键字】下拉列表中选择排序关键字，单击【确定】按钮，如图4-22所示。

图4-21 输入序列

图4-22 单击【确定】按钮

第5步 返回工作表中，即可查看排序后的效果，如图4-23所示。

	A	B	C	D	E	F
13	西南	重庆	产品L	130	110	120
14	西南	贵阳	产品M	40	50	60
15	西南	昆明	产品N	110	130	150
16	西南	南宁	产品O	160	140	120
17	西南	拉萨	产品P	220	240	260
18	西南	西宁	产品Q	80	100	90
19	西南	兰州	产品R	200	220	240
20	西南	银川	产品S	120	140	130
21	西南	呼和浩特	产品T	300	320	310
22	东北	哈尔滨	产品A	100	130	150
23	东北	长春	产品B	70	90	80
24	东北	沈阳	产品C	180	200	190
25	东北	大连	产品D	120	140	130
26	东北	哈尔滨	产品E	80	100	90
27	东北	沈阳	产品F	250	270	290
28	东北	长春	产品G	30	40	50

图4-23 查看排序结果

4.3 使用筛选法选择销售商品

在Excel中，数据筛选是指只显示符合用户设置条件的数据信息，同时隐藏不符合条件的数据信息。用户可以根据实际需要进行自动筛选、高级筛选或自定义筛选。

4.3.1 认识筛选规则

在Excel中，数据筛选是指只显示符合用户设置条件的数据信息，同时隐藏不符合条件的数据信息。用户可以根据实际需要进行自动筛选、高级筛选或自定义筛选。在筛选数据之前，首先利用AI工具ChatGPT来了解筛选的规则。

> 提问：你是一名电商数据分析师，精通统计学，请问在Excel中筛选的规则是什么？

ChatGPT

在Excel中，筛选是一种通过特定条件过滤数据的功能。筛选规则可以根据数据的不同类型和条件进行调整。以下是一些在Excel中使用筛选时的常见规则。

1. 文本筛选规则

- 等于（Equals）：仅显示与指定文本相匹配的行。
- 不等于（Does Not Equal）：仅显示与指定义本不匹配的行。
- 包含（Contains）：仅显示包含指定文本的行。
- 不包含（Does Not Contain）：仅显示不包含指定文本的行。
- 以…开头（Begins With）：仅显示以指定文本开头的行。
- 以…结束（Ends With）：仅显示以指定文本结束的行。

2. 数字筛选规则

- 等于：仅显示与指定数字相等的行。
- 不等于：仅显示与指定数字不相等的行。
- 大于：仅显示大于指定数字的行。
- 小于：仅显示小于指定数字的行。
- 大于或等于：仅显示大于或等于指定数字的行。
- 小于或等于：仅显示小于或等于指定数字的行。

3. 日期和时间筛选规则

- 在…之后（After）：仅显示在指定日期或时间之后的行。
- 在…之前（Before）：仅显示在指定日期或时间之前的行。
- 在…之间（Between）：仅显示在两个指定日期或时间之间的行。

4. 逻辑值（TRUE/FALSE）筛选规则

- 为真（Equals True）：仅显示逻辑值为TRUE的行。
- 为假（Equals False）：仅显示逻辑值为FALSE的行。

5. 空值筛选规则：

- 为空（Is Blank）：仅显示空单元格的行。

- 不为空（Is Not Blank）：仅显示非空单元格的行。

这些规则可以通过Excel的自动筛选功能或高级筛选功能进行应用。您可以根据数据的特点选择适当的筛选规则，以便精确地过滤和查看所需的数据。自动筛选还允许您在每列的标题中使用下拉菜单选择要筛选的值。高级筛选则允许您更复杂地定义筛选条件，以满足更特定的需求。

在查看ChatGPT的回答之后可以了解到，在电商数据分析中，无论是在数据清洗、报告生成还是其他数据处理任务中，熟练掌握筛选规则都是非常重要的。它不仅能够帮助我们准确、快速地找到所需数据，还能够帮我们发现数据中的模式、趋势和异常，为决策提供有力支持。

4.3.2 自动筛选商品

自动筛选是Excel的一个易于操作且经常使用的实用技巧。自动筛选通常是按简单的条件进行筛选，筛选时将不满足条件的数据暂时隐藏起来，只显示符合条件的数据。

例如，在"服装销售统计"工作簿中筛选"服装A"的销售情况，操作方法如下。

第1步 打开"素材文件\第4章\服装销售统计.xlsx"，选中数据区域中的任意单元格，单击【数据】选项卡【排序和筛选】组中的【筛选】按钮，如图4-24所示。

第2步 此时工作表数据区域中字段名右侧出现下拉按钮▼，单击"产品名称"右侧的下拉按钮▼，在弹出的下拉列表中勾选要筛选数据的复选框，本例选择勾选【服装A】复选框，然后单击【确定】按钮，如图4-25所示。

图4-24　单击【筛选】按钮　　　　图4-25　勾选【服装A】复选框

第3步 返回工作表中，即可查看到已经显示出符合筛选条件的数据信息，同时"产品名称"右侧的下拉按钮变为▼形状，如图4-26所示。

第 4 章
数据分析基本技法：数据的排序、筛选与分类汇总

图 4-26　查看筛选结果

> **温馨提示**
> 在【开始】选项卡的【编辑】组中单击【排序和筛选】下拉按钮，在弹出的下拉菜单中单击【筛选】命令，也可以进入筛选状态。

4.3.3 自定义筛选符合条件的商品

自定义筛选是指通过定义筛选条件，查询符合条件的数据记录。在Excel中，自定义筛选可以筛选出等于、大于、小于某个数的数据，还可以通过"或""与"这样的逻辑筛选数据。

1. 筛选小于某个数的数据

例如，在"服装销售统计"中筛选"销售数量"列中销量小于或等于70的数据，操作方法如下。

第1步 ▶ 打开"素材文件\第4章\服装销售统计.xlsx"，进入筛选状态，单击"销售数量"单元格的筛选按钮▼，选择下拉菜单中的【数字筛选】选项，在弹出的子菜单中单击【小于或等于】命令，如图4-27所示。

第2步 ▶ 打开【自定义自动筛选方式】对话框，在【小于或等于】右侧的文本框中输入"70"，然后单击【确定】按钮，如图4-28所示。

图 4-27　单击【小于或等于】命令　　　　图 4-28　设置筛选参数

135

第3步 返回工作表中,所有小于或等于70的销售数据便被筛选了出来,如图4-29所示。

图4-29　查看筛选结果

2. 自定义筛选条件

Excel筛选除了直接选择"大于""小于""等于""不等于"这类条件外,还可以自行定义筛选条件。例如,在"服装销售统计"中筛选销售额大于或等于2000及小于或等于4000的数据,操作方法如下。

第1步 打开"素材文件\第4章\服装销售统计.xlsx",单击"销售额"单元格的筛选按钮,选择下拉菜单中的【数字筛选】选项,在弹出的子菜单中单击【自定义筛选】命令,如图4-30所示。

第2步 打开【自定义自动筛选方式】对话框,设置【大于或等于】为"2000",选择【与】,设置【小于或等于】为"4000",表示筛选出大于或等于2000及小于或等于4000的数据,单击【确定】按钮,如图4-31所示。

图4-30　单击【自定义筛选】命令

图4-31　设置筛选参数

第4章
数据分析基本技法：数据的排序、筛选与分类汇总

第3步 操作完成后，即可查看到销售额大于或等于2000及小于或等于4000的数据被筛选出来。这样可以快速查看销售统计中某一金额的销售数据，如图4-32所示。

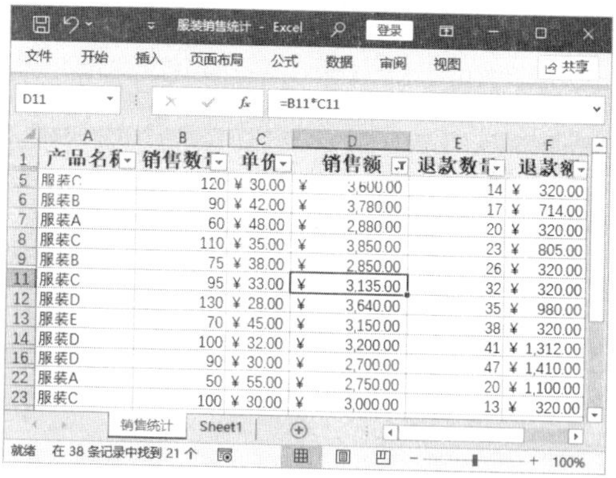

4.3.4 高级筛选符合条件的商品

在数据筛选过程中，可能会遇到许多复杂的筛选条件，此时可以利用Excel的高级筛选功能。使用高级筛选功能，其筛选的结果可显示在原数据表格中，也可以在新的位置显示筛选结果。

图4-32 查看筛选结果

1. 将符合条件的数据筛选出来

如果要查找符合某个条件的数据，可以事先在Excel中设置筛选条件，然后再利用高级筛选功能筛选出符合条件的数据。

例如，在"服装销售统计"中筛选符合一定条件的数据，操作方法如下。

第1步 打开"素材文件\第4章\服装销售统计.xlsx"，在Excel空白的地方输入筛选条件，如图4-33所示，图中的筛选条件表示需要筛选出销售数量大于100、退款数量小于30的数据。

第2步 单击【数据】选项卡【排序和筛选】组中的【高级】按钮，如图4-34所示。

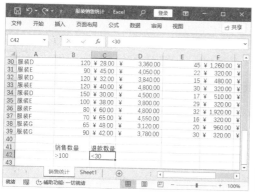

图4-33 输入筛选条件

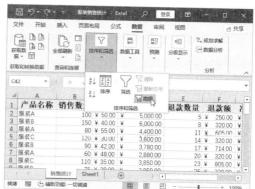

图4-34 单击【高级】按钮

第3步 打开【高级筛选】对话框，确定【列表区域】选中了表中的所有数据区域，然后单击【条件区域】的折叠按钮，如图4-35所示。

第4步 按住鼠标左键不放，拖动鼠标选择事先输入的条件区域，返回【高级筛选】对话框，单击【确定】按钮，如图4-36所示。

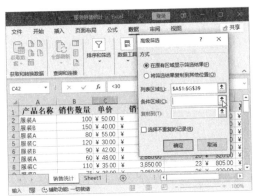

图4-35 单击折叠按钮

图4-36 设置条件区域

第5步 操作完成后，即可查看到销售数量大于100、退款数量小于30的数据已经被筛选出来，如图4-37所示。

图4-37 查看筛选结果

2. 根据不完整数据筛选

在对表格数据进行筛选时，若筛选条件为某一类数据值中的一部分，即需要筛选出数据值中包含某个或某一组字符的数据，可以使用通配符来完成。

例如，在"服装销售统计"中，筛选产品名称带有"A"的数据中，退款数量大于10的数据，操作方法如下。

第1步 打开"素材文件\第4章\服装销售统计.xlsx"，在Excel空白的地方输入筛选条件，这里的筛选条件中"*A"表示产品名称以A结尾，前有若干字符的产品，然后单击【数据】选项卡【排序和筛选】组中的【高级】按钮，如图4-38所示。

第2步 使用与前文相同的方法添加条件区域，如图4-39所示。

第4章 数据分析基本技法：数据的排序、筛选与分类汇总

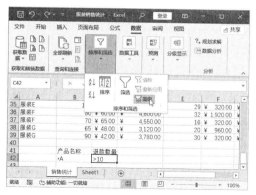

图 4-38 输入筛选条件

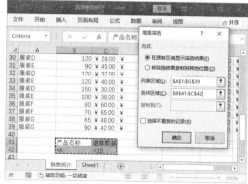

图 4-39 添加条件区域

第3步 在【高级筛选】对话框中选择【将筛选结果复制到其他位置】单选项，然后单击【复制到】文本框右侧的折叠按钮，如图 4-40 所示。

第4步 在工作表中选定要放置筛选结果的单元格，返回【高级筛选】对话框，单击【确定】按钮，如图 4-41 所示。

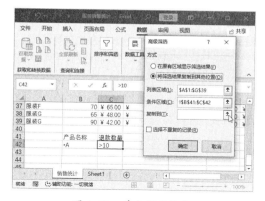

图 4-40 单击折叠按钮

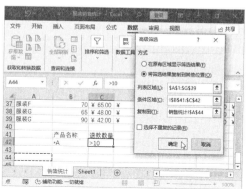

图 4-41 选择单元格

第5步 操作完成后，即可查看到产品名称中带有"A"，且退款数量大于10的数据已经被筛选出来，如图 4-42 所示。

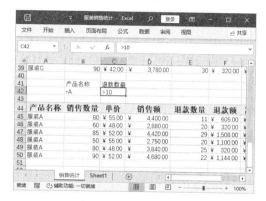

图 4-42 查看筛选结果

139

4.4 使用分类汇总查看全国销量情况

分类汇总通过将数据按照特定的条件或字段进行分类,然后计算每个分类的汇总值,为分析者提供了一个更加清晰和结构化的数据视图。通过这种方式,我们可以更好地了解数据的分布情况、比较不同分类的表现,并从中发现潜在的趋势和关联。无论是对大量数据的概览分析,还是对特定维度的深入研究,分类汇总都能提供有力的支持。

4.4.1 分类汇总的规则

利用Excel提供的分类汇总功能,用户可以将表格中的数据进行分类,然后再把性质相同的数据汇总到一起,使其结构更清晰,便于查找数据信息。在使用分类汇总之前,可以使用AI工具讯飞星火大模型了解其规则。

> **提问:** 你是一名电商数据分析师,精通统计学,请问在Excel中分类汇总的规则是什么?

▶ 讯飞星火大模型

在Excel中,分类汇总是一种重要的数据分析功能,它按照表格中的某一个字段,对表格中的数据项进行求和、计数等分类汇总。这个功能主要在数据选项卡下面的分级显示板块。

要执行分类汇总,首先需要选中表中数据区域的任意单元,之后会弹出"分类汇总"对话框。在该对话框中,用户需要在"分类字段"下拉列表中选择用于分类的字段,并在"汇总方式"下拉列表中选择所需的汇总类型(如"求和""平均值""最大值""最小值"或"计数")。

此外,Excel也支持多列组合数据的分类汇总操作,比如有A、B、C、D四列数据,其中A、B、C、D分别代表一种具有层级的分类方式,可以用这四列所给出的层层递进的条件来分类,然后对其他列,如E列,进行相应的汇总。

请注意,尽管Excel提供了分类汇总功能,但在有些情况下,使用数据透视表可能会更加方便和灵活。无论使用哪种方法,关键在于理解你的数据及你希望通过分析得到什么类型的信息。

在查看AI工具讯飞星火大模型的回答之后,可以了解到,分类汇总不仅是数据分析中的基础技能,也是提升工作效率和数据洞察力的关键工具。通过选择分类字段、定义分类条件将数据进行分组和汇总,分析者能更好地理解数据、发现关键信息。

4.4.2 按销售地区分类汇总数据

分类汇总是指根据指定的条件对数据进行分类,并计算各分类数据的汇总值。在进行分类汇总前,应先以需要进行分类汇总的字段为关键字进行排序,避免无法达到预期的汇总效果。

第4章
数据分析基本技法：数据的排序、筛选与分类汇总

例如，在"全年销量统计"工作簿中，以"地区"为分类字段，对销售额进行求和汇总，操作方法如下。

第1步 打开"素材文件\第4章\全年销量统计.xlsx"，在【地区】列中选中任意单元格，然后单击【排序和筛选】组中的【升序】按钮进行排序，如图4-43所示。

第2步 选择数据区域中的任意单元格，单击【数据】选项卡【分级显示】组中的【分类汇总】按钮，如图4-44所示。

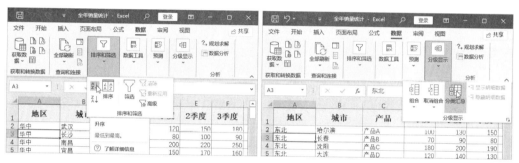

图4-43 单击【升序】按钮　　　　图4-44 单击【分类汇总】按钮

第3步 打开【分类汇总】对话框，在【分类字段】下拉列表中选择要进行分类汇总的字段，本例中选择【地区】；在【汇总方式】下拉列表中选择需要的汇总方式，本例中选择【求和】；在【选定汇总项】列表框中设置要进行汇总的项目，本例中选择【总销量】，完成后单击【确定】按钮，如图4-45所示。

第4步 返回工作表，工作表数据完成分类汇总。分类汇总后，工作表左侧会出现一个分级显示栏，通过分级显示栏中的分级显示符号可分级查看相应的表格数据，如图4-46所示。

图4-45 设置分类汇总参数

图4-46 查看分类汇总结果

141

4.4.3 高级分类汇总销售额和平均值

高级分类汇总主要用于对数据清单中的某一列进行两种方式的汇总。相对于简单分类汇总而言，高级分类汇总的结果更加清晰，更便于用户分析数据信息。

例如，在"全年销量统计"工作簿中，先按"城市"汇总总销量，再按"城市"汇总总销量的平均值，操作方法如下。

第1步 ▶ 打开"素材文件\第4章\全年销量统计.xlsx"，在【城市】列中选中任意单元格，单击【排序和筛选】组中的【升序】按钮进行排序，如图4-47所示。

第2步 ▶ 选择数据区域中的任意单元格，单击【数据】选项卡【分级显示】组中的【分类汇总】按钮，如图4-48所示。

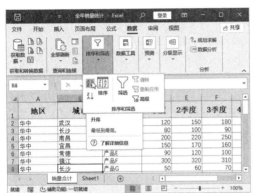

图4-47 排序数据　　　　　　图4-48 单击【分类汇总】按钮

第3步 ▶ 打开【分类汇总】对话框，在【分类字段】下拉列表中选择要进行分类汇总的字段，本例中选择【城市】；在【汇总方式】下拉列表中选择需要的汇总方式，本例中选择【求和】；在【选定汇总项】列表框中设置要进行汇总的项目，本例中选择【总销量】，完成后单击【确定】按钮，如图4-49所示。

第4步 ▶ 返回工作表，将鼠标光标定位到数据区域中，再次执行【分类汇总】命令，如图4-50所示。

第5步 ▶ 打开【分类汇总】对话框，在【分类字段】下拉列表中选择要进行分类汇总的字段，本例中选择【城市】；在【汇总方式】下拉列表中选择需要的汇总方式，本例中选择【平均值】；在【选定汇总项】列表框中设置要进行汇总的项目，本例中选择【总销量】；取消勾选【替换当前分类汇总

图4-49 设置分类汇总参数

复选框，完成后单击【确定】按钮，如图4-51所示。

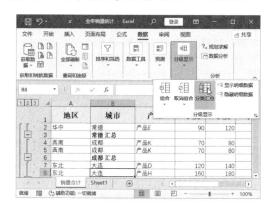

图4-50　再次执行【分类汇总】命令

图4-51　设置分类汇总参数

第6步 返回工作表，即可看到表中数据按照前面的设置进行了分类汇总，并分组显示出分类汇总的数据信息，如图4-52所示。

图4-52　查看分类汇总结果

4.4.4　嵌套分类汇总不同的销售数据

高级分类汇总虽然汇总了两次，但两次汇总时关键字都是相同的。而嵌套分类汇总是对数据清单中两列或两列以上的数据信息同时进行汇总。

例如，在"全年销量统计"工作簿中，先按地区汇总4季度销量，再按产品汇总总销量，操作方法如下。

第1步 打开"素材文件\第4章\全年销量统计.xlsx",在【地区】列中选中任意单元格,单击【排序和筛选】组中的【升序】按钮进行排序,如图4-53所示。

第2步 选择数据区域中的任意单元格,单击【数据】选项卡【分级显示】组中的【分类汇总】按钮,如图4-54所示。

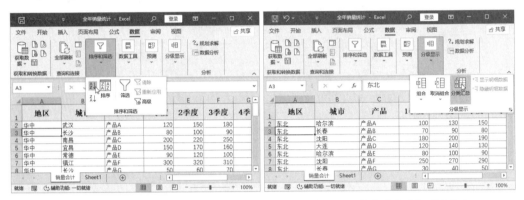

图4-53 排序数据　　　　　　　　图4-54 单击【分类汇总】按钮

第3步 打开【分类汇总】对话框,在【分类字段】下拉列表中选择要进行分类汇总的字段,本例中选择【地区】;在【汇总方式】下拉列表中选择需要的汇总方式,本例中选择【求和】;在【选定汇总项】列表框中设置要进行汇总的项目,本例中选择【4季度】,完成后单击【确定】按钮,如图4-55所示。

第4步 返回工作表,将鼠标光标定位到数据区域中,再次执行【分类汇总】命令,如图4-56所示。

 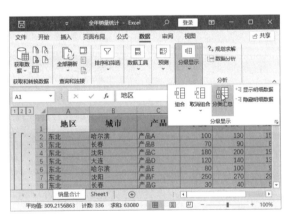

图4-55 设置分类汇总参数　　　　图4-56 再次执行【分类汇总】命令

第5步 打开【分类汇总】对话框,在【分类字段】下拉列表中选择要进行分类汇总的字段，本例中选择【产品】；在【汇总方式】下拉列表中选择需要的汇总方式，本例中选择【求和】；在【选定汇总项】列表框中设置要进行汇总的项目，本例中选择【总销量】；取消勾选【替换当前分类汇总】复选框，完成后单击【确定】按钮，如图4-57所示。

第6步 ▶ 返回工作表，即可看到表中数据按照前面的设置进行了分类汇总，并分组显示出分类汇总的数据信息。如果汇总之后数据还是比较凌乱，可以单击左上方的"3"标签，如图4-58所示。

图4-57 设置分类汇总参数

图4-58 查看分类汇总结果

第7步 ▶ 操作完成后，可以查看到数据已经折叠，如图4-59所示。

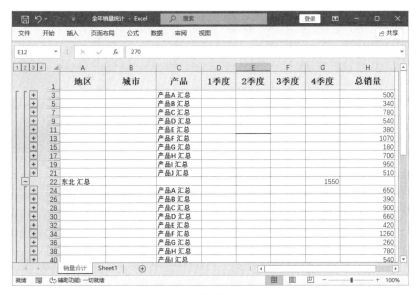
图4-59 再次查看分类汇总结果

4.5　AI工具高效技能点拨

通过前面知识的学习，相信读者朋友已经掌握了数据条件格式、排序、筛选、分类汇总等相关技能。下面结合本章内容，让AI工具给读者介绍一些工作中的实用经验与技巧，让读者可以从不同的角度分析数据，从数据中获取更多信息。

01　用AI工具ChatGPT筛选符合多个条件的数据

在收集产品的销售数据后，需要根据销售情况，适时调整下一步销售计划。例如，商家收集服装的销售数据后，需要根据数据，找出利润最高，且退款数量最低的服装作为重点产品，此时，可以使用AI工具智能分析。

> **提问：** 你是一名电商数据分析师，具有专业的数据分析技能和丰富的行业经验，你擅长运用各种数据分析工具和技术。下方是服装销售数据，需要根据数据分析哪种服装的利润最高，哪种服装的退款数量最低，请以分析报告的形式呈现。
>
> | 产品名称 | 销售数量 | 单价 | 销售额 | 退款数量 | 退款额 | 净销售额 |
> | --- | --- | --- | --- | --- | --- | --- |
> | 服装A | 100 | ¥50.00 | ¥5000.00 | 5 | ¥250.00 | ¥4750.00 |
> | 服装B | 150 | ¥40.00 | ¥6000.00 | 8 | ¥320.00 | ¥5680.00 |
> | 服装A | 80 | ¥55.00 | ¥4400.00 | 11 | ¥605.00 | ¥3795.00 |
> | 服装C | 120 | ¥30.00 | ¥3600.00 | 14 | ¥320.00 | ¥3280.00 |
> | 服装B | 90 | ¥42.00 | ¥3780.00 | 17 | ¥714.00 | ¥3066.00 |
> | 服装A | 60 | ¥48.00 | ¥2880.00 | 20 | ¥320.00 | ¥2560.00 |
> | 服装C | 110 | ¥35.00 | ¥3850.00 | 23 | ¥805.00 | ¥3045.00 |
> | 服装B | 75 | ¥38.00 | ¥2850.00 | 26 | ¥320.00 | ¥2530.00 |
> | 服装A | 85 | ¥52.00 | ¥4420.00 | 29 | ¥1508.00 | ¥2912.00 |
> | 服装C | 95 | ¥33.00 | ¥3135.00 | 32 | ¥320.00 | ¥2815.00 |
> | 服装D | 130 | ¥28.00 | ¥3640.00 | 35 | ¥980.00 | ¥2660.00 |
> | 服装E | 70 | ¥45.00 | ¥3150.00 | 38 | ¥320.00 | ¥2830.00 |
> | 服装D | 100 | ¥32.00 | ¥3200.00 | 41 | ¥1312.00 | ¥1888.00 |
> | 服装E | 120 | ¥40.00 | ¥4800.00 | 44 | ¥320.00 | ¥4480.00 |
> | 服装D | 90 | ¥30.00 | ¥2700.00 | 47 | ¥1410.00 | ¥1290.00 |
> | 服装E | 110 | ¥38.00 | ¥4180.00 | 50 | ¥320.00 | ¥3860.00 |
> | 服装F | 80 | ¥60.00 | ¥4800.00 | 53 | ¥3180.00 | ¥1620.00 |

服装F	65	¥65.00	¥4225.00	56		¥320.00	¥3905.00
服装G	95	¥48.00	¥4560.00	59		¥2832.00	¥1728.00
服装G	110	¥42.00	¥4620.00	32		¥320.00	¥4300.00
服装A	50	¥55.00	¥2750.00	20		¥1100.00	¥1650.00
服装C	100	¥30.00	¥3000.00	13		¥320.00	¥2680.00
服装B	70	¥42.00	¥2940.00	20		¥840.00	¥2100.00
服装A	80	¥48.00	¥3840.00	25		¥320.00	¥3520.00
服装C	150	¥35.00	¥5250.00	32		¥1120.00	¥4130.00
服装B	60	¥38.00	¥2280.00	15		¥320.00	¥1960.00
服装A	90	¥52.00	¥4680.00	22		¥1144.00	¥3536.00
服装C	105	¥33.00	¥3465.00	36		¥320.00	¥3145.00
服装D	120	¥28.00	¥3360.00	45		¥1260.00	¥2100.00
服装E	90	¥45.00	¥4050.00	22		¥320.00	¥3730.00
服装D	120	¥32.00	¥3840.00	15		¥480.00	¥3360.00
服装E	120	¥40.00	¥4800.00	30		¥320.00	¥4480.00
服装D	150	¥30.00	¥4500.00	17		¥510.00	¥3990.00
服装E	100	¥38.00	¥3800.00	29		¥320.00	¥3480.00
服装F	80	¥60.00	¥4800.00	32		¥1920.00	¥2880.00
服装F	70	¥65.00	¥4550.00	16		¥320.00	¥4230.00
服装G	65	¥48.00	¥3120.00	20		¥960.00	¥2160.00
服装G	90	¥42.00	¥3780.00	30		¥320.00	¥3460.00

⑤ ChatGPT

电商数据分析报告

1. 引言

本报告基于提供的销售数据，旨在分析各种服装的利润和退款情况，以便为业务决策提供有价值的见解。通过深入分析销售数量、单价、销售额、退款数量、退款额和净销售额等关键指标，我们将得出每种服装在这些方面的表现，并提供相应的建议。

2. 利润分析

2.1 利润最高的服装

通过计算净销售额，我们可以确定哪种服装的利润最高。以下是各种服装的净销售额：

服装A: ¥4750.00 + ¥3795.00 + ¥2560.00 + ¥2912.00 + ¥1650.00 + ¥3520.00 + ¥3536.00 = ¥22723.00

服装B: ¥5680.00 + ¥3066.00 + ¥2530.00 + ¥2100.00 + ¥1960.00 = ¥15336.00

服装C：¥3280.00 + ¥3045.00 + ¥2815.00 + ¥2680.00 + ¥4130.00 + ¥3145.00 = ¥19095.00

服装D：¥2660.00 + ¥1888.00 + ¥1290.00 + ¥2100.00 + ¥3360.00 + ¥3990.00= ¥15288.00

服装E：¥2830.00 + ¥4480.00 + ¥3860 + ¥3730.00 + ¥4480.00 + ¥3480.00 = ¥22860.00

服装F：¥1620.00 + ¥3905.00 + ¥2880.00 + ¥4230.00 = ¥12635.00

服装G：¥1728.00 + ¥4300.00 + ¥2160.00 + ¥3460.00 = ¥11648.00

从上述计算结果来看，服装E的净销售额最高，因此服装E为利润最高的服装。

2.2 退款数量最低的服装

为了确定哪种服装的退款数量最低，我们需要分析退款数量的情况。以下是各种服装的退款数量：

服装A：5+11+20+29+20+25+22=132

服装B：8+17+26+20+15=86

服装C：14+23+32+13+32+36=150

服装D：35+41+47+45+15+17=200

服装E：38+44+50+22+30+29=213

服装F：53+56+32+16=157

服装G：59+32+20+30=141

由上述计算可知，服装B的退款数量最低，因此服装B为退款数量最低的服装。

3. 结论与建议

综上所述，服装B在利润和退款数量两方面表现最佳。因此，建议加大对服装B的推广和库存。此外，对于其他服装，特别是退款数量较高的服装（如服装E），建议进一步分析退款原因，以优化产品质量和客户服务，降低退款率。

该报告的分析结果可以作为制定营销策略、库存管理和产品优化的依据，以提高业务的盈利能力和客户满意度。

AI工具分析得出，服装B的利润最高，退款数量最低，适合作为推广产品，并适当提高库存。退款数量较高的服装，也应该分析退款原因，优化产品。

02 用AI工具讯飞星火大模型筛选热销商品特征

在分析销售数据时，经常需要找出热销的商品，作为第二年铺货的参考。例如，要根据已经收集的数据找出热销商品，可以在AI工具讯飞星火大模型中提问。

第4章 数据分析基本技法：数据的排序、筛选与分类汇总

> **提问：** 你是一名电商数据分析师，具有专业的数据分析技能和丰富的行业经验，你擅长运用各种数据分析工具和技术。下方是冬季服装销售数据，需要根据数据分析哪种服装最为热销，作为第二年进货的参考，请以分析报告的形式呈现。
>
> | 产品 | 尺码 | 颜色 | 1季度 | 2季度 | 3季度 | 4季度 | 总销量 |
> |---|---|---|---|---|---|---|---|
> | 羽绒服 | L | 蓝色 | 120 | 150 | 130 | 110 | 510 |
> | 运动裤 | M | 红色 | 80 | 90 | 100 | 85 | 355 |
> | 棉衣 | XL | 黑色 | 200 | 220 | 210 | 180 | 810 |
> | 保暖内衣 | S | 白色 | 150 | 130 | 120 | 100 | 500 |
> | 厚羊毛袜 | L | 灰色 | 100 | 110 | 120 | 95 | 425 |
> | 毛线衫 | M | 绿色 | 180 | 160 | 200 | 170 | 710 |
> | 保暖雪地靴 | Xl | 蓝色 | 50 | 60 | 70 | 55 | 235 |
> | 羊毛大衣 | S | 黑色 | 220 | 240 | 260 | 230 | 950 |
> | 保暖裤 | L | 蓝色 | 130 | 150 | 140 | 120 | 540 |
> | 运动套装 | M | 粉色 | 70 | 80 | 60 | 50 | 260 |
> | 毛呢外套 | XL | 黑色 | 180 | 200 | 190 | 160 | 730 |
> | 抓绒衬衫 | M | 灰色 | 120 | 140 | 130 | 110 | 500 |
> | 羊毛围巾 | L | 红色 | 90 | 100 | 110 | 95 | 395 |

讯飞星火大模型

报告标题：冬季服装销售数据分析报告

一、总体销售情况

根据提供的数据，我们的总体销售情况如下：

总销量最高的产品是羊毛大衣，达到了950件。

总销量最低的产品是保暖雪地靴，仅为235件。

二、各季度销售情况

羽绒服：在四个季度中，羽绒服的销量在1季度和4季度较低，分别为120件和110件。

运动裤：运动裤的销量在3季度最高，达到了100件。

棉衣：棉衣的销量在4季度最低，为180件。

保暖内衣：保暖内衣的销量在4季度最低，为100件。

厚羊毛袜：厚羊毛袜的销量在4季度最低，为95件。

毛线衫：毛线衫的销量在3季度最高，达到了200件。

保暖雪地靴：保暖雪地靴的销量在1季度最低，为50件。

羊毛大衣：羊毛大衣的销量在1季度最低，为220件。

保暖裤：保暖裤的销量在4季度最低，为120件。

运动套装：运动套装的销量在4季度最低，为50件。
毛呢外套：毛呢外套的销量在4季度最低，为160件。
抓绒衬衫：抓绒衬衫的销量在4季度最低，为110件。
羊毛围巾：羊毛围巾的销量在1季度最低，为90件。

三、结论与建议

根据以上分析，我们可以得出以下结论和建议：

羊毛大衣是本季度最热销的产品，总销量达到了950件，因此在第二年进货时应该优先考虑增加羊毛大衣的数量。

羽绒服、棉衣、保暖内衣、厚羊毛袜、毛线衫、保暖雪地靴、羊毛大衣、保暖裤、运动套装、毛呢外套、抓绒衬衫和羊毛围巾的销量在4季度都有所下降，这可能是由于冬季即将结束，消费者对冬季服装的需求减少。因此，在第二年进货时可以适当减少这些产品的库存量。

运动裤是唯一一款在4个季度销量保持稳定的产品，其总销量为355件，可以考虑长期保持运动裤的进货量。

对于其他产品的进货量，可以根据市场需求和销售趋势进行灵活调整。

通过以上提问，AI工具会分析各季度的销售情况，根据数据找出具备热销特征的商品。

本章小结

在本章的学习中，我们从AI工具中了解各数据分析技法的使用方法与规则，学习了如何使用Excel的条件格式、排序、筛选和分类汇总等功能来分析数据。当在工作中遇到海量数据时，就可以使用排序、筛选、分类汇总等方法，快速找出关键数据，发现数据中的关键信息和趋势。还可以将需要分析的数据录入AI工具中，让AI工具为我们分析关键数据，直接得到分析结果。

Excel

第 5 章

数据可视化分析：用图表与数据透视表分析电商数据

本章导读

在数据分析中，图表和数据透视表是无可替代的工具。它能够将繁杂的数据转化为直观、一目了然的视觉形式。通过图表，我们可以更清晰地观察数据的动态变化，比较各类数据间的关系，以及发现数据中的规律和异常。而在面对含有大量数据的表格时，通过数据透视表可以更直观地查看数据。本章首先借助AI工具对图表和数据透视表进行初步介绍，然后深入分析如何通过图表和数据透视表将数据化繁为简，直面关键数据。

知识要点

- 了解图表的基础知识
- 掌握创建图表的方法
- 掌握编辑图表的方法
- 掌握高级图表的应用
- 了解数据透视表的基础知识
- 掌握使用数据透视表分析数据的方法
- 掌握使用切片器筛选数据的方法

5.1 创建电商销售分析图表

图表是一种数据可视化工具，是以图形的形式呈现和展示数据。通过图表，可以将大量的数据以简洁、易懂的方式展示出来，帮助我们更好地理解数据的含义和背后的故事。通过可视化的方式，图表能够突出重点，强调数据之间的差异和变化，提供直观的数据比较和分析。

5.1.1 认识图表

Excel提供了多种标准的图表类型，每一种图表类型都分为几种子类型，其中包括二维图表和三维图表。工欲善其事，必先利其器。在创建图表之前，先来和AI工具一起认识图表吧。

1. 了解图表的组成

虽然图表的种类不同，但每一种图表的绝大部分组件是相同的，完整的图表包括：图表区域、绘图区、图表标题、数据系列、分类轴、数字轴、图例、网格线等。下面，通过AI工具ChatGPT了解图表的组成部分。

> **提问：** 你是一名电商数据分析师，精通统计学，请介绍图表的组成。

ChatGPT

图表是一种用于可视化数据的强大工具，可以帮助电商数据分析师更直观地理解数据、发现模式和趋势。图表的组成通常包括以下几个主要部分。

1. 标题（Title）：标题是图表的主要标识，用于概括图表所代表的信息。良好的标题应该简洁而明确，能够准确传达图表的主题。

2. 图例（Legend）：图例是图表中用于解释不同数据系列或类别的关键。它通常以颜色、形状或其他标识符的形式出现，使阅读者能够理解图表中各个元素的含义。

3. 坐标轴（Axes）：坐标轴是图表中的直线或线段，用于显示数据的刻度和标签。通常，图表有横轴（X轴）和纵轴（Y轴）两个坐标轴。坐标轴帮助读者理解数据的相对位置和数值。

4. 数据系列（Data Series）：数据系列是图表中的实际数据集。对于柱状图、折线图等，每个数据系列可能代表一个产品、类别或时间段。每个数据系列通常由一组数据点组成。

5. 数据点（Data Points）：数据点是数据系列中的个体数据值。在柱状图中，每个柱子代表一个数据点；在折线图中，每个点代表一个数据点。数据点的位置和高度（或其他属性）表示数据的具体值。

第 5 章
数据可视化分析：用图表与数据透视表分析电商数据

6. 网格线（Gridlines）：网格线是在图表区域上显示的横向和纵向的参考线。它有助于读者在图表中更准确地定位数据点和解释趋势。

7. 标签（Labels）：标签用于为数据点、坐标轴和其他图表元素提供附加信息。例如，数据标签可以显示数据点的具体值，坐标轴标签可以提供轴的说明。

8. 背景色和填充（Background and Fill）：图表的背景色和填充可以用于突出显示图表中的特定区域或强调关键信息。良好的颜色选择可以增强图表的可读性。

这些组成部分共同作用，构成了一个完整的图表，使数据更易于理解和分析。电商数据分析师可以根据具体的分析需求选择合适的图表类型，并注意调整这些组成部分，以确保图表清晰、准确地传达所需的信息。

通过 ChatGPT 了解了图表的组成部分后，如果对图表的构造还不清楚，可以再结合图 5-1 所示的柱形图对照查看。

在数据分析和决策过程中，图表是一种有力的工具，因此熟悉图表的组成和使用方法，能够更好地利用 Excel 提供的丰富图表功能，提升数据分析的质量和效率。

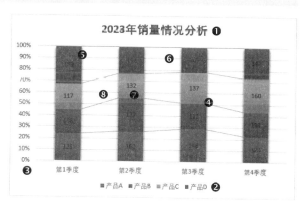

图 5-1　图表的组成

2. 了解图表的类型

在数据分析和可视化的领域，Excel 作为一款功能强大的工具，为用户提供了丰富多样的图表类型，帮助用户以直观、清晰的方式呈现和分析数据。无论是商业报告、学术研究还是简单的数据展示，Excel 的图表功能都可以帮助我们将复杂的数据转化为易于理解和传达的图形形式。因为数据形式和分析目的的不同，需要使用的图表类型也不相同，所以在使用图表之前，首先来了解图表的类型。

> 提问：你是一名电商数据分析师，精通统计学，请介绍图表的类型。

⑤ ChatGPT

作为一名电商数据分析师，选择适当的图表类型对于清晰地传达数据、发现模式和趋势至关重要。以下是一些常见的图表类型，以及它们在电商数据分析中的应用：

柱状图（Bar Chart）：用于比较不同类别的数据。在电商中，可以用柱状图比较不同产品的销售额、不同类别的订单数量等。

折线图（Line Chart）：用于显示数据随时间的变化趋势。在电商中，折线图可以展示销售额、访问量等随时间的变化趋势。

散点图（Scatter Plot）：用于显示两个变量之间的关系。在电商中，可以用散点图来探索产品价格和销售量之间的关系。

饼图（Pie Chart）：用于显示整体数据中各部分的比例。在电商中，饼图可以展示不同产品类别在总销售额中的占比。

面积图（Area Chart）：类似于折线图，但填充区域下方的面积可用于显示累积数据，例如总销售额的累积变化。

雷达图（Radar Chart）：用于比较多个变量的相对大小。在电商中，可以用雷达图展示产品在不同属性上的评分情况。

气泡图（Bubble Chart）：用于显示三个变量之间的关系，其中两个轴表示两个变量，气泡大小表示第三个变量的值。在电商中，可以用气泡图显示产品销售额与价格和库存之间的关系。

箱线图（Box Plot）：用于显示数据的分布情况，包括中位数、四分位数和离群值。在电商中，可以用箱线图展示产品销售额的分布情况。

瀑布图（Waterfall Chart）：用于显示逐步增加或减少的累积效果，例如收入和成本的变化。在电商中，可以用瀑布图展示销售额的变化过程。

热力图（Heatmap）：用于显示矩阵数据的相对强度。在电商中，可以用热力图显示产品销售量在不同时间和地区的分布。

这只是图表类型的一小部分，选择合适的图表取决于您要传达的信息和数据的性质。根据需要使用不同的图表类型，以确保数据可视化最能有效地支持分析和决策。

通过AI工具ChatGPT，我们了解了图表的常见类型，而实际上在【插入图表】对话框中，还有更多的图表类型可供选择，如图5-2所示。

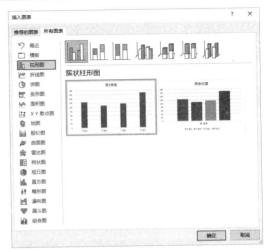

图5-2 【插入图表】对话框

5.1.2 创建基本图表分析一季度销售业绩

如果 Excel 中只有数据,看起来十分枯燥,而图表功能可以帮助用户迅速创建各种各样的商业图表。图表不仅能增强视觉效果,还能更直观、形象地展示表格中各个数据之间的复杂关系,更易于理解和交流。

1. 根据数据创建图表

无论是需要展示销售数据的趋势、呈现调查结果的比例,还是比较不同产品的销售额,Excel 都提供了丰富的图表选项来满足用户需求。将复杂的数据转化为直观的可视化图形,可以帮助分析者更好地理解数据、发现关键数据。

例如,要在"一季度销售业绩"工作簿中创建柱形图,操作方法如下。

第1步 ▶ 打开"素材文件\第5章\一季度销售业绩.xlsx",选择任意数据单元格,单击【插入】选项卡【图表】组中的【插入柱形图或条形图】下拉按钮 ,在弹出的下拉菜单中选择一种柱形图的样式,如图 5-3 所示。

第2步 ▶ 返回工作表中,即可查看到已经自动选取了数据区域,并按所选图表样式创建了图表,如图 5-4 所示。

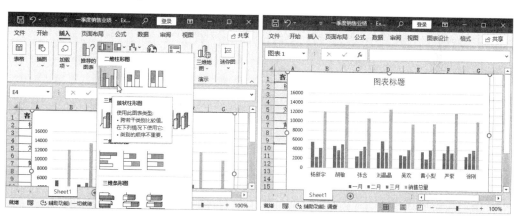

图 5-3 选择图表类型　　　　图 5-4 创建图表

温馨提示●
如果不知道选择哪种类型的图表,可以单击【插入】选项卡【图表】组中的【推荐的图表】按钮,在打开的【插入图表】对话框中,将推荐多个适合的图表类型,根据需要选择即可。

2. 更改已有图表的类型

创建之后才发现图表类型不合适，不能很好展现数据，就可以改变图表类型。要改变图表的类型并不需要重新插入图表，可以直接对已经创建的图表进行图表类型的更改。

例如，上一例中的柱形图包含一季度每个月的销量和总销量，全部使用柱形图不能较好地表现数据，可以将其更改为使用组合图，操作方法如下。

第1步 接上一例操作，选择图表，单击【图表设计】选项卡【类型】组中的【更改图表类型】按钮，如图5-5所示。

第2步 打开【更改图表类型】对话框，选择【组合图】选项，在【为您的数据系列选择图表类型和轴】列表中分别选择图表类型。本例保持一月、二月、三月的柱形图不变，将【销售总量】对应的【图表类型】设置为【折线图】。设置完成后，在预览中可以看到折线图高高在上，不易查看，如图5-6所示。

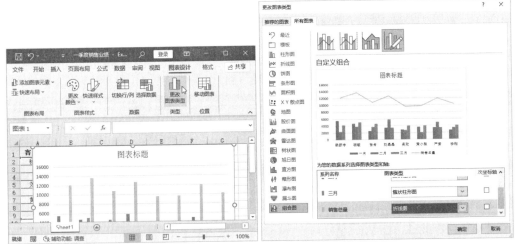

图5-5 单击【更改图表类型】按钮　　　　图5-6 选择图表样式

第3步 勾选【销售总量】右侧的【次坐标轴】复选框，单击【确定】按钮，如图5-7所示。

第4步 返回工作表中，即可查看到已经根据所选自定义图表样式创建了图表。一月、二月、三月的数据以柱形图显示，销售总量以折线图显示，并在右侧添加了次坐标轴显示销售总额的数据，如图5-8所示。

第5章
数据可视化分析：用图表与数据透视表分析电商数据

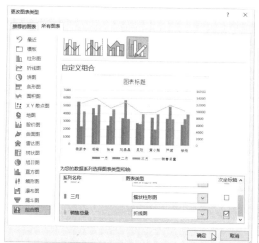

图 5-7　设置次坐标轴

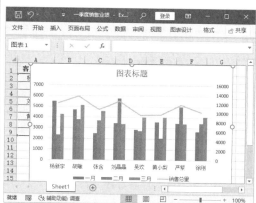

图 5-8　查看图表

3. 添加图表元素完善图表

创建图表后，为了让图表的表达更加清晰，可以添加图表元素。图表元素包括图标标题、数据标签、数据表、趋势线等，下面分别介绍添加方法。

第1步 ▶ 接上一例操作，选择图表，将鼠标光标移动到图表上，当鼠标光标变为 时，按住鼠标左键不放，将图表拖动到合适的位置，如图5-9所示。

第2步 ▶ 选中图表标题文本框中的标题文本，如图5-10所示。

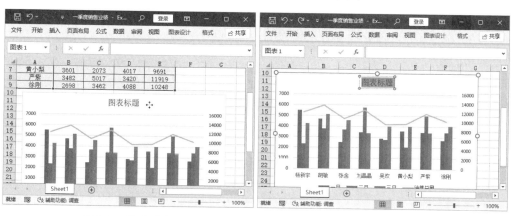

图 5-9　拖动图表　　　　　　　　　　　图 5-10　选择图表标题

第3步 ▶ 直接输入需要的标题，如图5-11所示。

第4步 ▶ 选中标题文本，在【开始】选项卡的【字体】组中设置文本样式，标题编辑完成后，单击图表的空白位置，如图5-12所示。

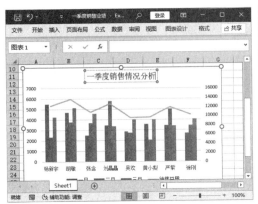

图5-11 输入标题文本

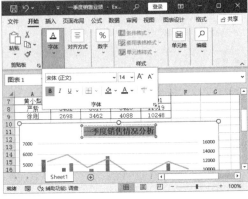

图5-12 设置标题文本样式

教您一招：删除标题

如果图表中不需要标题，可以选中标题文本框后按【Delete】键将其删除。

第5步 保持图表的选中状态，单击【图表设计】选项卡【图表布局】组中的【添加图表元素】下拉按钮，在弹出的下拉菜单中选择【趋势线】选项，然后在弹出的子菜单中单击【指数】命令，如图5-13所示。

第6步 打开【添加趋势线】对话框，在【添加基于系列的趋势线】列表中选择需要添加趋势线的系列，本例单击【三月】命令，完成后单击【确定】按钮，如图5-14所示。

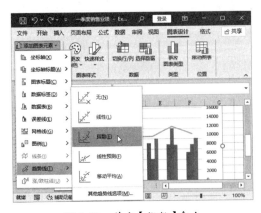

图5-13 单击【指数】命令

图5-14 单击【三月】命令

温馨提示

如果图表中只有一个数据系列，则不会打开【添加趋势线】对话框，而是直接添加趋势线。

第 5 章
数据可视化分析：用图表与数据透视表分析电商数据

第7步 保持图表的选中状态，单击【图表设计】选项卡【图表样式】组中的【更改颜色】下拉按钮，在弹出的下拉菜单中选择一种配色方案，如图5-15所示。

第8步 操作完成后，即可查看到图表的最终效果，如图5-16所示。

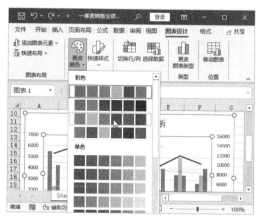

图 5-15 选择颜色

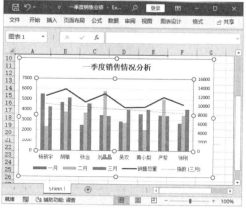

图 5-16 查看图表

> **温馨提示**
> 在实际工作中，并不需要为图表设置过多的元素，图表的作用在于分析数据，简单、大方的图表样式更有利于数据的展现。

5.1.3 创建比萨饼图分析淘宝女装占比

在制作图表时，可以将图形应用于图表中，使数据更加形象。例如，在"女装销售数据"工作簿中，已经使用销量统计表制作了饼图，如果要制作比萨饼图，操作方法如下。

第1步 打开"素材文件\第5章\女装销售数据.xlsx"工作簿，选中图表，在【格式】选项卡【当前所选内容】组中的【图表元素】下拉列表中单击【绘图区】命令，然后单击下方的【设置所选内容格式】命令，如图5-17所示。

第2步 打开【设置绘图区格式】窗格，在【填充】选项卡中选择【图片或纹理填充】单选项，单击【插入】按钮，如图5-18所示。

> **温馨提示**
> 在制作比萨饼图时需要注意，选择的素材图片必须是圆形，否则不能很好地匹配饼图。而在选择填充区域时，需要选择绘图区，而不是饼图的扇形区域。

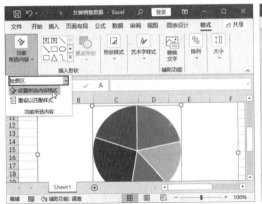

图5-17　单击【设置所选内容格式】命令　　　图5-18　选择【图片或纹理填充】单选项

第3步 打开【插入图片】对话框,单击【来自文件】命令,如图5-19所示。

第4步 打开【插入图片】对话框,选择"素材文件\第5章\比萨饼.png"图片,单击【插入】按钮,如图5-20所示。

图5-19　单击【来自文件】命令

图5-20　选择素材图片

第5步 选择饼图的扇形区域,在【设置数据系列格式】窗格的【填充】选项卡中选择【无填充】单选项,如图5-21所示。

第6步 此时,可以查看到原本的饼图已经被隐藏,但是比萨饼的图形跟扇形并没有很好地契合,需要进行调整,如图5-22所示。

第7步 选中绘图区域,在【设置绘图区格式】窗格的【填充与线条】选项卡中调整

图5-21　选择【无填充】单选项

【向左偏移】的百分比，直到图形和扇形边缘的线条重合，如图 5-23 所示。

图 5-22　查看饼图

图 5-23　调整【向左偏移】的百分比

第8步 使用相同的方法，对图形进行微调，以覆盖原本的扇形线条，如图 5-24 所示，调整完成后单击【关闭】按钮×，关闭【设置绘图区格式】窗格。

第9步 选中扇形，单击【格式】选项卡【形状样式】组中的【形状轮廓】下拉按钮，在弹出的下拉菜单中单击【白色，背景1】命令，如图 5-25 所示。

图 5-24　调整其他偏移百分比

图 5-25　设置扇形轮廓

第10步 选中图表，单击【图表设计】选项卡【图表布局】组中的【添加图表元素】下拉按钮，在弹出的下拉菜单中选择【数据标签】选项，在弹出的子菜单中单击【数据标签外】命令，如图 5-26 所示。

第11步 选中数据标签，右击鼠标，在弹出的快捷菜单中单击【设置数据标签格式】命令，如图 5-27 所示。

图 5-26 设置数据标签

图 5-27 单击【设置数据标签格式】命令

第12步● 打开【设置数据标签格式】窗格，在【标签选项】栏取消勾选【值】复选框，选择【类别名称】和【百分比】复选框，如图 5-28 所示。

第13步● 选中图表的标题和标签文本，在【开始】选项卡中设置文本样式。完成后效果如图 5-29 所示。

图 5-28 设置标签格式

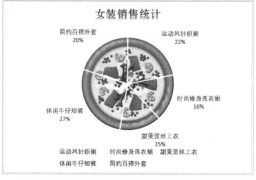

图 5-29 查看比萨饼图

5.1.4 处理销售数据图表中的亏损值

在制作含有负值的图表时，负数图形与坐标轴标签会重叠在一起，不易查看。而且因为正负数据都属于同一数据系列，如果将正负数据的系列设置为不同的颜色还不容易做到。这个时候，我们可以创建辅助列来制作图表，就可以完美解决图表中负值的问题。

例如，在"分店盈亏分析"工作簿中要对图表中的负值进行特殊处理，操作方法如下。

第1步● 打开"素材文件\第5章\分店盈亏分析.xlsx"，根据数据创建辅助数据，输入的数值正负与原始数据正好相反,如图5-30所示。

第2步 选中数据区域,单击【插入】选项卡【图表】组中的【插入柱形图和条形图】下拉按钮,在弹出的下拉菜单中单击【堆积柱形图】命令,如图5-31所示。

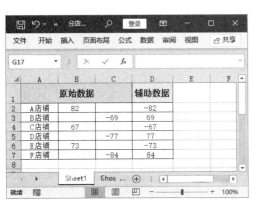

图5-30 创建辅助数据

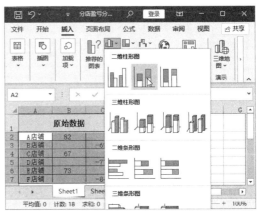

图5-31 单击【堆积柱形图】命令

第3步 选择横坐标轴,单击【图表设计】选项卡【图表布局】组中的【添加图表元素】下拉按钮,在弹出的下拉菜单中选择【坐标轴】选项,在弹出的子菜单中单击【更多轴选项】命令,如图5-32所示。

第4步 打开【设置坐标轴格式】窗格,在【坐标轴选项】选项卡中设置【标签位置】为【无】,如图5-33所示,单击【关闭】按钮 ✕。

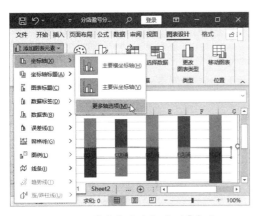

图5-32 单击【更多轴选项】命令

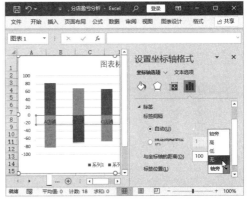

图5-33 设置【标签位置】

第5步 选中根据辅助列创建的图表,单击【图表设计】选项卡【图表布局】组的【添加图表元素】下拉按钮,在弹出的下拉菜单中选择【数据标签】选项,在弹出的子菜单中单击【轴内侧】命令，如图5-34所示。

第6步 选择数据标签，在数据标签上右击鼠标，在弹出的快捷菜单中单击【设置数据标签格式】命令，如图5-35所示。

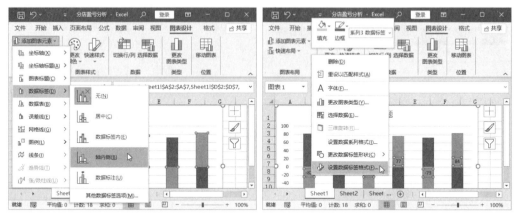

图5-34 设置数据标签　　　　　　图5-35 单击【设置数据标签格式】命令

第7步 打开【设置数据标签格式】窗格，在【标签】选项卡的【标签选项】组中勾选【类别名称】复选框，用以模拟分类坐标轴标签，然后取消勾选【值】复选框，如图5-36所示，单击【关闭】按钮✕。

第8步 选中辅助数据系列的图形，在【格式】选项卡【形状样式】组中的【形状填充】下拉按钮，在弹出的下拉菜单中单击【无填充】命令，如图5-37所示。

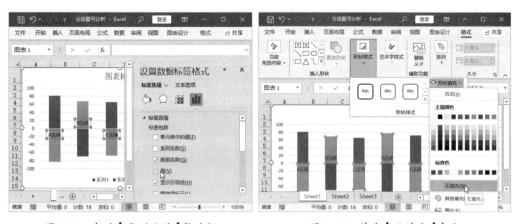

图5-36 勾选【类别名称】复选框　　　　图5-37 单击【无填充】命令

第9步 单击【格式】选项卡【形状样式】组中的【形状轮廓】下拉按钮，在弹出的下拉菜单中单击【无轮廓】命令，如图5-38所示。

第 5 章
数据可视化分析：用图表与数据透视表分析电商数据

第10步 分别选中正数和负数的图形，在【图表设计】选项卡的【图表布局】组中单击【添加图表元素】下拉按钮，在弹出的下拉菜单中选择【数据标签】选项，在弹出的扩展菜单中单击【数据标签内】命令，如图5-39所示。

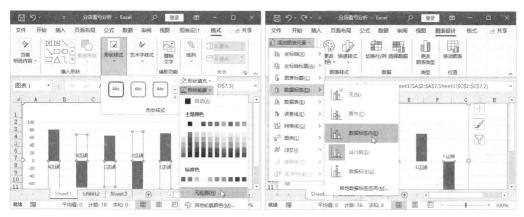

图5-38　单击【无轮廓】命令　　　　　图5-39　单击【数据标签内】命令

第11步 分别选中正数和负数的数据标签，在【开始】选项卡的【字体】组中设置数据标签的字体格式，如图5-40所示。

第12步 选中图表，单击【图表设计】选项卡【图表布局】组中的【添加图表元素】下拉按钮，在弹出的下拉菜单中选择【图例】选项，在弹出的子菜单中单击【无】命令，如图5-41所示。

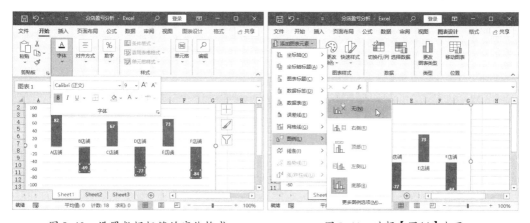

图5-40　设置数据标签的字体格式　　　图5-41　选择【图例】选项

第13步 单击【图表设计】选项卡【图表布局】组中的【添加图表元素】下拉按钮，在弹出的下拉菜单中选择【图表标题】选项，在弹出的子菜单中单击【无】命令，如图5-42所示。

第14步 单击【插入】选项卡【插图】组中的【形状】下拉按钮,在弹出的下拉菜单中选择【直线】工具╲,如图5-43所示。

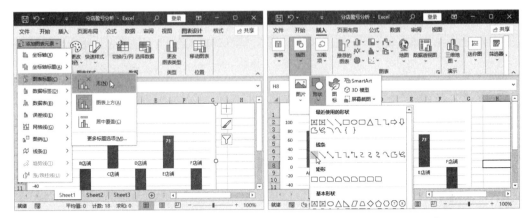

图5-42 选择【图表标题】选项　　　　　　图5-43 选择【直线】工具

第15步 按住【Shift】键不放,在0坐标轴的网格线上绘制一条水平的直线,如图5-44所示。

第16步 选择绘制的直线,单击【形状格式】选项卡【形状样式】组中的【形状轮廓】下拉按钮,在弹出的下拉菜单中选择【粗细】选项,在弹出的子菜单中单击【1磅】命令,如图5-45所示。

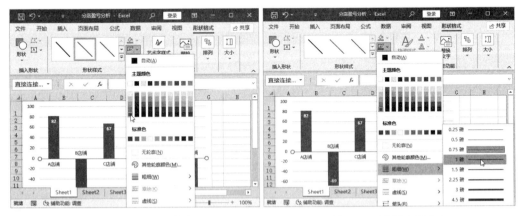

图5-44 绘制水平直线　　　　　　图5-45 设置直线粗细

第17步 单击【图表设计】选项卡【图表布局】组中的【添加图表元素】下拉按钮,在弹出的下拉菜单中选择【网格线】选项,在弹出的子菜单中单击【更多网格线】命令,如图5-46所示。

第 5 章
数据可视化分析：用图表与数据透视表分析电商数据

第18步 打开【设置主要网络线格式】窗格，在【线条】栏选择【无线条】单选项，如图5-47所示，单击【关闭】按钮×。

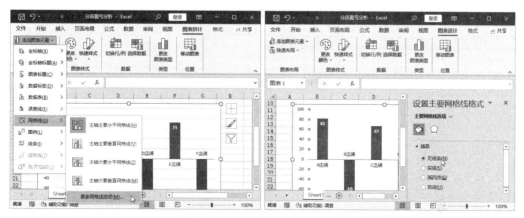

图5-46 单击【更多网格线】命令　　　图5-47 选择【无线条】单选项

第19步 操作完成后，即可查看设置后的效果，如图5-48所示。

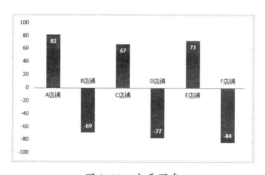

图5-48 查看图表

5.1.5 制作金字塔分布图分析男女购物比例

金字塔分布图是条形图的变形，是将纵坐标轴放置于图表的中间位置，而两个系列分别位于坐标轴的两侧，使图形更具感染力。

例如，在"男女购买方式调查"工作簿中，如果要用金字塔分布图来展现数据，并将图表的系列更换为小图标，操作方法如下。

第1步 打开"素材文件\第5章\男女购买方式调查.xlsx"，在工作表的空白单元格中输入"-1"，然后按【Ctrl+C】组合键复制该单元格，选择C2:C8单元格区域，单击【开始】选项卡【剪贴板】组中的【粘贴】下拉按钮，在弹出的下拉菜单中单击【选择性粘贴】

167

命令，如图5-49所示。

第2步 打开【选择性粘贴】对话框，选择【运算】组中的【乘】单选项，单击【确定】按钮，如图5-50所示。

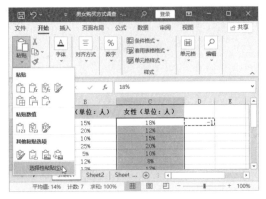 

图5-49 单击【选择性粘贴】命令　　　　　图5-50 选择【乘】单选项

第3步 因为进行了运算，C2:C8单元格区域中的格式发生了变化，需要重新设置格式。选择B2单元格，单击【开始】选项卡中的【格式刷】按钮，如图5-51所示。

第4步 当鼠标光标变为刷子的形状时，在C2:C8单元格区域拖动鼠标，将格式复制到该单元格区域，如图5-52所示。

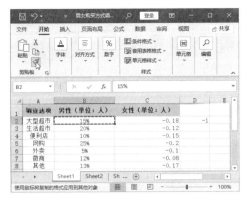 

图5-51 单击【格式刷】按钮　　　　　图5-52 复制格式

第5步 选中A1:C8单元格区域，单击【插入】选项卡中的【插入柱形图和条形图】下拉按钮，在弹出的下拉菜单中单击【堆积条形图】命令，如图5-53所示。

第6步 即可在工作表中插入一个堆积条形图，根据需要设置图表的标题样式，如图5-54所示。

168

第 5 章
数据可视化分析：用图表与数据透视表分析电商数据

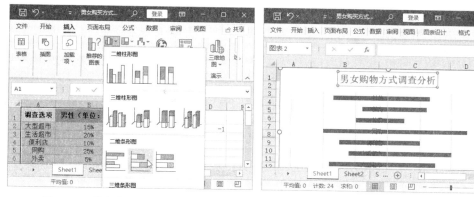

图 5-53　单击【堆积条形图】命令　　　　图 5-54　设置图表的标题

第7步 ▶ 右击图表中的纵坐标轴，在弹出的快捷菜单中单击【设置坐标轴格式】命令，如图 5-55 所示。

第8步 ▶ 打开【设置坐标轴格式】窗格，在【坐标轴】选项卡的【标签】栏中设置【标签位置】为【高】，如图 5-56 所示。

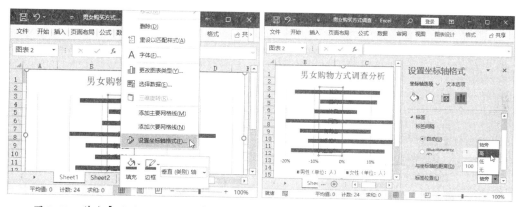

图 5-55　单击【设置坐标轴格式】命令　　　　图 5-56　设置标签位置

第9步 ▶ 选中任意数据系列，将切换到【设置数据系列格式】的【属性】窗格，在【系列】选项卡中设置【间隙宽度】为【80%】，如图 5-57 所示。

第10步 ▶ 因为制作表格时，将其中的一个数据系列设置成了负数，此时需要调整坐标轴的数字格式，去掉负号。选择横坐标轴，将切换到【设置坐标轴格式】窗格，在【坐标轴】选项卡的【格式代码】文本框中输入代码"#0.##0%;#0.##0%"，单击【添加】按钮，如图 5-58 所示，完成后单击【关闭】按钮 ✕，关闭【设置坐标轴格式】窗格。

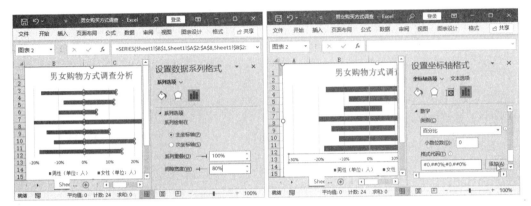

图5-57　设置分类间距　　　　　　图5-58　输入代码

第11步 选择任意空白单元格，单击【插入】选项卡【插图】组中的【图标】按钮，如图5-59所示。

第12步 打开【图像集】对话框，选择一种"男性"数据图标，然后单击【插入】按钮，如图5-60所示。

图5-59　单击【图标】按钮　　　　　　图5-60　选择图标

第13步 关闭【图像集】对话框，选择插入的图标，单击【图形格式】选项卡【图形样式】组中的【图形填充】下拉按钮，在弹出的下拉菜单中选择一种填充颜色，如图5-61所示。

第14步 保持图标的选中状态，单击【开始】选项卡【剪贴板】组中的【复制】按钮，如图5-62所示。

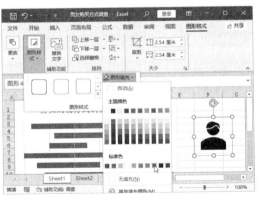

图5-61　设置图标填充颜色

第5章 数据可视化分析：用图表与数据透视表分析电商数据

第15步 选中右侧的数据系列，右击鼠标，在弹出的快捷菜单中单击【设置数据系列格式】命令，如图5-63所示。

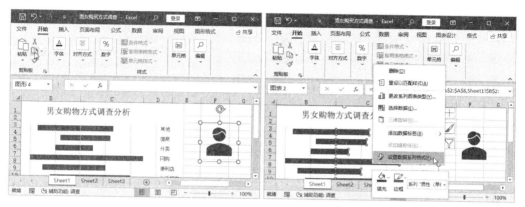

图5-62 复制图标　　　　　　　　　图5-63 单击【设置数据系列格式】命令

第16步 打开【设置数据系列格式】窗格，在【填充与线条】选项卡中选择【填充】组中的【图片或纹理填充】单选项，在【图片源】组中单击【剪贴板】按钮，如图5-64所示。

第17步 在下方的菜单中选择【层叠】单选项，如图5-65所示。

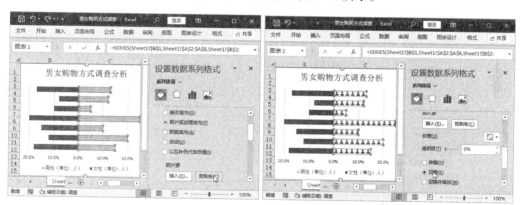

图5-64 单击【剪贴板】按钮　　　　图5-65 选择【层叠】单选项

第18步 使用相同的方法设置"女性"的数据系列，如图5-66所示。

第19步 选中纵坐标轴，右击鼠标，在弹出的快捷菜单中单击【设置坐标轴格式】命令，如图5-67所示。

171

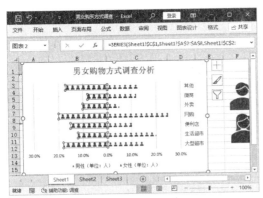
图 5-66 设置其他数据系列

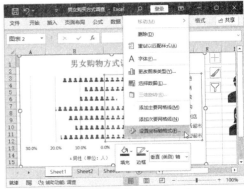
图 5-67 单击【设置坐标轴格式】命令

第20步 ▶ 打开【设置坐标轴格式】窗格,在【填充与线条】选项卡的【线条】组中单击【颜色】下拉按钮,在弹出的下拉列表中选择一种合适的颜色,如图 5-68 所示。

第21步 ▶ 使用相同的方法为横坐标轴设置线条样式。完成后效果如图 5-69 所示。

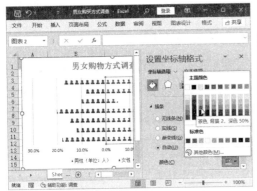
图 5-68 设置坐标轴颜色

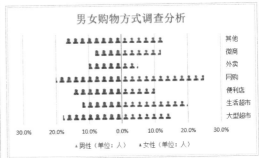
图 5-69 查看图表

5.1.6 使用迷你图展现销售数据

迷你图通常由小型的线图、柱状图或面积图组成,它以精简的样式和紧凑的布局呈现数据,使用户能够在有限的空间内快速识别关键数据趋势。

创建迷你图表的方法非常简单,只需选择要创建为图表的数据区域,然后选择需要的图表样式即可。在选择数据区域时,用户根据需要可以选择整个数据区域,也可以选择部分数据区域。

例如,要在"一季度销售业绩"工作簿中创建折线迷你图,操作方法如下。

第 5 章
数据可视化分析：用图表与数据透视表分析电商数据

第1步 打开"素材文件\第5章\一季度销售业绩.xlsx"工作簿，选中F2单元格，单击【插入】选项卡【迷你图】组中【折线】按钮，如图5-70所示。

第2步 打开【创建迷你图】对话框，【位置范围】已经选择了F2单元格，单击【数据范围】右侧的 ⬆ 按钮，如图5-71所示。

图5-70 单击【折线】按钮

图5-71 设置数据范围

第3步 在工作表中选择B2:D2单元格区域，单击【创建迷你图】对话框中的 按钮，如图5-72所示。

第4步 返回【创建迷你图】对话框，直接单击【确定】按钮，如图5-73所示。

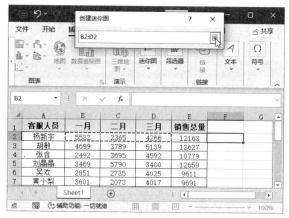

图5-72 选择数据区域

图5-73 单击【确定】按钮

第5步 返回工作表，即可查看到F2单元格中已经成功创建了迷你图，使用填充功能向下方填充迷你图，如图5-74所示。

173

第6步 如果要更改迷你图的类型，可以选择任意迷你图，单击【迷你图】选项卡【类型】组中【柱形】按钮，如图5-75所示。

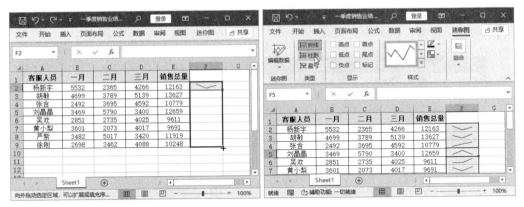

图5-74 查看迷你图　　　　　　图5-75 创建其他迷你图

> **教您一招：组合与取消组合迷你图**
>
> 通过填充得到的迷你图，将自动组合为迷你图组。如果要取消组合，可以选中迷你图组中的任意迷你图所在单元格，然后单击【迷你图】选项卡【组合】组中的【取消组合】按钮即可。如果要创建单个的迷你图，可以按上面的步骤单独创建。如果要将单个的迷你图组合为迷你图组，可以选中要组合的迷你图，然后单击【迷你图】选项卡【组合】组中的【组合】按钮即可。

第7步 如果要重点显示迷你图的高点和低点，可以选择任意迷你图，勾选【迷你图】选项卡【显示】组中的【高点】和【低点】复选框，如图5-76所示。

第8步 操作完成后，即可查看到迷你图的最终效果，如图5-77所示。

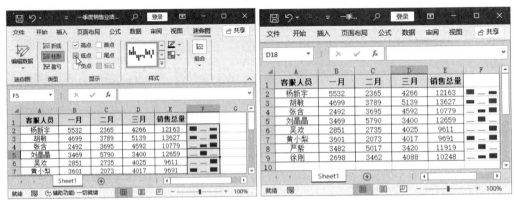

图5-76 勾选【高点】和【低点】复选框　　　　图5-77 查看迷你图

5.2 创建数据透视表汇总销量数据

数据透视表和数据透视图是 Excel 中具有强度大分析功能的工具。面对含有大量数据的表格，利用数据透视表可以更直观地查看数据，并对数据进行对比和分析。

5.2.1 认识数据透视表

数据透视表是 Excel 中强大的数据处理分析工具，通过数据透视表，用户可以快速分类汇总、筛选、比较海量数据。

如果把 Excel 中的海量数据看作一个数据库，那么数据透视表就是根据数据库生成的动态汇总报表，这个报表可以存放于当前工作表中，也可以存放在外部的数据文件中。

在工作中，如果遇到含有大量数据、结构复杂的工作表，可以使用数据透视表快速整理出需要的报表。在为工作表创建数据透视表之后，用户就可以插入专门的公式执行新的计算，从而快速制作出一份需要的数据报告。

虽然我们也可以通过其他方法制作出相同的数据报告，但如果使用数据透视表，用户只需要拖动字段，就可以轻松改变报表的布局结构，从而创建出多份具有不同意义的报表。如果有需要，还可以为数据透视表快速应用一些样式，使报表更加赏心悦目。数据透视表最大的优点在于，只需要通过鼠标操作就可以统计数据，从而避开公式和函数的使用，避免出现不必要的错误。

如果仅凭文字还不能理解数据透视表带来的便利，那么通过一个例子，相信读者就能了解数据透视表的神奇之处。例如，在"公司销售业绩"工作表中计算出每一个城市的总销售额。首先，使用公式和函数来计算，操作方法如下。

第1步 选中 J2 单元格，在编辑栏输入数组公式 {=LOOKUP(2,1/((B$2:B$61<>"")*NOT(COUNTIF(J$1:J1,B$2:B$61))),B$2:B$61)}，提取不重复的城市名称。使用填充柄向下复制公式，直到出现单元格错误提示，如图 5-78 所示。

第2步 选中 K2 单元格，在编辑栏中输入数组公式 {=SUM(IF($B:$B=J2,$H:$H))}，使用填充柄向下复制公式，即可计算出公

图 5-78　使用公式统计城市

司在各城市的总销售额，如图5-79所示。

但是，如果使用数据透视表计算，只需要先创建数据透视表，然后根据需要进行字段勾选。本例勾选【所在城市】和【销售额】字段，即可快速统计出公司在各城市的总销售额，如图5-80所示。

图5-79　使用公式统计销售额　　　　图5-80　使用数据透视表统计销售额

从以上例子可以看出，复杂的公式和函数并不是所有人都能快速掌握的技能，而使用数据透视表可以简单地进行统计计算。所以，在数据分析领域，数据透视表的地位毋庸置疑，在数据分析时，好好地利用数据透视表，一定可以让你事半功倍。

5.2.2 创建手机销售流量汇总数据透视表

数据透视表是从Excel的数据库中产生的一个动态汇总表格，它具有强大的透视和筛选功能，在分析数据信息时经常使用。下面介绍创建数据透视表、重命名字段、更改数据透视表的数据源及美化数据透视表的操作。

1. 使用数据源创建数据透视表

利用数据透视表可以深入分析数据并了解一些预计不到的数据问题，使用数据透视表之前，首先要创建数据透视表，然后再对其进行设置。要创建数据透视表，需要连接到一个数据源，并输入报表位置。

例如，要在"手机销售明细"工作簿中创建数据透视表，操作方法如下。

第1步 ▶ 打开"素材文件\第5章\手机销售明细.xlsx"，将鼠标光标定位到数据区域的任意单元格，单击【插入】选项卡中的【数据透视表】命令，如图5-81所示。

第2步 ▶ 在打开的【创建数据透视表】对话框中，在【请选择要分析的数据】区域中已经

第 5 章
数据可视化分析：用图表与数据透视表分析电商数据

自动选择所有数据区域，直接单击【确定】按钮，如图5-82所示。

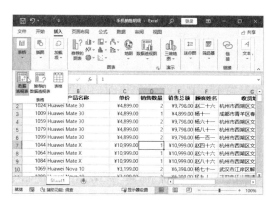

图 5-81　单击【数据透视表】命令

图 5-82　单击【确定】按钮

> **教您一招：在现有工作表中创建透视表**
>
> 　　如果要将创建的数据透视表放置在现有工作表中，可以在【创建数据透视表】对话框的【选择放置数据透视表的位置】栏选择【现有工作表】单选项，并在下方的【位置】文本框中选择数据透视表的放置位置，即可在现有工作表中创建数据透视表。

第3步 新建一个工作表，在新工作表中创建一个空白数据透视表，并打开【数据透视表字段】窗格，如图5-83所示。

第4步 在【数据透视表字段】窗格的【将字段拖动至数据透视表区域】列表框中勾选相应字段对应的复选框，即可创建出带有数据的数据透视表，如图5-84所示。

图 5-83　创建数据透视表　　　　　　图 5-84　勾选相应字段对应的复选框

177

> **教您一招：打开【数据透视表】窗格**
>
> 如果【数据透视表】窗格没有自动打开，可以在选中数据透视表中的任意数据单元格之后，单击【数据透视分析】选项卡中的【字段列表】按钮，打开【数据透视表】窗格。

2. 重命名数据透视表字段

当用户向数据区域添加字段后，系统都会将其重命名，比如"销售数量"会重命名为"求和项：销售数量"，这样就会加大字段所在列的列宽，影响表格的整洁和美观，此时可以重命名字段，操作方法如下。

第1步 接上一例操作，单击数据透视表的列标题单元格，如"求和项：销售数量"，在编辑栏输入"数量"，如图5-85所示。

第2步 按【Enter】键即可更改列标题，然后使用相同的方法更改其他列标题即可，如图5-86所示。

图 5-85　输入列标题　　　　　　图 5-86　更改其他列标题

> **温馨提示**
>
> 数据透视表中每个字段的名称必须唯一，Excel不接受任意两个字段具有相同的名称，即创建的数据透视表的各个字段的名称不能相同。创建的数据透视表的字段名称与数据源表头的名称也不能相同，否则会出现错误提示。

3. 美化数据透视表

美观的数据透视表可以给人耳目一新的感觉，也能让人更愿意仔细查看数据透视表中的数据。Excel内置了多种数据透视表样式，使用内置的样式可以轻松让数据透视表变个样。

例如，要在"手机销售明细"工作簿中使用内置数据透视表样式，操作方法如下。

第 5 章
数据可视化分析：用图表与数据透视表分析电商数据

第1步 ▶ 打开"素材文件\第5章\手机销售明细.xlsx"，选中数据透视表中的任意单元格，单击【设计】选项卡【数据透视表样式】组中的▽按钮，如图5-87所示。

第2步 ▶ 在打开的【数据透视表样式】下拉列表中选择一种需要应用的样式，如图5-88所示。

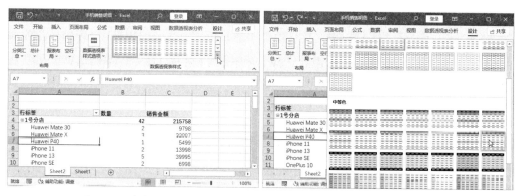

图 5-87　单击▽按钮　　　　　　　　图 5-88　选择样式

第3步 ▶ 勾选【设计】选项卡【数据透视表样式】组中的【镶边行】复选框，如图5-89所示。

第4步 ▶ 操作完成后，即可查看到应用了内置数据透视表样式的效果，如图5-90所示。

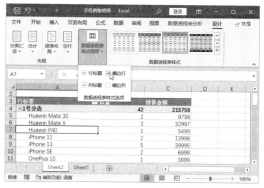 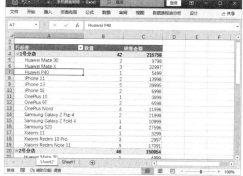

图 5-89　勾选【镶边行】复选框　　　　图 5-90　查看效果

5.2.3　在数据透视表中分析数据

在Excel中，分析数据透视表和普通的数据列表的方法十分相似，而排序和筛选的规则完全相同。下面介绍如何在数据透视表中使用排序和筛选来分析数据。

1. 在数据透视表中排序数据

如果要进行自动排序，主要方法有通过字段下拉列表自动排序、通过功能区按钮自动排序和通过快捷菜单自动排序。下面以通过快捷菜单自动排序为例，介绍在数据透视表中排序数据的方法。

例如，要在"手机销售明细1"工作簿中，为"数量"字段排序，操作方法如下。

第1步 打开"素材文件\第5章\手机销售明细1.xlsx"，右击"数量"字段的任意数据单元格，在弹出的快捷菜单根据需要选择【升序】或【降序】命令，本例选择【升序】，如图5-91所示。

第2步 操作完成后，该字段将按升序排列，如图5-92所示。

图5-91　单击【升序】命令

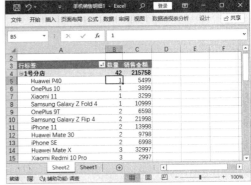

图5-92　查看排序

> **温馨提示**
> 排序后，如果选择的是升序排序，行标签字段右侧的下拉按钮▼将变为形状↑；如果选择的是降序排序，下拉按钮▼将变为形状↓。

2. 在数据透视表中筛选数据

在数据透视表中可以方便地对数据进行筛选。在筛选数据时，如果是对数据透视表进行整体筛选，可以使用字段下拉列表筛选。

如果要筛选开头是、开头不是、等于、不等于、结尾是、结尾不是、包含、不包含等为条件的数据，可以使用标签筛选。

如果要找出最大的几项、最小的几项、等于多少、不等于多少、大于多少、小于多少等数据，可以使用【值筛选】来查找。

（1）使用字段下拉列表筛选数据。例如，要在"手机销售明细1"工作簿中筛选"3号

第 5 章
数据可视化分析：用图表与数据透视表分析电商数据

分店"和"4号分店""Huawei"手机的销售情况，操作方法如下。

第1步 打开"素材文件\第5章\手机销售明细1.xlsx"，选中任意分店的数据单元格，如A4单元格，单击【行标签】右侧的下拉按钮，在打开的下拉菜单中取消勾选【（全选）】复选框，然后勾选【3号分店】和【4号分店】复选框，单击【确定】按钮，如图5-93所示。

第2步 返回数据透视表，即可看到【行标签】右侧的下拉按钮变为形状，数据透视表中筛选出了"3号分店"和"4号分店"的销售数据，如图5-94所示。

图 5-93 勾选要筛选的复选框

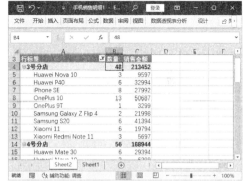

图 5-94 查看筛选数据

第3步 选中任意产品型号单元格，如A7单元格，单击行标题右侧的下拉按钮，在打开的下拉菜单中取消勾选【（全选）】复选框，然后勾选包括"Huawei"的复选框，单击【确定】按钮，如图5-95所示。

第4步 返回数据透视表，数据透视表中筛选出了"3号分店"和"4号分店""Huawei"手机的销售数据，如图5-96所示。

图 5-95 勾选要筛选的复选框

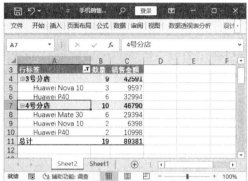

图 5-96 查看筛选结果

181

（2）使用字段【标签筛选】筛选数据。例如，要筛选出开头是"X"的产品销售数据，操作方法如下。

第1步 打开"素材文件\第5章\手机销售明细1.xlsx"，单击【行标签】右侧的下拉按钮，在打开的下拉菜单中选择【标签筛选】选项，在打开的子菜单中单击【开头是】命令，如图5-97所示。

第2步 打开【标签筛选（产品名称）】对话框，设置【显示的项目的标签】为【开头是】【X】，单击【确定】按钮，如图5-98所示。

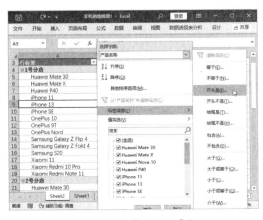

图5-97 单击【开头是】命令

图5-98 设置筛选参数

第3步 返回数据透视表，即可查看到开头是"X"的销售数据已经筛选出来，如图5-99所示。

（3）使用【值筛选】筛选数据。例如，要筛选出销售金额大于"200,000"的记录，操作方法如下。

第1步 打开"素材文件\第5章\手机销售明细1.xlsx"，单击【行标签】右侧的下拉按钮，在打开的下拉菜单中选择【值筛选】选项，在弹出的子菜单中单击【大于】命令，如图5-100所示。

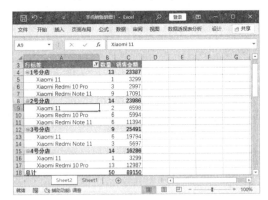

图5-99 查看筛选结果

第2步 打开【值筛选（分店名称）】对话框，设置【显示符合以下条件的项目】为【销售金额】【大于】【200000】，单击【确定】按钮，如图5-101所示。

第 5 章
数据可视化分析：用图表与数据透视表分析电商数据

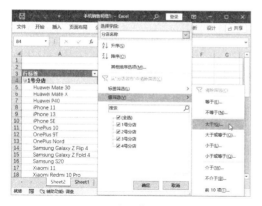

图 5-100　单击【大于】命令

图 5-101　设置筛选参数

第3步 ▶ 返回数据透视表，即可查看到销售金额大于 200,000 的记录已经筛选出来，如图 5-102 所示。

3. 设置数据透视表的值汇总方式

在数据透视表中，求和是最常用的汇总方式，所以在汇总时，值显示方式默认为求和。但是，因为数据不同，分析的目的也不同，此时，可以设定其他的汇总方式，如平均值、最大值、最小值、乘积等。

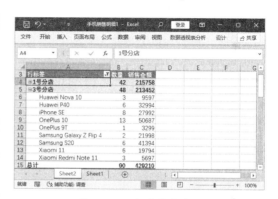

图 5-102　查看筛选结果

例如，要将"手机销售明细1"工作簿中"销售总额"的值汇总依据设置为平均值，操作方法如下。

第1步 ▶ 打开"素材文件\第5章\手机销售明细1.xlsx"，打开【数据透视表字段】窗格，单击要设置的值字段右侧的下拉按钮 ，如【总销售额】字段，在打开的下拉菜单中选择【值字段设置】命令，如图 5-103 所示。

第2步 ▶ 打开【值字段设置】对话框，在【值字段汇总方式】选项卡的列表框中选择一种汇总方式，如【平均值】，单击【确

图 5-103　选择【值字段设置】命令

183

定】按钮，如图5-104所示。

第3步 ▶ 返回工作表，即可查看到汇总方式已经更改为平均值，如图5-105所示。

图5-104　选择汇总方式

图5-105　查看汇总

5.2.4　创建数据透视图查看地区销量

数据透视图是数据透视表的图形表达方式，其图表类型与一般图表类型类似，主要有柱形图、条形图、折线图、饼图、面积图、股价图等。下面将介绍创建数据透视图、分析数据透视图等操作。

1. 创建数据透视图

如果没有为表格创建数据透视表，就可以使用数据源表直接创建数据透视图。在创建数据透视图时，系统还会同时创建数据透视表，一举两得，操作方法如下。

第1步 ▶ 打开"素材文件\第5章\产品销售管理明细.xlsx"，在【产品销售统计表】工作表选中数据源表中的任意单元格，单击【插入】选项卡【图表】组中的【数据透视图】按钮，如图5-106所示。

第2步 ▶ 打开【创建数据透视图】对话框，保持默认设置，单击【确定】按钮，如图5-107所示。

第3步 ▶ 返回工作表，即可查看到创建了一个空白的数据透视图及空白的数据透视表，如图5-108所示。

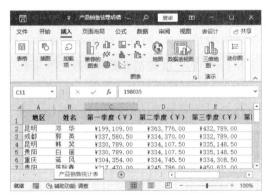

图5-106　选择【数据透视图】按钮

第 5 章
数据可视化分析：用图表与数据透视表分析电商数据

图 5-107 单击【确定】按钮

图 5-108 查看空白数据透视图和数据透视表

第4步 在【数据透视图字段】窗格中勾选相应字段，单击【确定】按钮，如图 5-109 所示。

第5步 操作完后，即可创建出相应的数据透视表和数据透视图，如图 5-110 所示。

图 5-109 勾选相应字段

图 5-110 查看数据透视表和数据透视图

> **温馨提示**
> 如果已经创建了数据透视表，在创建数据透视图时，会打开【插入图表】对话框，选择需要的图表后创建数据透视图。数据透视图创建完成后，也可以单击【设计】选项卡【类型】组中的【更改图表类型】命令，更改图表的类型。

2. 在数据透视图中筛选数据

当数据透视图中数据较多时，查看起来比较困难，此时可以使用筛选功能筛选数据，操作方法如下。

第1步 接上一例操作，单击【地区】下拉按钮，在弹出的下拉菜单中取消勾选【(全选)】

复选框,然后勾选要筛选的字段,单击【确定】按钮,如图5-111所示。

第2步 操作完成后,即可查看筛选结果,如图5-112所示。

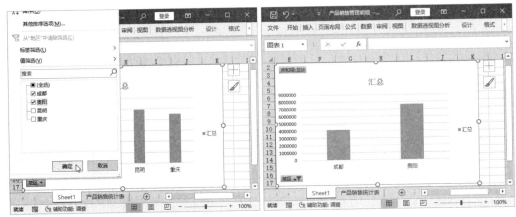

图5-111　勾选要筛选的字段　　　　　图5-112　查看筛选结果

5.2.5 创建切片器查看各平台销量情况

切片器是一种图形化的筛选方式,它可以为数据透视表中的每个字段创建一个选取器,浮动显示在数据透视表之上。

如果要筛选某一个数据,在选取器中单击某个字段项就可以了,可以十分直观地查看数据透视表中的信息。

1. 插入切片器

例如,要在"各电商平台销售数据"工作簿的数据透视表中插入切片器,操作方法如下。

第1步 打开"素材文件\第5章\各电商平台销售数据.xlsx",选中数据透视表中任意单元格,在【筛选】选项卡中单击【插入切片器】按钮,如图5-113所示。

图5-113　单击【插入切片器】按钮

第2步 打开【插入切片器】对话框,勾选需要的字段名复选框,单击【确定】按钮,如图5-114所示。

第3步 返回工作表,即可查看到已经插入了切片器,如图5-115所示。

第 5 章
数据可视化分析：用图表与数据透视表分析电商数据

图 5-114　勾选字段名

图 5-115　查看切片器

2. 使用切片器分析数据

在数据透视表中插入切片器后，要对字段进行筛选，只需在相应的切片器筛选框内选择需要查看的字段项即可。筛选后，未被选择的字段项将显示为灰色，同时该筛选框右上角的【清除筛选器】按钮呈可单击状态。

例如，要筛选"商品A"在"淘宝"的销售情况，操作方法如下。

第1步 接上一例操作，在【产品名称】切片器筛选框中单击【商品A】，其他切片器中将筛选出商品A的销售情况，如图5-116所示。

第2步 再在【平台】切片器筛选框中单击【淘宝】，即可筛选出"商品A"在"淘宝"的销售情况，如图5-117所示。

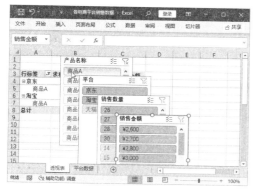

图 5-116　单击【商品A】选项

图 5-117　查看筛选结果

3. 清除筛选器

在切片器中筛选数据后，如果需要清除筛选结果，方法主要有以下几种。

（1）选中要清除筛选的切片器筛选框，按【Alt+C】组合键，可以清除筛选器。

（2）单击相应筛选框右上角的【清除筛选器】按钮 ，如图5-118所示。

（3）使用鼠标右击相应的切片器，在弹出的快捷菜单中单击【从"（销售金额）"中清除筛选器】命令（引号中内容为具体切片器名称），如图5-119所示。

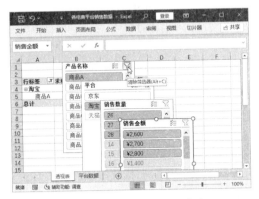

图5-118　通过功能按钮清除　　　　　　图5-119　通过快捷菜单清除

4. 美化切片器

创建切片器之后，也可以对切片器进行美化，而使用内置样式是最简便的方法之一，操作方法如下。

第1步 接上一例操作，按住【Ctrl】键选中所有切片器，在【切片器】选项卡中选择一种切片器样式，如图5-120所示。

第2步 操作完成后，即可为切片器应用内置样式，如图5-121所示。

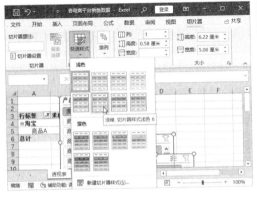 

图5-120　选择切片器样式　　　　　　图5-121　查看切片器

5.3　AI工具高效技能点拨

通过前面知识的学习，相信读者朋友已经掌握了使用数据透视图和数据透视表分析数据的相关操作。下面结合本章内容，使用AI工具分析数据，通过不同的方式创建图表和数据透视表。

01　用AI工具ChatGPT绘制销售走势折线图

在创建图表时，不仅可以通过经验手动创建，也可以在AI工具中描述需求，让AI工具帮助我们选择合适的图表。

> **提问：** 你是一名电商数据分析师，具有专业的数据分析技能和丰富的行业经验，你擅长运用各种数据分析工具和技术。下方是冬季服装销售数据，需要根据产品、季度销售和总销量的数据制作一个组合图表，分析销售走势，请以Excel的VBA代码格式呈现。
>
> | 产品 | 尺码 | 颜色 | 1季度 | 2季度 | 3季度 | 4季度 | 总销量 |
> | --- | --- | --- | --- | --- | --- | --- | --- |
> | 羽绒服 | L | 蓝色 | 120 | 150 | 130 | 110 | 510 |
> | 运动裤 | M | 红色 | 80 | 90 | 100 | 85 | 355 |
> | 棉衣 | XL | 黑色 | 200 | 220 | 210 | 180 | 810 |
> | 保暖内衣 | S | 白色 | 150 | 130 | 120 | 100 | 500 |
> | 厚羊毛袜 | L | 灰色 | 100 | 110 | 120 | 95 | 425 |
> | 毛线衫 | M | 绿色 | 180 | 160 | 200 | 170 | 710 |
> | 保暖雪地靴 | XL | 蓝色 | 50 | 60 | 70 | 55 | 235 |
> | 羊毛大衣 | S | 黑色 | 220 | 240 | 260 | 230 | 950 |
> | 保暖裤 | L | 蓝色 | 130 | 150 | 140 | 120 | 540 |
> | 运动套装 | M | 粉色 | 70 | 80 | 60 | 50 | 260 |
> | 毛呢外套 | XL | 黑色 | 180 | 200 | 190 | 160 | 730 |
> | 抓绒衬衫 | M | 灰色 | 120 | 140 | 130 | 110 | 500 |
> | 羊毛围巾 | L | 红色 | 90 | 100 | 110 | 95 | 395 |

ChatGPT

以下是一段简单的Excel VBA代码，用于创建组合图表并分析冬季服装销售走势：

```
Sub CreateSalesTrendChart()
    ' 声明变量
    Dim ws As Worksheet
    Dim chartObj As ChartObject
```

```vba
    Dim rngData As Range
    Dim lastRow As Long
    ' 设置工作表
    Set ws = ThisWorkbook.Sheets("Sheet1") ' 更改为你的工作表名称
    ' 查找数据范围的最后一行
    lastRow = ws.Cells(ws.Rows.Count, "A").End(xlUp).Row
    ' 设置数据范围
    Set rngData = ws.Range("A1:G" & lastRow)
    ' 创建组合图表
    Set chartObj = ws.ChartObjects.Add(Left:=100, Width:=375, Top:=75, Height:=225)
    chartObj.Chart.SetSourceData Source:=rngData
    ' 设置图表类型
    With chartObj.Chart
        .ChartType = xlColumnClustered
        .HasTitle = True
        .ChartTitle.Text = "冬季服装销售走势"
    End With
    ' 添加总销量折线图
    With chartObj.Chart.SeriesCollection.NewSeries
        .Values = rngData.Columns(7) ' 总销量列
        .Name = "总销量"
        .ChartType = xlLine
    End With
    ' 调整图表布局
    chartObj.Chart.Axes(xlCategory, xlPrimary).HasTitle = True
    chartObj.Chart.Axes(xlCategory, xlPrimary).AxisTitle.Text = "产品"

    chartObj.Chart.Axes(xlValue, xlPrimary).HasTitle = True
    chartObj.Chart.Axes(xlValue, xlPrimary).AxisTitle.Text = "销售数量"
    ' 显示图例
    chartObj.Chart.HasLegend = True
    chartObj.Chart.Legend.Position = xlLegendPositionBottom
End Sub
```

请注意，此代码假定你的数据位于名为"Sheet1"的工作表上。如果实际情况不同，请将代码中的"Sheet1"更改为实际使用的工作表名称。此代码创建一个组合图表，其中包含每个产品的季度销售柱形图和总销量折线图。你可以通过运行此代码来查看销售趋势并进行必要的分析。

第 5 章
数据可视化分析：用图表与数据透视表分析电商数据

根据以上回答，我们可以开始在 Excel 中创建图表，操作方法如下。

第1步 打开"素材文件\第5章\冬季服装销售.xlsx"工作簿，按【Alt+F11】组合键打开 VBA 窗口，单击【插入】下拉按钮，在弹出的下拉菜单中单击【模块】命令，如图 5-122 所示。

第2步 在打开的模块窗口中复制 AI 工具生成的代码，然后单击【运行子过程】按钮▶，或按【F5】键运行，如图 5-123 所示。

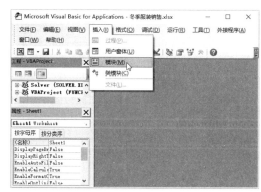
图 5-122　单击【模块】命令

图 5-123　运行代码

第3步 返回工作表中，即可查看到已经创建了图表，但是图表中包含的信息太多，需要手动整理，如图 5-124 所示。

第4步 选中图表，单击【图表设计】选项卡【数据】组中的【选择数据】命令，如图 5-125 所示。

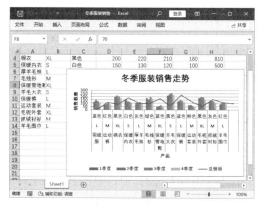
图 5-124　查看创建的图表

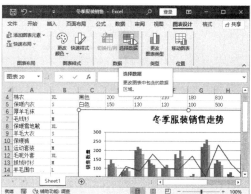
图 5-125　单击【选择数据】命令

第5步 打开【选择数据源】对话框，单击【水平（分类）轴标签】下方的【编辑】按钮，

191

如图5-126所示。

第6步 打开【轴标签】对话框，在工作表中选择A2:A14单元格区域，然后连续单击【确定】按钮，如图5-127所示。

图5-126　单击【编辑】按钮

图5-127　选择数据

第7步 返回工作表中，即可查看更改数据源后的效果，如图5-128所示。

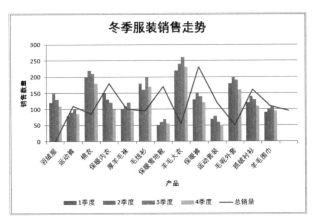

图5-128　查看图表

在AI工具ChatGPT的帮助下，只需要通过VBA代码就可以创建出图表元素齐全的图表。

02　用AI工具讯飞星火大模型制作各地区销量分析图表

创建图表分析数据是电商数据分析中重要的一环，在分析各地区销售时，如果要创建图表，也可以借助AI工具讯飞星火大模型来帮助创建。

第 5 章
数据可视化分析：用图表与数据透视表分析电商数据

> **提问**：你是一名电商数据分析师，具有专业的数据分析技能和丰富的行业经验，你擅长运用各种数据分析工具和技术，精通 VBA 代码。下方是各地区销售数据，需要根据数据创建数据图表，分析产品和销售额，然后以 VBA 代码的格式返回。
>
> | 地区 | 一季度 | 二季度 | 三季度 | 四季度 |
> |---|---|---|---|---|
> | 北京 | 39500 | 42500 | 42000 | 36200 |
> | 广州 | 30000 | 32000 | 38000 | 44230 |
> | 上海 | 30250 | 33000 | 21000 | 29000 |
> | 深圳 | 26000 | 15500 | 36000 | 32000 |

讯飞星火大模型

首先，我们需要创建一个 Excel 表格来存储这些数据。然后，我们可以使用 Excel 的图表功能来分析产品和销售额。最后，我们将使用 VBA 代码来实现自动化。

1. 创建 Excel 表格并输入数据

地区	一季度	二季度	三季度	四季度
北京	39500	42500	42000	36200
广州	30000	32000	38000	44230
上海	30250	33000	21000	29000
深圳	26000	155000	36000	32000

2. 插入一个柱状图或折线图来分析产品和销售额

在 Excel 中，单击【插入】选项卡，然后选择【柱状图】或【折线图】。接下来，选择数据范围（包括地区、一季度、二季度、三季度和四季度），然后单击【确定】。

3. VBA 代码实现自动化

```vba
Sub CreateChart()
    ' 定义工作表和数据范围
    Dim ws As Worksheet
    '假设数据在Sheet1工作表中
    Set ws = ThisWorkbook.Worksheets("Sheet1")
    Dim dataRange As Range
    Set dataRange = ws.Range("A1:D5") '假设数据从A1到D5

    ' 创建图表
    ws.Shapes.AddChart2(251, xlColumnClustered).Select '创建柱状图
    ActiveChart.SetSourceData Source:=dataRange
    ActiveChart.HasTitle = True
```

```
        ActiveChart.ChartTitle.Text = "各地区销售数据"
        ActiveChart.Axes(xlCategory, xlPrimary).HasTitle = True
        ActiveChart.Axes(xlCategory, xlPrimary).AxisTitle.Text = "季度"
        ActiveChart.Axes(xlValue, xlPrimary).HasTitle = True
        ActiveChart.Axes(xlValue, xlPrimary).AxisTitle.Text = "销售额"
    End Sub
```

将上述VBA代码复制到Excel的Visual Basic编辑器中（按【Alt+F11】打开），然后运行CreateChart子程序。这将根据给定的数据创建一个柱状图，展示各地区的销售情况。

AI工具讯飞星火大模型不仅给出了VBA代码，还描述了在Excel直接创建图表的方法。下面，将VBA代码复制到Excel中。

第1步 打开"素材文件\第5章\各地区销售情况.xlsx"工作簿，按【Alt+F11】组合键打开VBA窗口，单击【插入】下拉按钮，在弹出的下拉菜单中单击【模块】命令，如图5-129所示。

第2步 在打开的【模块】窗口中复制AI工具生成的代码，然后单击【运行子过程】按钮▶，或按【F5】键运行，如图5-130所示。

图5-129　单击【模块】命令

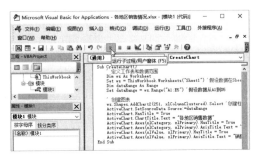

图5-130　运行代码

第3步 返回工作表中，即可查看创建的图表，如图5-131所示。

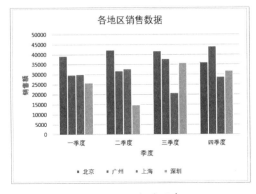

图5-131　查看图表

本章小结

本章的重点在于掌握如何使用图表和数据透视表。通过图表的优势，我们可以查看数据走向，找到重点数据；使用数据透视表，我们能够更灵活地处理大量数据，从而获取关键的数据分析结果。通过本章的学习，读者可以从烦琐的数据中找到规律。

Excel

第 6 章

选品是关键：
店铺商品销售数据分析

本章导读

商品选取是电商运营中至关重要的一步，是直接影响销售业绩的关键因素之一。为确保电商运营成功，我们必须在选取商品时进行深入的市场行情分析，紧跟市场发展趋势，运用数据分析寻找潜在商机。同时，对市场变化进行敏锐洞察，随时调整和优化产品运营策略，以确保在激烈竞争的电商领域中脱颖而出。在本章中，我们将深入探讨电商数据分析在商品选品过程中的关键作用，为读者提供实用的指导和策略，助力电商运营取得更大成功。

知识要点

- 了解选品的基础知识
- 掌握行业市场容量分析
- 掌握市场趋势分析
- 掌握市场潜力分析

第 6 章
选品是关键：店铺商品销售数据分析

6.1 如何选择合适的商品

在电商行业中，如果想要吸引更多的流量，提高店铺的销售额，选择合适的商品是最关键的因素。所以，在选择产品类目时，尽可能地选择有市场、有价值、有优势的项目，这样才能为店铺带来更多的流量，使店铺经营更加轻松。

6.1.1 选择有市场的类别

如今，电子商务经营行业越发繁荣，要在众多商家之中崭露头角，关键在于店铺所选产品类目具有较大的市场潜力。市场需求决定产品走向，唯有具备市场前景的产品，方能满足消费者需求。在调研市场时，可通过百度指数的搜索指数、资讯关注、需求图谱、相关词热度等数据，探寻热度信息，从而分析市场态势。

例如，针对服装类目的产品经营，在初始阶段，可在百度指数中查询相关词汇，如在冬季，可关注羽绒服、毛呢大衣及冲锋衣三个关键词的搜索状况。通过增设对比项，可获取各个搜索指数，如图6-1所示。在搜索指数中，对比分析2023年11月18日至12月17日各词汇的搜索数据，发现羽绒服的搜索频次较高，而毛呢大衣的搜索频次相对较低。

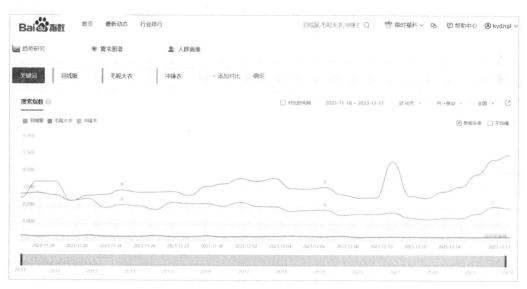

图 6-1　查看搜索指数

除了搜索指数，还可以查看兴趣分布、地域分布和人群属性，图6-2所示为兴趣分布情况，排名中列举了行业中对该词条感兴趣的前10名。

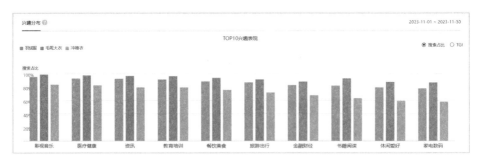

图 6-2　查看地域分布

在人群属性中可以查看到，根据年龄分布图表，20岁到39岁的人群对这三个词条的搜索较多；在性别图表中，女性搜索毛呢大衣的比例较高，男性搜索冲锋衣的比例较高，如图6-3所示。

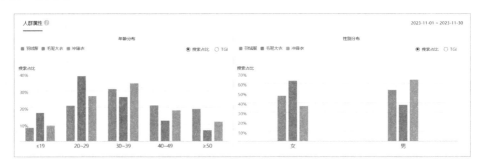

图 6-3　查看人群属性和性别分布

尽管百度指数仅对搜索行为进行搜集，无法全面揭示用户对商品类别的偏好，但它仍具有一定的借鉴意义。例如，当一个人打算购买羽绒服时，可能会在百度上搜索羽绒服的优缺点、选购羽绒服的关注要点等信息，这也从侧面反映了人们对羽绒服的关注程度。

6.1.2　选择有价值的类别

运营网店的初衷在于实现盈利，为此，探寻具备价值的商品类别至关重要。借助AI工具ChatGPT进行搜索，以期发现具有潜在利润的商品类别。

> 🗨 **提问**：你是一名电商经营者，具有丰富的选品经验，请结合目前的市场行情，介绍一下当下有价值的商品类别。

> **ChatGPT**
> 当谈到电商经营并选择有价值的商品类别时，需要考虑市场趋势、消费者需求及竞争状况。

以下是一些目前在市场上备受关注的有价值商品类别。

1. 健康与健身产品：人们越来越注重健康和健身，因此相关的产品很受欢迎。这包括健身设备、运动服装、健康食品和营养补充品等。

2. 可持续和环保产品：消费者对可持续发展和环保越来越关注，因此销售环保产品，如可再生能源产品、可降解包装、环保家居用品等，可能具有潜在市场。

3. 科技和智能设备：智能家居产品、可穿戴设备、智能健康产品等科技相关的商品一直备受瞩目。人们追求更便捷、智能化的生活方式，因此这些产品有很大的市场潜力。

4. 家庭办公用品：随着越来越多的人选择在家工作，家庭办公用品需求不断增加。包括办公家具、电子设备、文具用品等。

5. 美妆与个护产品：美妆和个护产品一直是电商热门的商品类别。消费者对于个人形象和健康护理的关注使相关产品市场持续增长。

6. 家居装饰和家具：由于人们更多时间待在家里，对于家居环境的关注度增加。因此，家居装饰品、家具等产品也有望成为畅销品。

7. 特色食品和手工艺品：消费者对于独特、有特色的食品和手工艺品的兴趣逐渐增加。这可能包括当地特产、手工艺品、有机食品等。

8. 教育和培训服务：在线教育和培训服务的需求一直在增长，尤其是在数字化时代。销售与学习相关的产品和服务可能是一个有潜力的领域。

在选择商品类别时，关键是了解目标受众的需求，紧跟市场趋势，并与供应链保持良好的沟通。同时，不断调整和优化产品组合，以适应市场的变化。

借助AI工具ChatGPT的回应，我们能够洞察当前备受瞩目的产品类别。热门产品需求旺盛，因而具有较高的盈利潜力。

6.1.3 选择有优势的类别

当商家在选择商品类目时，除了要考虑商品的利润空间外，还需要深入思考自己在这个类目中的竞争优势。这些优势可能包括价格优势、货源优势和客户优势等。为了全面地分析这些优势，商家可以考虑使用AI工具讯飞星火大模型，来寻求如何识别和利用优势的建议和指导。

> 提问：你是一名电商经营者，具有丰富的网店经营经验，现在，我需要开设一家网店，应该从哪些方面分析我在开设网店时的优势，从而选择优势产品呢？

◎ 讯飞星火大模型

在选择优势产品并开设网店时，你可以从以下几个方面进行分析，以充分发挥你的优势。

1. 了解市场需求：首先，你需要对市场进行深入的研究，了解消费者的需求和偏好。这包括分析竞争对手的产品、价格、促销策略等，以便找到自己的差异化优势。例如，你可以通过调查问卷、在线评论、社交媒体等方式收集消费者的意见和建议，了解他们对产品的需求和期望。

2. 自身资源分析：分析自己拥有的资源，如资金、技术、人才等。这将有助于你确定适合自己经营的产品类型和规模。例如，如果你有丰富的供应链资源，可以考虑经营一些具有竞争力的低价产品；如果你有强大的技术团队，可以考虑开发一些创新型产品。

3. 行业经验：利用自己在电商行业的经验和知识，选择具有潜力的产品。例如，如果你曾经在某一类产品上取得了成功，可以考虑继续经营这类产品或拓展相关产品线。同时，你可以借鉴其他成功案例，学习他们的经营策略和方法，为自己的网店发展提供参考。

4. 个人兴趣和专长：选择自己感兴趣的产品，将有助于你更好地投入经营。同时，发挥自己的专长，可以提高产品的竞争力。例如，如果你擅长摄影，可以考虑经营一些与摄影相关的产品，如相机、镜头、摄影器材等。

5. 利润空间：分析不同产品的利润空间，选择具有较高利润空间的产品。这将有助于你在竞争激烈的市场中获得更多的利润。你可以通过对比不同供应商的价格、运费等因素，计算出每个产品的成本和预期利润，从而选择最具性价比的产品。

6. 品牌定位：根据自己的品牌定位，选择与之相符的产品。例如，如果你的品牌定位为高端、时尚，可以选择一些高品质、设计感强的产品。这将有助于树立品牌形象，吸引目标客户群体。

7. 售后服务：考虑产品的售后服务需求，选择易于维护和售后的产品。这将有助于提高客户满意度和口碑传播效果。例如，你可以选择一些维修成本较低、配件易得的产品，以降低售后服务的压力。

8. 季节性因素：分析产品的季节性需求，选择适合自己经营的季节性产品。例如，如果你所在的地区冬季寒冷，可以考虑经营一些冬季保暖用品，如羽绒服、围巾、手套等。这将有助于抓住季节性销售机会，提高销售额。

9. 政策因素：关注政府政策和行业法规，选择符合政策要求的产品。这将有助于避免不必要的法律风险。例如，你需要了解关于产品质量、安全、环保等方面的法规要求，确保自己的产品符合相关规定。

10. 市场趋势：关注市场趋势，选择具有发展潜力的产品。例如，随着环保意识的提高，绿色、环保类产品的需求逐渐增加，可以考虑经营这类产品。同时，要关注新兴技术和消费趋势，把握市场变化，及时调整经营策略。

通过综合考虑以上因素，你可以更清晰地了解你的优势并选择适合你的产品，从而在电商领域取得成功。

第 6 章
选品是关键：店铺商品销售数据分析

总之，在挑选商品类别时，除关注市场容量外，还需审视自身在该领域是否具备竞争优势，唯有充分筹备，方能取得竞争胜利。

6.2 行业市场容量分析

在涉足某一行业之前，有必要对该行业的市场容量进行严谨的分析，以确保投入市场后能获得盈利。通过对市场容量的评估，可以确立明确的经营目标，从而更好地推进店铺的推广和运营。每年何种商品在何时销量较高，以及在何时将商品引入市场能创造更高的销量，这些都是经营者必须考量的。切勿盲目追随热门商品，而是要关注当前行业中最适合自己的领域，以便在电商市场中占据一席之地。

以下将以零食坚果市场为例，通过对电商平台零食坚果的销售分析，分析该类别的市场容量。实例效果如图6-4所示，最终效果文件见"结果文件\第6章\坚果零食销量分析.xlsx"文件。

排名	商品	交易指数	交易增长幅度	支付转化率
1	皖X瓜蒌籽	109,411	211.20%	1,813
2	富X流心柿饼	62,885	2433.53%	2,379
3	蜂蜜碳烤混合坚果	42,191	1516.03%	1,131
4	东方X选黑芝麻丸	36,634	3266.32%	495
5	闻X夹心巧克力	34,852	16.49%	1,115
6	茶X酚果蔬酵素	32,077	0.00%	2,408
7	澳X粒年货大礼包	31,955	0.00%	1,738
8	bcXX氨锌饮	31,078	-45.03%	714
9	东北冰糖葫芦	28,818	114865.06%	1,864
10	大X年糕	26,751	0.00%	1,570
11	江西腊肠麻辣香肠	25,049	-27.10%	561
12	菊花决明子枸杞茶	24,384	-19.30%	703

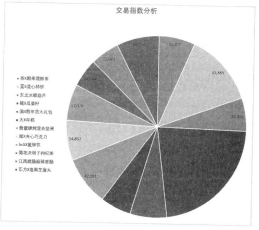

图 6-4 市场容量分析

6.2.1 收集成交信息

在收集行业数据时，用户可以通过百度指数、生意参谋等工具，找到自己想要的数据，然后导入Excel中进行计算分析。

例如，在生意参谋中，选择【市场】选项，在弹出的下拉菜单中单击【市场大盘】，就可以得到行业趋势，如图6-5所示。在市场大盘中，还可以选择查看需要采集的数据的日期和类目，了解更加详细的数据信息。

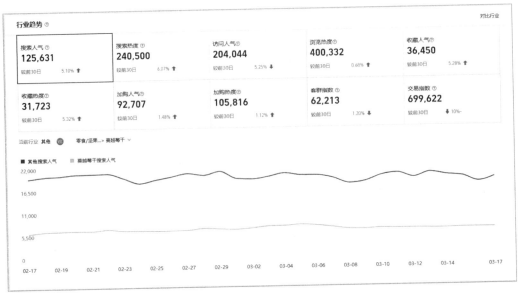

图6-5　查看市场大盘

在左侧选择【搜索词排行】选项，在打开的页面中，可以查看到该行业的热搜词排行，其中包括搜索人气、点击人气、点击率、支付转化率等数据，并可以单击右侧的搜索分析、人群分析、品类机会等链接，查看具体的数据分析情况，如图6-6所示。

搜索词　主题词　长尾词　品牌词　核心词　修饰词　所有终端

搜索词排行　热搜　飙升

搜索词	热搜排名	搜索人气	点击人气	点击率	支付转化率	操作
琦王花生	1	9,151	6,358	111.80%	6.58%	搜索分析 人群分析 品类机会
琦王花生官方旗舰店	2	4,315	2,815	89.31%	10.39%	搜索分析 人群分析 品类机会
琦王花生香芋片	3	3,895	3,175	99.33%	8.22%	搜索分析 人群分析 品类机会
惩谷记	4	1,985	994	71.11%	7.84%	搜索分析 人群分析 品类机会
曹氏鸭脖	5	1,861	1,156	94.07%	4.62%	搜索分析 人群分析 品类机会
牛皮菜根	6	1,663	1,280	120.92%	17.39%	搜索分析 人群分析 品类机会
麻子	7	1,617	982	94.45%	27.33%	搜索分析 人群分析 品类机会
利康富锌硒	8	1,365	799	68.49%	1.85%	搜索分析 人群分析 品类机会
果佳食品	9	1,341	752	71.41%	24.49%	搜索分析 人群分析 品类机会
佤味大杂烩	10	1,256	902	115.43%	13.74%	搜索分析 人群分析 品类机会

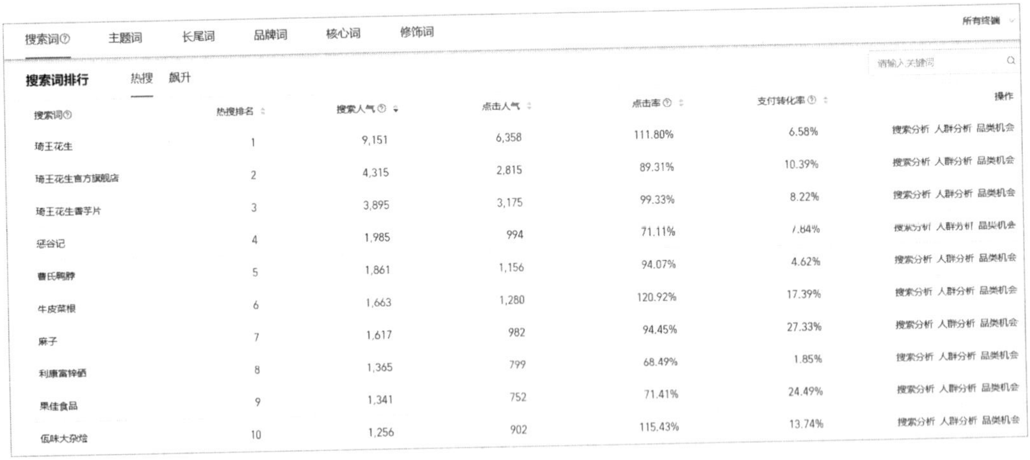

图6-6　查看搜索词排行

网络上的数据很多，如果还需要其他数据信息，可以自行搜索查看，也可以使用爬虫工具收集其中的数据。

第6章 选品是关键：店铺商品销售数据分析

> **温馨提示**
> 收集成交信息的方法大致相同，之后的案例中将不再单独介绍如何收集信息。

6.2.2 创建市场容量数据统计表

数据收集完成后，就可以开始创建数据统计表，下面以某电商平台2023年12月零食坚果的销售数据为例，介绍创建市场容量数据统计表的方法。

第1步 在生意参谋中找到需要的数据，然后新建Excel工作簿，将需要的数据录入工作表中，如图6-7所示。

第2步 根据需要为表格设置相应的边框和底纹，即可完成数据表的创建，如图6-8所示。

图6-7 输入数据信息 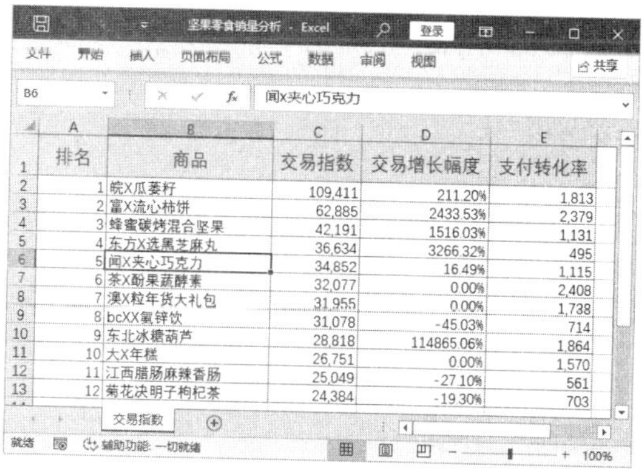　　　　图6-8 设置工作表样式

6.2.3 排序市场成交数据

在市场经济中，成交数据的重要性不言而喻。它不仅反映了市场的活跃程度，还能为商家提供宝贵的营销策略依据。为了让成交数据更加直观易懂，我们通常会以交易指数为基准对其进行排序，操作方法如下。

第1步 接上一例操作，选择【支付转化率】列中的任意数据单元格，单击【数据】选项卡【排序和筛选】组中的【降序】按钮，如图6-9所示。

第2步 操作完成后，即可查看到该列的数据已经按降序排列。从排序结果中，可以清楚地查看到支付转化率从高到低的产品，而支付转化率越高，说明该产品的市场容量就越大，如图6-10所示。

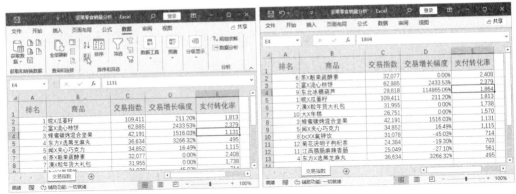

图 6-9　单击【降序】按钮　　　　　　图 6-10　查看排序信息

6.2.4 插入饼图展现市场占比

在处理数据时，面对大量的数字，很难一眼看出其中的差异。此时，图表成为一个有效的工具。例如，通过在工作表中插入饼图，我们可以更清晰地分析交易指数和市场占比。具体的操作步骤如下。

第1步 接上一列操作，选择 B1:C13 单元格区域，单击【插入】选项卡【图表】组中的【插入饼图和圆环图】下拉按钮，在弹出的下拉菜单中单击【饼图】命令，如图 6-11 所示。

第2步 选择图表，当鼠标光标变为时，按住鼠标左键不放，拖动图表到数据区域的下方，如图 6-12 所示。

图 6-11　单击【饼图】命令　　　　　　图 6-12　拖动图表

第3步 选中标题文本，输入需要的标题文本，然后在【开始】选项卡的【字体】组中设置字体样式，如图 6-13 所示。

第4步 选中图表,单击【图表设计】选项卡【图表布局】组中的【添加图表元素】下拉按钮,在弹出的下拉菜单中选择【图例】选项,在弹出的子菜单中单击【左侧】命令,如图6-14所示。

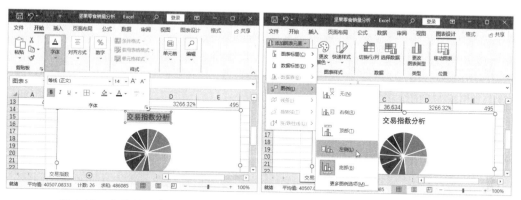

图6-13 设置标题字体样式　　　　图6-14 设置图例位置

第5步 保持图表的选中,再次单击【图表设计】选项卡【图表布局】组中的【添加图表元素】下拉按钮,在弹出的下拉菜单中选择【数据标签】选项,在弹出的子菜单中单击【最佳匹配】命令,如图6-15所示。

第6步 单击【图表设计】选项卡【图表样式】组中的【更改颜色】下拉按钮,在弹出的下拉菜单中选择一种主题颜色,如图6-16所示。

 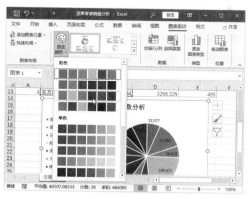

图6-15 单击【最佳匹配】命令　　　　图6-16 选择主题颜色

> **温馨提示**
> 为数据标签选择【最佳匹配】选项后,将根据饼图的情况自动调整数据标签的位置。

第7步 保持图表的选中,单击【图表设计】选项卡【位置】组中的【移动图表】按钮,如图6-17所示。

第8步 打开【移动图表】对话框，选择【新工作表】选项，在右侧的文本框中输入新工作表的名称，如"图表"，如图6-18所示。

图6-17 单击【移动图表】按钮

图6-18 选择放置图表位置

第9步 操作完成后，将创建一个名为"图表"的工作表，并将图表移动至新工作表中。通过插入的饼图，可以清楚地查看到每种产品交易指数的占比差距，如图6-19所示。

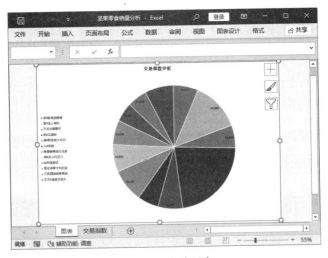

图6-19 查看图表

6.2.5 使用AI工具分析市场容量

在进行市场容量分析时，除了使用Excel的数据工具和图表展现数据之外，如果不能从数据中分析出具体的信息，那么可以借助AI工具ChatGPT来智能分析。

第 6 章
选品是关键：店铺商品销售数据分析

> 🔟 提问：你是一名电商分析师，具有敏锐的市场洞察力和数据分析能力，下面是排名前12的店铺的交易指数，现在需要根据这些信息进行市场容量分析，请以数据分析报告的形式返回。
>
> | 排名 | 商品 | 交易指数 | 交易增长幅度 | 支付转化指数 |
> | --- | --- | --- | --- | --- |
> | 1 | 皖×瓜蒌籽 | 109411 | 211.20% | 1813 |
> | 2 | 富×流心柿饼 | 62885 | 2433.53% | 2379 |
> | 3 | 蜂蜜炭烤混合坚果 | 42191 | 1516.03% | 1131 |
> | 4 | 东方×选黑芝麻丸 | 36634 | 3266.32% | 495 |
> | 5 | 闻×夹心巧克力 | 34852 | 16.49% | 1115 |
> | 6 | 茶×酚果蔬酵素 | 32077 | 0.00% | 2408 |
> | 7 | 澳×粒年货大礼包 | 31955 | 0.00% | 1738 |
> | 8 | bc××氨锌饮 | 31078 | -45.03% | 714 |
> | 9 | 东北冰糖葫芦 | 28818 | 114865.06% | 1864 |
> | 10 | 大×年糕 | 26751 | 0.00% | 1570 |
> | 11 | 江西腊肠麻辣香肠 | 25049 | -27.10% | 561 |
> | 12 | 菊花决明子枸杞茶 | 24384 | -19.30% | 703 |

⑤ ChatGPT

电商市场容量分析报告

1. 引言

本报告基于排名前12的店铺的交易指数及相关数据，对当前电商市场进行了深入分析，以揭示各商品在市场中的地位和潜在机会。

2. 交易指数排名及商品概况

排名	商品	交易指数	交易增长幅度	支付转化指数
1	皖×瓜蒌籽	109,411	211.20%	1,813
2	富×流心柿饼	62,885	2433.53%	2,379
3	蜂蜜炭烤混合坚果	42,191	1516.03%	1,131
4	东方×选黑芝麻丸	36,634	3266.32%	495
5	闻×夹心巧克力	34,852	16.49%	1,115
6	茶×酚果蔬酵素	32,077	0.00%	2,408
7	澳×粒年货大礼包	31,955	0.00%	1,738
8	bc××氨锌饮	31,078	-45.03%	714
9	东北冰糖葫芦	28,818	114865.06%	1,864

续表

排名	商品	交易指数	交易增长幅度	支付转化指数
10	大×年糕	26,751	0.00%	1,570
11	江西腊肠麻辣香肠	25,049	−27.10%	561
12	菊花决明子枸杞茶	24,384	−19.30%	703

交易指数最高商品：皖×瓜蒌籽。

交易指数高达109411，呈现强劲的增长趋势（211.20%），且支付转化指数较高（1813），显示出市场对该商品的强烈需求。

潜在机会商品：富×流心柿饼。

交易增长幅度异常高（2433.53%），但需谨慎分析，避免潜在风险。支付转化指数（2379）较高，有可能是新兴热门商品。

潜在挑战商品：bc××氨锌饮。

交易指数较高（31078），但呈现负增长趋势（−45.03%），可能面临市场竞争或产品调整的挑战。需密切关注市场反馈。

3. 市场推荐与策略建议

推荐关注的商品：皖×瓜蒌籽、富×流心柿饼、东北冰糖葫芦。

这些商品在交易指数、增长幅度和支付转化指数方面表现出色，值得进一步深入研究和投资。

策略建议：

加强对富×流心柿饼的市场研究，了解其异常增长的原因，并评估其持续性。

针对交易指数较高但增长下降的商品，开展市场调研，找出问题所在，提出改进方案。

对于负增长商品，考虑产品调整或市场定位的变化，以重新吸引消费者。

4. 结论

电商市场呈现出多样化的商品特征，有些商品表现出色，而有些则面临潜在挑战。通过深入分析各商品的交易指数、交易增长幅度和支付转化指数，我们能够更好地理解市场格局，为制定有效的市场策略提供有力支持。需要密切关注市场动态，及时调整策略，以保持竞争力。

在得到AI工具ChatGPT的回答之后，商家可以根据以上分析结果，结合自己的情况，分析出市场竞争力较高的产品，避免判断失误。

6.3 市场趋势分析

在对市场容量进行全面了解之后，我们可以进一步展开市场趋势的分析。市场趋势分析能够揭示诸多问题，例如，通过研究畅销商品全年的市场走向，可以洞察哪种类型的商品销量呈现持续上升态势，哪种类型的商品销售保持稳定等。只有通过深入分析，

第 6 章 选品是关键：店铺商品销售数据分析

才能发掘出符合市场需求的产品，从而使店铺实现持续盈利。

本例将介绍市场趋势分析图表的制作方法。实例效果如图6-20所示，最终效果见"结果文件\第6章\坚果零食销量分析.xlsx"文件。

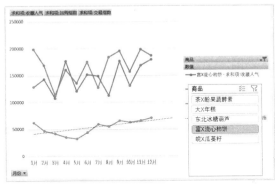

图 6-20　市场趋势分析

6.3.1　创建市场趋势分析数据透视表

市场趋势分析往往需依赖长时间的数据积累，然而此类信息通常较为分散，直接分析市场趋势颇具挑战性。在此情境下，创设数据透视表以汇总每月数据，有助于更有效地探究市场趋势，操作方法如下。

第1步 打开"素材文件\第6章\坚果零食销量趋势分析.xlsx"工作簿，选中任意数据单元格，单击【插入】选项卡【表格】组中的【数据透视表】按钮，如图6-21所示。

第2步 打开【创建数据透视表】对话框，保持默认设置，直接单击【确定】按钮，如图6-22所示。

图 6-21　单击【数据透视表】按钮　　　图 6-22　单击【确定】按钮

209

第3步 ▶ 将新建一个工作表,并创建一个空白的数据透视表,在【数据透视表字段】窗格的【选择要添加到报表的字段】列表框中选择要添加到数据透视表中的字段,选择字段后,默认的布局如图6-23所示。

第4步 ▶ 单击【行】列表中的【商品】下拉按钮,在弹出的下拉菜单中单击【移动到列标签】命令,如图6-24所示。

图6-23　选择字段　　　　　　　图6-24　单击【移动到列标签】命令

第5步 ▶ 因为月份字段为文本格式,所以10月、11月、12月默认排列在最前方,查看不太方便,可以通过设置将其重新排列。单击【文件】选项,在打开的菜单中单击【更多】命令,在弹出的子菜单中单击【选项】命令,如图6-25所示。

第6步 ▶ 打开【Excel选项】对话框,单击【高级】选项卡中的【编辑自定义列表】按钮,如图6-26所示。

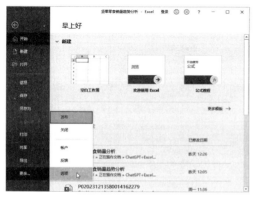 

图6-25　单击【选项】命令　　　　　图6-26　单击【编辑自定义列表】按钮

第7步 ▶ 打开【自定义序列】对话框,在【输入序列】列表框中按顺序输入12个月,然后单击【添加】按钮，完成后连续单击【确定】按钮返回工作表，如图6-27所示。

第8步 选中【行标签】中的任意数据单元格，单击【数据】选项卡【排序和筛选】组中的【升序】按钮，月份将按顺序排列，如图6-28所示。

图6-27 输入序列

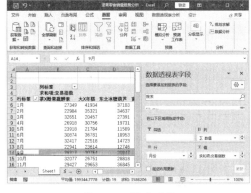

图6-28 排序月份

第9步 因为不需要总计行，所以在任意求和项列中右击鼠标，在弹出的快捷菜单中单击【删除总计】命令，如图6-29所示。

第10步 返回工作表中，即可查看到各月份各商品的信息，如图6-30所示。

图6-29 单击【删除总计】命令　　　　　图6-30 查看商品信息

6.3.2 通过数据透视图分析市场趋势

数据透视表详细地汇总了各类商品的总数据，通过它，我们可以深入了解每一种商品的市场表现。然而，要全面了解市场趋势，仅凭数据透视表还不够，我们还需要借助数据透视图来更直观地查看商品的走势，操作方法如下。

第1步 选中数据透视表中的任意数据单元格,单击【数据透视表分析】选项卡【工具】组中的【数据透视图】按钮,如图6-31所示。

第2步 打开【插入图表】对话框,在左侧的列表中选择一种图表类型,如【折线图】,在右侧选择图表的样式,然后单击【确定】按钮,如图6-32所示。

图6-31 单击【数据透视图】按钮

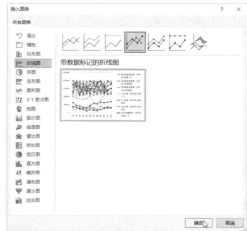

图6-32 选择图表类型

第3步 操作完成后,即可查看到工作表中已经插入了数据透视图,但数据透视图的数据较多,比较杂乱,需要通过筛选来查看数据,如图6-33所示。

第4步 在数据透视图中单击【商品】下拉按钮,在弹出的下拉菜单中取消选择【全选】复选框,然后选择要查看的商品,如【大×年糕】选项,完成后单击【确定】按钮,如图6-34所示。

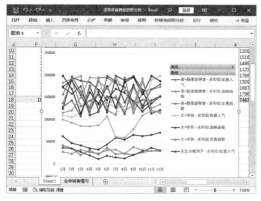

图6-33 查看数据透视图

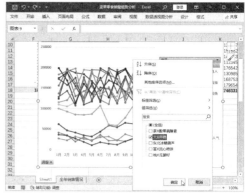

图6-34 选择商品

第5步 操作完成后,即可查看到图表中仅显示"大×年糕"的商品数据,如图6-35所示。

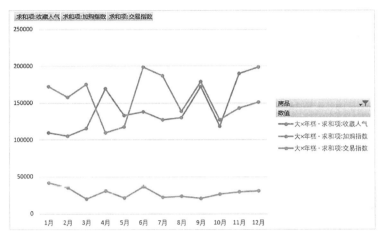

图6-35 查看筛选信息

6.3.3 插入切片器分析市场趋势

如果觉得在数据透视图中使用筛选按钮进行数据筛选有些复杂,可以在工作表中添加切片器以简化筛选过程,操作方法如下。

第1步 选中数据透视表中的任意数据区域,单击【数据透视表分析】选项卡【筛选】组中的【插入切片器】按钮,如图6-36所示。

第2步 打开【插入切片器】对话框,勾选【商品】复选框,然后单击【确定】按钮,如图6-37所示。

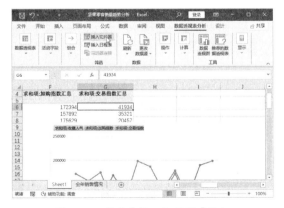

图6-36 单击【插入切片器】按钮

图6-37 选择【商品】复选框

> **温馨提示**
> 在插入切片器时,也可以选择数据透视图,然后单击【数据透视图分析】选项卡【筛选】组中的【插入切片器】按钮。

第3步 返回工作表,即可查看到工作表中已经插入了切片器,在切片器中选择要查看的商品,即可在数据透视表和数据透视图中快速筛选出该商品的数据信息,如图6-38所示。

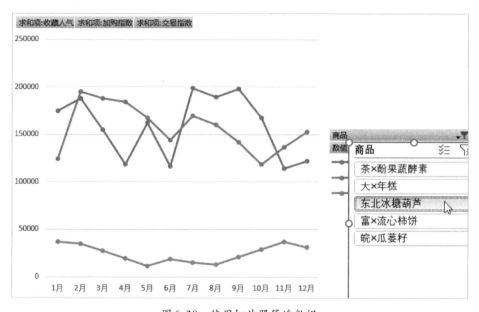

图6-38 使用切片器筛选数据

6.3.4 预测商品销售前景

为了更深入地探讨商品的销售前景,我们可以为商品绘制趋势线,以预测未来的销售走势,操作方法如下。

第1步 选择数据透视图,然后单击【设计】选项卡【图表布局】组中的【添加图表元素】下拉按钮,在弹出的下拉菜单中选择【趋势线】选项,在弹出的子菜单中单击【线性预测】命令,如图6-39所示。

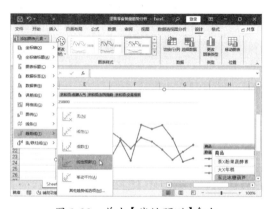

图6-39 单击【线性预测】命令

第 6 章
选品是关键：店铺商品销售数据分析

第2步 ▶ 打开【添加趋势线】对话框，单击【东北冰糖葫芦-求和项：交易指数】选项，然后单击【确定】按钮，如图6-40所示。

第3步 ▶ 选中趋势线，单击【格式】选项卡【形状样式】组中的【形状轮廓】下拉按钮，在弹出的下拉菜单中选择一种颜色，如图6-41所示。

第4步 ▶ 操作完成后，即可查看到已经为数据添加了趋势线，如图6-42所示。

图 6-40 选择要添加的趋势线

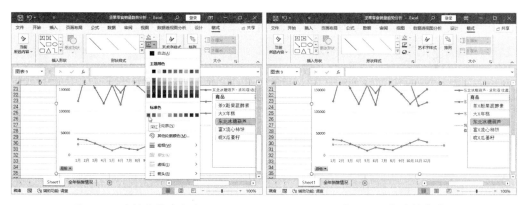

图 6-41 选择趋势线颜色　　　　　图 6-42 查看趋势线

第5步 ▶ 在切片器中选择其他商品，即可查看到其他商品的数据信息和趋势线，如图6-43所示。

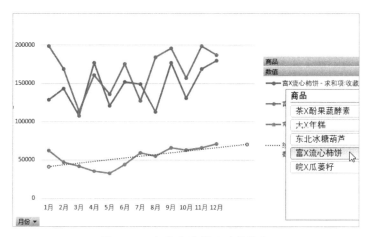

图 6-43 查看其他商品的趋势线

6.4 市场潜力分析

在进行产品类别的市场容量分析和市场趋势分析之后，也不能轻率地涉足市场，即使前期分析显示某一类别产品具有较大的市场容量，盲目进军也可能使经营陷入泥沼。因此，在选择经营项目之前，对市场潜力进行充分的分析是不可或缺的步骤。

本例将介绍市场潜力分析的方法。实例效果如图6-44所示，最终效果见"结果文件\第6章\零食类目市场潜力分析.xlsx"文件。

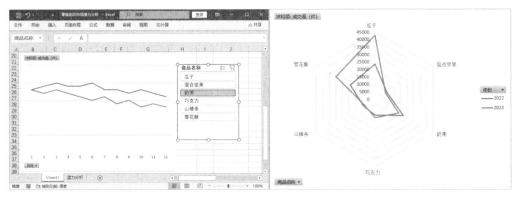

图6-44　市场潜力分析

6.4.1　创建市场潜力分析数据透视表

有潜力就代表有市场，在分析市场趋势时，其实应该围绕挖掘潜力的目标来进行。为了更好地挖掘市场潜力，可以为市场趋势分析表创建数据透视表，操作方法如下。

第1步 打开"素材文件\第6章\零食类目市场潜力分析.xlsx"工作簿，选择任意数据单元格，单击【插入】选项卡【表格】组中的【数据透视表】按钮，如图6-45所示。

第2步 打开【创建数据透视表】对话框，保持默认设置，单击【确定】按钮，如图6-46所示。

第3步 新建一个工作表，并创建数据透视表，将【商品名称】字段拖动到【列】列表中，将【年份】和【月份】字段拖动到【行】

图6-45　单击【数据透视表】按钮

列表中，将【成交量（件）】字段拖动到【值】列表中，完成数据透视表的布局，如图6-47所示。

图6-46 单击【确定】按钮

图6-47 布局数据透视表字段

6.4.2 创建数据透视图分析行业增长趋势

如果从数据透视表中不能很好地查看增长趋势，不妨创建数据透视图，从图表中分析问题，操作方法如下。

第1步 选择数据透视表中的任意单元格，单击【数据透视表分析】选项卡【图表】组中的【数据透视图】按钮，如图6-48所示。

第2步 打开【插入图表】对话框，单击【折线图】命令，在右侧选择折线图的样式，然后单击【确定】按钮，如图6-49所示。

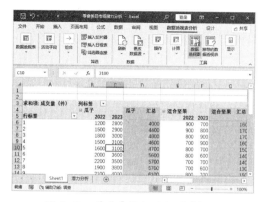

图6-48 单击【数据透视图】按钮

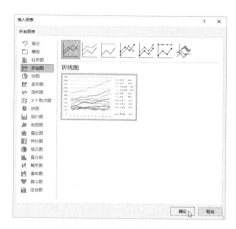

图6-49 选择图表类型

第3步 默认的折线图图表元素太多,影响数据分析,可以将其删除。在图例上右击鼠标,在打开的快捷菜单中单击【删除】命令,如图6-50所示。

第4步 右击坐标轴,在弹出的快捷菜单中单击【删除】命令,如图6-51所示。

图6-50 单击【删除】命令　　　　　图6-51 再次单击【删除】命令

第5步 选择数据透视图,单击【数据透视图分析】选项卡【筛选】组中的【插入切片器】按钮,如图6-52所示。

第6步 打开【插入切片器】对话框,勾选【商品名称】复选框,单击【确定】按钮,如图6-53所示。

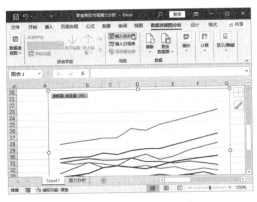 

图6-52 单击【插入切片器】按钮　　　　图6-53 勾选【商品名称】复选框

第7步 在切片器中单击【瓜子】选项,可以查看到近两年的销售数据呈上升趋势,说明产品市场较大,如图6-54所示。

第8步 单击【奶枣】后,发现虽然销量较高,但曲线呈下降趋势,说明热度正在减退,应该谨慎入手,如图6-55所示。

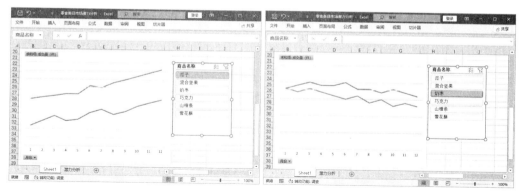

图 6-54　查看【瓜子】销量　　　　图 6-55　查看【奶枣】销量

6.4.3 创建雷达图分析环比增长趋势

通过创建雷达图，可以对数据进行环比增长的分析。例如，将2022年的数据和2023年的数据进行环比分析，操作方法如下。

第1步 ▶ 选择数据透视表中的任意单元格，单击【数据透视表分析】选项卡【图表】组中的【数据透视图和数据透视表】按钮，如图6-56所示。

第2步 ▶ 打开【创建数据透视表】对话框，直接单击【确定】按钮，如图6-57所示。

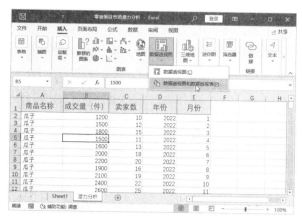

图 6-56　单击【数据透视图和数据透视表】按钮

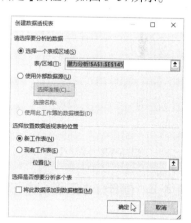

图 6-57　单击【确定】按钮

第3步 ▶ 新建工作表，并创建空白数据透视表和数据透视图，在【数据透视表字段】窗格或【数据透视图字段】窗格中布局数据透视表和数据透视图，如图6-58所示。

第4步 ▶ 选中数据透视图，单击【设计】选项卡【类型】组中的【更改图表类型】按钮，如图6-59所示。

图6-58 布局数据透视表

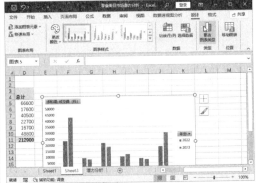
图6-59 单击【更改图表类型】按钮

第5步 打开【更改图表类型】对话框，单击【雷达图】命令，如图6-60所示。

第6步 即可将图表类型更改为雷达图，通过雷达图，可以发现雪花酥和瓜子的环比增长较高，具有较大的市场潜力，更易获得盈利，如图6-61所示。

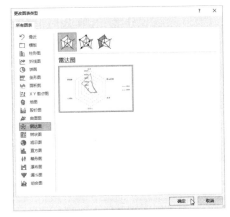
图6-60 单击【雷达图】命令

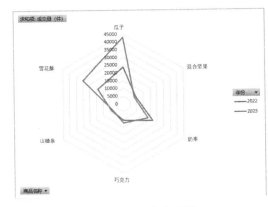
图6-61 查看雷达图

6.4.4 使用AI工具分析市场潜力

在对数据进行分析的同时，我们也可以通过AI工具，对市场潜力进行分析。下面以ChatGPT为例进行介绍。

> **提问：** 你是一名电商分析师，具有敏锐的市场洞察力和数据分析能力，我需要开一家网店，现在正在做市场调查，确定有潜力的商品，下面是我收集的一些商品在2022年和2023年的销量情况，请根据销量进行产品潜力分析。

第6章 选品是关键：店铺商品销售数据分析

商品名称	2022	2023
瓜子	23600	43000
混合坚果	9200	8400
奶枣	21900	18600
巧克力	10500	12200
山楂条	8800	7900
雪花酥	18700	30100

⑤ ChatGPT

首先，让我们根据销量情况进行产品潜力分析。销量增长通常是一个衡量产品潜力的重要指标。以下是你提供的商品在2022年和2023年的销量变化情况：

1. 瓜子

2022年销量：23600

2023年销量：43000

增长幅度：(43000 - 23600) / 23600 × 100% ≈ 82.20%

分析：瓜子在2023年有显著的销量增长，表明市场对这个商品的需求正在增加，可能是一个潜力较大的商品。

2. 混合坚果

2022年销量：9200

2023年销量：8400

增长幅度：(8400 - 9200) / 9200 × 100% ≈ -8.70%

分析：混合坚果在2023年销量下降，可能需要进一步分析原因，并考虑市场策略以扭转趋势。

3. 奶枣

2022年销量：21900

2023年销量：18600

增长幅度：(18600 - 21900) / 21900 × 100% ≈ -15.07%

分析：奶枣在2023年销量下降，需要深入了解市场原因，或者考虑调整产品或市场策略。

4. 巧克力

2022年销量：10500

2023年销量：12200

增长幅度：(12200 - 10500) / 10500 × 100% ≈ 16.19%

分析：巧克力在2023年销量增长，可能是一个潜力较大的商品，可以考虑在市场中进一步推广。

5. 山楂条

2022年销量：8800

2023年销量：7900

增长幅度：(7900 - 8800) / 8800 × 100% ≈ -10.23%

分析：山楂条在2023年经历了销量下降，需要进一步研究市场动态和竞争情况，以调整营销策略。

6. 雪花酥

2022年销量：18700

2023年销量：30100

增长幅度：(30100 - 18700) / 18700 × 100% ≈ 60.96%

分析：雪花酥在2023年有显著的销量增长，可能是一个潜力较大的商品，可以加大市场推广力度。

根据以上分析，瓜子、巧克力和雪花酥在2023年表现出较好的潜力，而混合坚果、奶枣和山楂条则需要进一步研究和调整以提升市场竞争力。在选择销售的商品时，可以考虑这些分析结果，并制定相应的市场策略。

在得到AI工具ChatGPT的回复之后，可以看到分析结果与Excel分析的结果差距不大。而在用Excel进行数据分析时没有注意到的巧克力，在用ChatGPT进行分析时也浮出了水面，结合两者的分析，我们就可以轻松找到目前具有潜力的产品。

本章小结

本章对电商选品、市场容量、市场分析和市场潜力进行了深入探讨。通过精准的数据分析，我们可以制定出更具针对性的选品策略，优化采购和库存管理流程，提高商品流转率，从而为企业创造更为可观的商业价值。准确把握市场趋势和消费者需求的变化，有助于电商企业实现可持续发展，不断适应和引领市场潮流。

Excel

第 7 章

把控好动销：
商品进销存数据分析

本章导读

商品进销存数据是电商运营的核心要素，对进货、销售和库存的深度分析，有助于企业精确把握市场需求，优化库存管理策略。在接下来的章节中，我们将系统研究商品进销存数据，深入探讨销售趋势、季节性波动及库存保有量等关键指标，旨在为电商企业提供有力的决策依据，降低滞销和库存积压的风险，实现健康、稳定的运营状态。

知识要点

- 掌握商品采购数据分析
- 掌握商品库存分析
- 掌握商品销售分析

7.1 商品采购分析

一个优秀的电商运营者，必须对商品的所有环节进行细致入微的管理。作为成本控制的第一步，了解如何降低采购成本并提升利润空间，是每位经营者都必须认真对待的重要课题。

本例将分析商品的采购数据，实例效果如图7-1所示，最终效果文件见"结果文件\第7章\采购记录表.xlsx"文件。

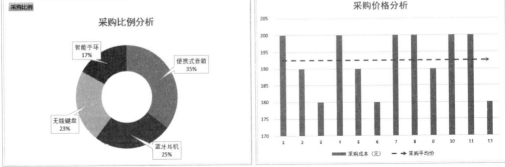

图7-1 市场容量分析

7.1.1 汇总商品采购数据

在经营店铺时，采购人员需要与多个供货商合作。为了更好地控制成本，他们需要对产品进行全面的比较。比较之前，需要先汇总采购数据，操作方法如下。

第1步 打开"素材文件\第7章\采购记录表.xlsx"，选中【合作商家】列中的任意数据单元格，单击【数据】选项卡【排序和筛选】组中的【升序】按钮 $\frac{A}{Z}\downarrow$，如图7-2所示。

第 7 章
把控好动销：商品进销存数据分析

第2步 ▶ 单击【数据】选项卡【分级显示】组中的【分类汇总】按钮，如图 7-3 所示。

图 7-2　单击【升序】按钮

图 7-3　单击【分类汇总】按钮

第3步 ▶ 打开【分类汇总】对话框，设置【分类字段】为【合作商家】，【汇总方式】为【求和】，在【选定汇总项】列表中勾选【采购成本（元）】复选框，完成后单击【确定】按钮，如图 7-4 所示。

第4步 ▶ 返回工作表，即可查看到数据已经按合作商家分类方式汇总了采购成本，如图 7-5 所示。

图 7-4　设置汇总方式

图 7-5　查看汇总项

第5步 ▶ 选中任意数据单元格，再次单击【数据】选项卡【分级显示】组中的【分类汇总】按钮，如图 7-6 所示。

第6步 ▶ 打开分类汇总对话框，保持设置【分类字段】为【合作商家】，【汇总方式】为【求和】，在【选定汇总项】列表中勾选【盈利（元）】复选框，取消勾选【替换当前分类

225

汇总】复选框，然后单击【确定】按钮，如图7-7所示。

图7-6 单击【分类汇总】按钮

图7-7 设置汇总方式

第7步 返回工作表中，即可查看到数据已经按采购成本和盈利分类方式进行了分别汇总，如图7-8所示。

图7-8 查看汇总项

> **温馨提示**
>
> 　　除了可以分类汇总合作商家外，还可以通过商品名称分类汇总，查看每一种商品在不同商家中的采购价格，以便分析盈利。

7.1.2 分析采购平均价

　　在企业运营过程中，控制采购成本是关键环节。掌握采购价格的起伏状态，有助于企业找到最佳的进货时机，从而降低成本，提高盈利能力，操作方法如下。

第1步 打开"素材文件\第7章\采购记录表.xlsx"，选中【商品名称】列中的任意数据单元格，单击【数据】选项卡【排序和筛选】组中的【升序】按钮↓，如图7-9所示。

第2步 操作完成后，即可查看到数据已经按要求排序，单击下方的【新工作表】按钮⊕，如图7-10所示。

第 7 章
把控好动销:商品进销存数据分析

图 7-9 单击【升序】按钮　　　　图 7-10 单击【新工作表】按钮

第3步 ▶ 新建一个工作表,双击工作表标签,将工作表名称更改为"采购平均价"。在 A1 单元格中输入"=(等号)",然后单击【采购记录表】工作表标签,如图 7-11 所示。

第4步 ▶ 切换到"采购记录表",选择 C1 单元格,然后按【Enter】键,如图 7-12 所示。

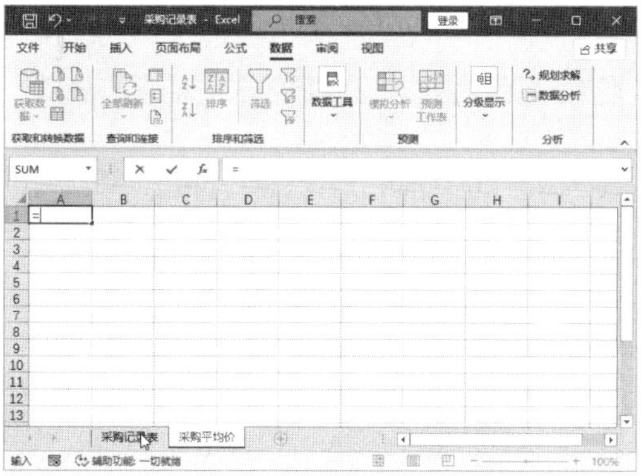

图 7-11 单击【采购记录表】工作表标签 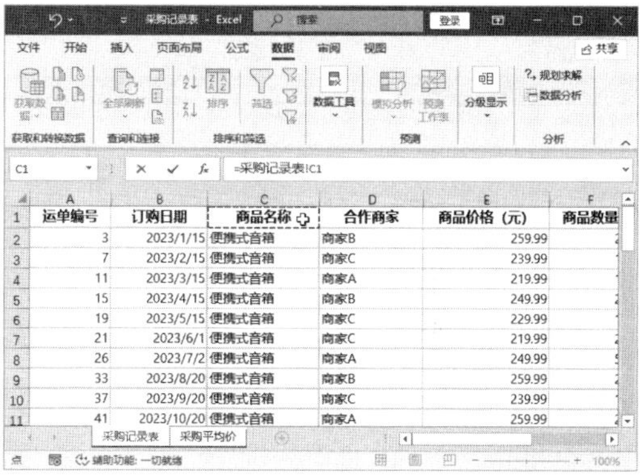　　　　图 7-12 选择引用单元格

第5步 ▶ 返回"采购平均价"工作表,即可查看到已经成功引用单元格,使用填充功能向下填充数据到 A13 单元格,如图 7-13 所示。

第6步 ▶ 使用相同的方法,引用"采购记录表"中的 G1 单元格,并填充到 B13 单元格,如图 7-14 所示。

第7步 ▶ 在 C1 单元格中输入"采购平均

图 7-13 填充数据

价"文本，然后在C2单元格中输入公式"=AVERAGE(B2:B13)，如图7-15所示。

图7-14 引用其他单元格　　　　图7-15 输入公式

第8步 ▶ 在编辑栏中选择公式中的"B2"和"B13"，分别按【F4】键，将相对引用转换为绝对引用，如图7-16所示。

第9步 ▶ 按【Enter】键计算出结果，然后向下填充至C13单元格，如图7-17所示。

图7-16 设置绝对引用　　　　图7-17 填充公式

第10步 ▶ 选择B1:C13单元格区域，单击【插入】选项卡【图表】组中的【插入柱形图或条形图】下拉按钮，在弹出的下拉菜单中单击【簇状柱形图】命令，如图7-18所示。

第11步 ▶ 选择插入的图表，单击【图表设计】选项卡【类型】组中的【更改图表类型】按钮，如图7-19所示。

第 7 章
把控好动销：商品进销存数据分析

图 7-18　单击【簇状柱形图】命令　　　图 7-19　单击【更改图表类型】按钮

第12步 打开【更改图表类型】对话框，选择【组合图】选项，在【为您的数据系列选择图表类型和轴】列表框中设置【采购平均价】为【折线图】，然后单击【确定】按钮，如图 7-20 所示。

第13步 返回工作表，选择图表中的柱形图，单击【格式】选项卡【形状样式】组中的【形状填充】下拉按钮，在弹出的下拉菜单中选择一种填充颜色，如图 7-21 所示。

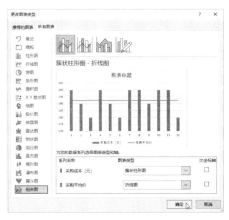
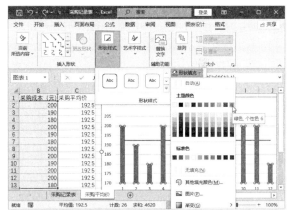

图 7-20　设置组合图样式　　　图 7-21　设置填充颜色

第14步 在折线图上右击鼠标，在弹出的快捷菜单中单击【设置数据系列格式】命令，如图 7-22 所示。

第15步 打开【设置数据系列格式】窗格，在【填充与线条】选项卡中选择一种线条颜色，在【短划线类型】下拉菜单中选择一种虚线样式，在【开始箭头类型】下拉菜单中选择一种箭头样式，完成后单击【关闭】按钮×，关闭【设置数据系列格式】窗格，如图 7-23 所示。

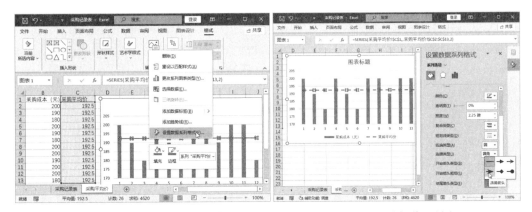

图7-22 单击【设置数据系列格式】命令　　　图7-23 选择箭头样式

第16步 更改图表的标题文本，然后在【开始】选项卡的【字体】组中设置字体样式，如图7-24所示。

第17步 操作完成后，即可查看图表的最终效果，如图7-25所示。

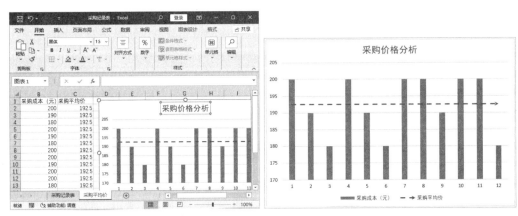

图7-24 设置标题文本　　　图7-25 查看效果

7.1.3 分析各类商品采购金额占比

在经营店铺时，精确地掌握采购金额的占比显得至关重要。这不仅有助于及时发现并调整采购比例，还可以为企业节省成本、提高盈利能力，操作方法如下。

第1步 打开"素材文件\第7章\采购记录表.xlsx"，选中任意数据单元格，单击【插入】选项卡【图表】组中的【数据透视图】按钮，如图7-26所示。

第2步 打开【创建数据透视图】对话框，保持默认设置，直接单击【确定】按钮，如

图 7-27 所示。

图 7-26 单击【数据透视图】按钮

图 7-27 单击【确定】按钮

第3步 ▶ 新建工作表，并创建空白的数据透视表和数据透视图，将【商品名称】字段添加到【轴（类别）】列表中，将【求和项：采购成本（元）】字段添加到【值】列表中，如图 7-28 所示。

第4步 ▶ 右击数据透视表中的【求和项：采购成本（元）】列中的任意数据单元格，在弹出的快捷菜单中单击【值字段设置】命令，如图 7-29 所示。

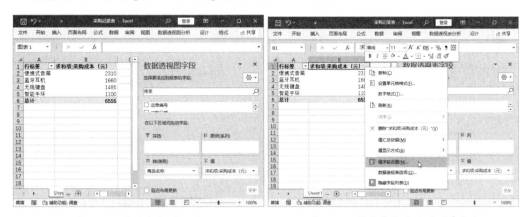

图 7-28 布局数据透视表　　　　　　图 7-29 单击【值字段设置】命令

第5步 ▶ 打开【值字段设置】对话框，选择【值显示方式】选项卡，在【值显示方式】下拉列表中选择【总计的百分比】选项，然后单击【确定】按钮，如图 7-30 所示。

第6步 ▶ 返回工作表，选择数据透视图，单击【设计】选项卡【类型】组中的【更改图表类型】按钮，如图 7-31 所示。

图 7-30 选择【总计的百分比】选项

图 7-31 单击【更改图表类型】按钮

第7步 打开【更改图表类型】对话框,单击【饼图】命令,在右侧单击【圆环图】命令,然后单击【确定】按钮,如图 7-32 所示。

第8步 选中图表,单击【设计】选项卡【图表布局】组中的【添加图表元素】下拉按钮,在弹出的下拉菜单中选择【数据标签】选项,在弹出的子菜单中单击【数据标注】命令,如图 7-33 所示。

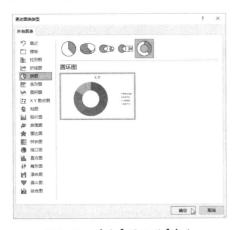

图 7-32 单击【圆环图】命令

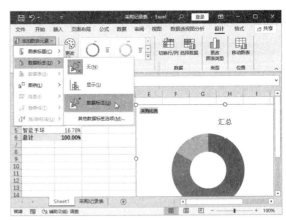

图 7-33 单击【数据标注】命令

第9步 单击【设计】选项卡【图表样式】组中的【更改颜色】下拉按钮,在弹出的下拉菜单中选择一种图表配色方案,如图 7-34 所示。

第10步 在数据透视图中右击图例,在弹出的快捷菜单中单击【删除】命令,如图 7-35 所示。

第7章
把控好动销：商品进销存数据分析

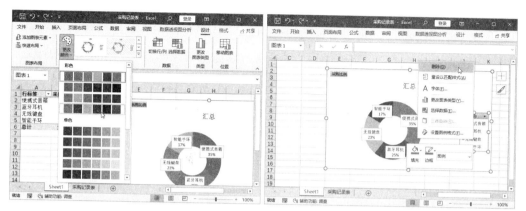

图 7-34　选择配色方案　　　　　图 7-35　单击【删除】命令

第11步 分别在每一个图表标签上按住鼠标左键不放，向外拖动，将数据标签拖动到环形图外侧，如图7-36所示。

第12步 更改图表标题中的文本，然后在【开始】选项卡的【字体】组中设置字体样式，如图7-37所示。

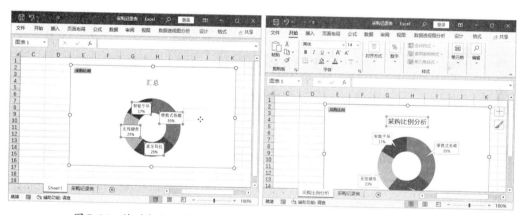

图 7-36　拖动数据标签　　　　　图 7-37　更改图表标题

第13步 操作完成后，即可查看图表的最终效果，从图表中，可以清晰地看到各类商品的采购金额占比，如图7-38所示。

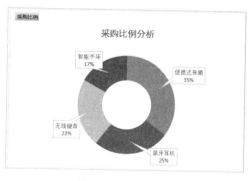

图 7-38　查看效果

233

7.1.4 预测来年商品采购金额

在店铺运营中，合理运用历史采购数据来预测未来的采购需求，对确保采购计划的顺利进行至关重要，操作方法如下。

第1步 ▶ 打开"素材文件\第7章\采购记录表.xlsx"，选中任意数据单元格，单击【插入】选项卡【表格】组中的【数据透视表】按钮，如图7-39所示。

第2步 ▶ 打开【创建数据透视表】对话框，直接单击【确定】按钮，如图7-40所示。

图7-39　单击【数据透视表】按钮　　　　图7-40　单击【确定】按钮

第3步 ▶ 新建工作表，并创建空白的数据透视表，将【订购日期】添加到【行】列表中，将【求和项：采购成本（元）】添加到【值】列表中，如图7-41所示。

第4步 ▶ 选择A4:B15单元格区域，将其复制到D4:E15单元格区域，如图7-42所示。

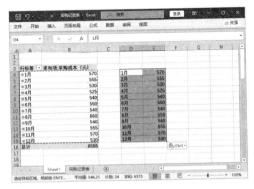

图7-41　布局数据透视表　　　　图7-42　复制数据

第5步 ▶ 在D3:G3单元格区域输入表头文本。因为增减率是通过前一个月的数据来计算的，而本例中没有前一个月的数据，所以需要手动输入增减率"5%"，如图7-43所示。

第6步 在F5单元格中输入公式"=SUM(E5-E4)/E4",然后将公式填充到下方的单元格中,如图7-44所示。

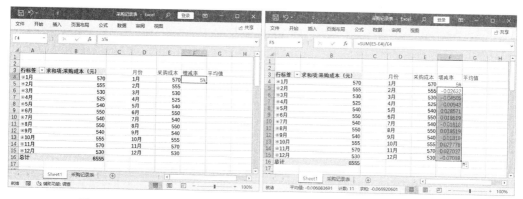

图7-43 输入增减率

图7-44 输入公式

第7步 选择F5:F15单元格区域,单击【开始】选项卡【数字】组中的【百分比】按钮%,如图7-45所示。

第8步 在【文件】菜单中选择【更多】选项,在弹出的菜单中单击【选项】命令,如图7-46所示。

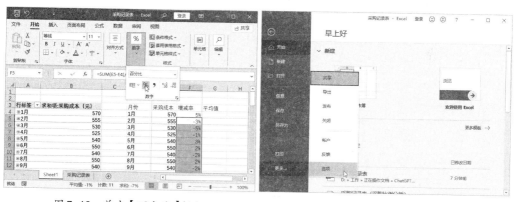

图7-45 单击【百分比】按钮

图7-46 单击【选项】命令

第9步 打开【Excel选项】对话框,切换到【加载项】选项卡中,单击【管理:Excel加载项】右侧的【转到】按钮,如图7-47所示。

第10步 打开【加载项】对话框,在【可用加载宏】列表中勾选【分析工具库】复选框,然后单击【确定】按钮,如图7-48所示。

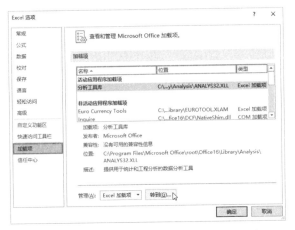

图 7-47　单击【转到】按钮　　　　图 7-48　勾选【分析工具库】复选框

第11步 返回工作表，即可查看到【数据】选项卡中添加了【分析】组，选择G4单元格，单击【数据】选项卡【分析】组中的【数据分析】按钮，如图7-49所示。

第12步 打开【移动平均】对话框，单击【输入区域】右侧的折叠按钮，如图7-50所示。

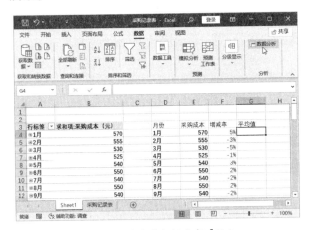

图 7-49　单击【数据分析】按钮　　　　图 7-50　单击折叠按钮

第13步 在工作表中选择F4:F15单元格区域，然后单击【移动平均】对话框中的展开按钮，如图7-51所示。

第14步 使用相同的方法，在【输出区域】选择G4:G15单元格区域，然后勾选【图表输出】复选框，单击【确定】按钮，如图7-52所示。

第 7 章
把控好动销：商品进销存数据分析

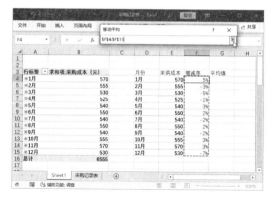

图 7-51　单击展开按钮

图 7-52　单击【确定】按钮

第15步 返回工作中，即可查看到来年预测平均值数据，并以图表形式显示出来，如图 7-53 所示。

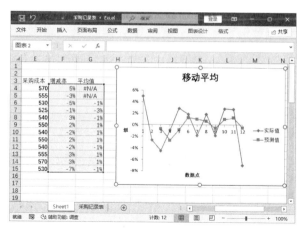

图 7-53　查看预测数据

温馨提示●

移动平均计算通常需要使用一定数量的历史数据。因为本例的数据从 1 月开始，引用数据位于表格的开始处，而移动平均的窗口覆盖了这些起始值，导致前两个月的平均数据显示为错误。在实际应用时，可以为其添加前两个月的数据进行分析。

7.2　商品销售分析

商品的销售额与销售量无疑是衡量一家店铺运营状况的关键指标。在这个市场竞争激烈的时代，商家要想在众多竞争对手中脱颖而出，就必须深入研究和了解各种商品的销售情况。这样才能在运营过程中制定出切实可行的策略，从而提升商品的销量，实现店铺的持续盈利。

本例将对商品的销量进行分析，实例效果如图 7-54 所示，最终效果文件见"结果文件\第 7 章\顾客购买记录表.xlsx"文件。

 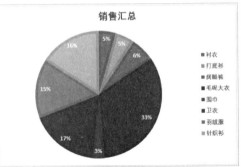

图 7-54　商品销售分析

7.2.1 冻结首行方便查看长记录数据

在商品销售之后，需要对顾客的购买数据进行浏览。如果表格中数据记录有很多，一般不方便查看。此时可以先冻结表头，再来查看数据，操作方法如下。

第1步 ▶ 打开"素材文件\第7章\顾客购买记录.xlsx"，选中任意数据区域，单击【视图】选项卡【窗口】组中的【冻结窗格】下拉按钮，在弹出的下拉菜单中单击【冻结首行】命令，如图 7-55 所示。

第2步 ▶ 操作完成后，下拉数据时，表头始终可见，如图 7-56 所示。

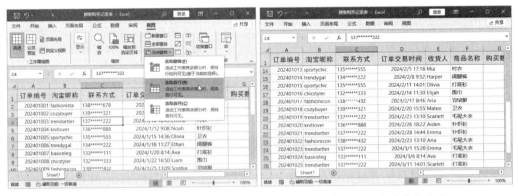

图 7-55　单击【冻结首行】命令　　　　　图 7-56　查看冻结效果

7.2.2 分类汇总商品销售数据表

在繁杂的商品列表中，要想精确判断哪种商品的销售额最高，仅凭销售数据表难以直观得出。因此，建议对商品进行分类汇总，以便更清晰地查看。具体的操作步骤如下。

第7章 把控好动销：商品进销存数据分析

第1步 接上一例操作，选中【商品名称】列中的任意数据单元格，单击【数据】选项卡【排序和筛选】组中的【升序】按钮，如图7-57所示。

第2步 数据将按商品名称的首字母进行升序排列，单击【数据】选项卡【分级显示】组中的【分类汇总】按钮，如图7-58所示。

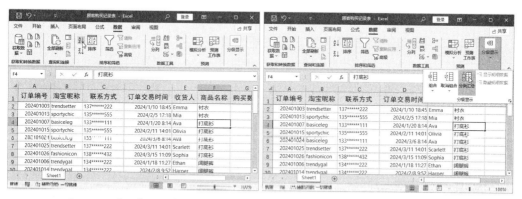

图7-57　单击【升序】按钮　　　　　图7-58　单击【分类汇总】按钮

第3步 打开【分类汇总】对话框，设置【分类字段】为【商品名称】，【汇总方式】为【求和】，勾选【选定汇总项】列表中的【实付款】复选框，然后单击【确定】按钮，如图7-59所示。

第4步 操作完成后，工作表中的数据将按【商品名称】汇总，如图7-60所示。

 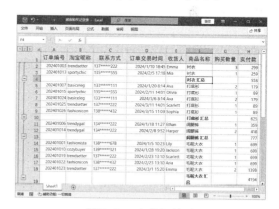

图7-59　设置汇总依据　　　　　　图7-60　查看汇总项

7.2.3 插入数据透视表和数据透视图分析销量

在分析商品销量时，除了可以通过分类汇总查看之外，还可以通过数据透视表和数据透视图来灵活查看与分析数据，操作方法如下。

第1步 接上一例操作，选中任意数据单元格，单击【数据】选项卡【分级显示】组中的【分类汇总】按钮，如图7-61所示。

第2步 打开【分类汇总】对话框，单击【全部删除】按钮，删除分类汇总，如图7-62所示。

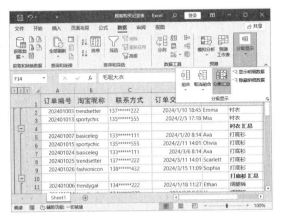

图7-61 单击【分类汇总】按钮

图7-62 单击【全部删除】按钮

第3步 选中任意数据单元格，单击【插入】选项卡【表格】组中的【推荐的数据透视表】按钮，如图7-63所示。

第4步 打开【推荐的数据透视表】对话框，单击【求和项：实付款，按商品名称（+）】选项，然后单击【确定】按钮，如图7-64所示。

图7-63 单击【推荐的数据透视表】按钮

图7-64 选择数据透视表样式

第5步 选中数据透视表中的任意数据单元格，单击【数据透视表分析】选项卡【工具】

第 7 章
把控好动销：商品进销存数据分析

组中的【数据透视图】按钮，如图 7-65 所示。

第6步 ▶ 打开【插入图表】对话框，单击【饼图】命令，然后单击【确定】按钮，如图 7-66 所示。

图 7-65　单击【数据透视图】按钮

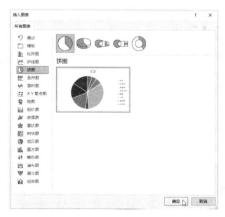

图 7-66　单击【确定】按钮

第7步 ▶ 插入数据透视图，右击字段按钮，在弹出的快捷菜单中单击【隐藏图表上的所有字段按钮】命令，如图 7-67 所示。

第8步 ▶ 更改图表标题中的文本，然后在【开始】选项卡的【字体】组中设置字体样式，如图 7-68 所示。

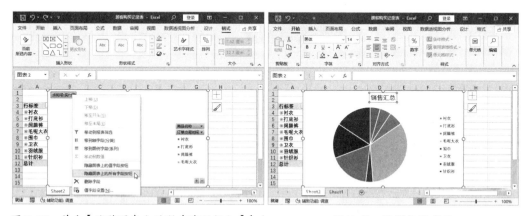

图 7-67　单击【隐藏图表上的所有字段按钮】命令　　图 7-68　设置标题字体

第9步 ▶ 选中数据透视表，单击【设计】选项卡【图表样式】组中的【更改颜色】下拉按钮，在弹出的下拉菜单中选择一种主题颜色，如图 7-69 所示。

第10步 ▶ 在【图表样式】下拉列表中选择一种带数据标签的图表样式，如图 7-70 所示。

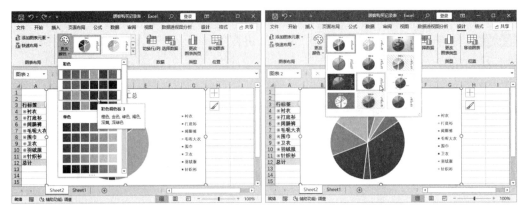

图 7-69　设置图表颜色　　　　　图 7-70　选择图表样式

第11步 操作完成后，即可在图表中查看销售汇总数据，如图 7-71 所示。

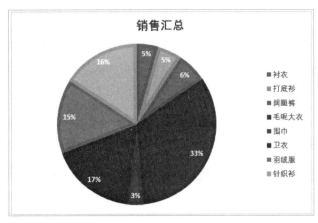

图 7-71　查看销售汇总数据

7.2.4　使用AI工具分析销售情况

当我们将各种销售数据汇总后，如果还不能从中找出规律，可以通过AI工具来帮助分析，以找到潜在的商机。

> **提问：** 你是一名电商分析师，具有敏锐的市场洞察力和数据分析能力。以下是本店近期的销量数据，现在需要根据销量分析哪种商品销量较好，需要加大销售力度，哪种商品比较滞销，需要进行推广，请以数据报告的形式呈现。
>
> | 商品名称 | 购买数量 | 实付款 |
> |---|---|---|
> | 衬衣 | 4 | 558 |

第 7 章
把控好动销：商品进销存数据分析

打底衫	7	625
阔腿裤	3	777
毛呢大衣	6	4194
围巾	4	396
卫衣	5	2197
羽绒服	4	1897
针织衫	10	1995

⑤ ChatGPT

电商销量数据报告

1. 销售总览

总销售额：¥12639

总购买数量：43

2. 单品分析

2.1 销售较好的商品

• 针织衫

购买数量：10

实付款：¥1995

平均单价：¥199.50

销售额占比：15.8%

• 毛呢大衣

购买数量：6

实付款：¥4194

平均单价：¥699.00

销售额占比：33.2%

• 卫衣

购买数量：5

实付款：¥2197

平均单价：¥439.40

销售额占比：17.4%

2.2 待加大销售力度的商品

• 打底衫

购买数量：7

实付款：¥625

平均单价：¥89.29

销售额占比：4.9%

- 衬衣

购买数量：4

实付款：¥558

平均单价：¥139.50

销售额占比：4.4%

2.3 待推广的滞销商品

- 阔腿裤

购买数量：3

实付款：¥777

平均单价：¥259.00

销售额占比：6.1%

- 羽绒服

购买数量：4

实付款：¥1897

平均单价：¥474.25

销售额占比：15.0%

- 围巾

购买数量：4

实付款：¥396

平均单价：¥99.00

销售额占比：3.1%

3. 推荐策略

- 加大推广力度：

打底衫和衬衣的销售额占比相对较低，可通过促销、搭配推荐等方式增加销售量。

- 销售力度加大：

继续强化针织衫、毛呢大衣和卫衣的宣传，考虑推出套装或打折活动以提高销售额。

- 推广滞销商品：

通过促销、搭配推荐等手段提升阔腿裤、羽绒服和围巾的销售量，增加宣传力度。

以上分析为近期销售情况的总体概览，具体的市场变化和推广效果需持续关注并及时调整销售策略。

第 7 章
把控好动销：商品进销存数据分析

以上是 AI 工具 ChatGPT 通过汇总的数据得出的分析结果，并给出了相关的策略。但策略比较简单，如果想要更详细的策略，可以再次提问。

> **提问**：请详细说明推荐策略，并举例。

ChatGPT

推荐策略详解

1. 加大推广力度：打底衫和衬衣

目标：提高打底衫和衬衣的销售额占比。

- 具体策略：

促销活动：设立限时促销，例如购买打底衫或衬衣即可享受折扣或赠品活动。

搭配推荐：创建搭配推荐，将打底衫和衬衣搭配在一起，以一定折扣的价格销售。

示例：

- 促销活动：

"购买任意打底衫或衬衣，立享第二件半价优惠！仅本周有效。"

"满额赠送精美围巾一条，仅限购买衬衣的顾客。"

- 搭配推荐：

"经典搭配套装：搭配一件衬衣和一件打底衫，套装价格比单独购买更优惠！"

"秋季新款搭配推荐：购买打底衫即享衬衣九折优惠，打造时尚秋季 look！"

2. 销售力度加大：针织衫、毛呢大衣和卫衣

目标：进一步提升针织衫、毛呢大衣和卫衣的销售额。

- 具体策略：

强化宣传：在电商平台、社交媒体等渠道增加广告投放，突出这些畅销商品的特色和优势。

套装销售：推出搭配套装，例如购买针织衫和卫衣的组合，享受一定折扣。

限时促销：设立限时促销活动，例如毛呢大衣季末清仓特卖，吸引更多顾客购买。

示例：

- 强化宣传：

制作引人注目的广告，强调针织衫的舒适度、毛呢大衣的时尚设计和卫衣的休闲风格。

利用社交媒体平台分享顾客的购物心得和穿搭照片，增强商品的口碑效应。

- 套装销售：

"冬季暖意套装：购买毛呢大衣和针织衫套装，享受套装价 8 折优惠！"

"休闲时尚搭配：卫衣+针织衫组合，特价套装仅限前 100 名购买者！"

- 限时促销：

"季末清仓：毛呢大衣限时特价，抢购即可享受额外5%折扣！"

3. 推广滞销商品：阔腿裤、羽绒服和围巾

目标：提高阔腿裤、羽绒服和围巾的销售量。

• 具体策略：

打包促销：推出搭配套装，例如购买羽绒服和围巾的组合，享受一定的折扣优惠。

明星单品推荐：将阔腿裤、羽绒服和围巾单独作为焦点，制作明星单品推荐页面，突出单品特色。

社交媒体活动：利用社交媒体举办用户分享活动，鼓励顾客晒出穿搭照片，增加商品的曝光度。

• 打包促销：

"冬日暖心套装：购买羽绒服和围巾套装，立享套装价9折优惠！"

"时尚搭配组合：阔腿裤+围巾，一起购买即可获得阔腿裤折扣券一张！"

明星单品推荐：

制作羽绒服特辑，介绍不同颜色和款式的羽绒服，强调保暖性能。

推出围巾的多种搭配方式，搭配不同服装展示。

• 社交媒体活动：

通过社交媒体平台发布话题，鼓励顾客分享他们的阔腿裤穿搭，最佳穿搭有机会获得优惠券奖励。

发起围巾搭配挑战，邀请顾客分享最具创意的围巾搭配照片，获胜者获得购物折扣券奖励。

以上策略是根据商品的销售状况提出的一些建议，具体的执行方案需要根据店铺的实际情况和受众群体进行调整。同时，密切关注市场反馈和销售数据，及时调整策略以取得最佳效果。

在查看ChatGPT的策略方案后，是不是发现杂乱无章的数据已经厘清？在实际应用时，结合店铺的情况，再针对性地提问，可以得到更广阔的思路，为店铺打开销路。

7.3 商品库存分析

在电商运营中，商品库存管理是至关重要的环节，它直接影响能否准时为顾客发货。有效的库存管理能够确保交易的正常进行，提升客户满意度。因此，电商企业和店铺运营者需要深入理解库存管理的重要性，并掌握相应的策略和方法。

本例将对商品库存进行分析，实例效果如图7-72所示，最终效果文件见"结果文件\第7章\商品库存记录.xlsx"文件。

第 7 章
把控好动销：商品进销存数据分析

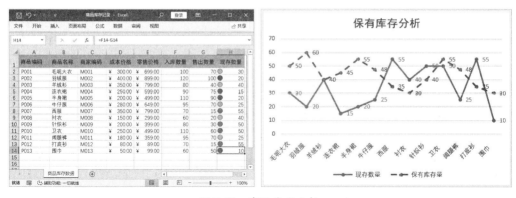

图 7-72 商品库存分析

7.3.1 统计各类商品预存数量

在进行商品销售时，为确保供应充足，需对各类商品进行预存数量统计，以防止商品库存不足，操作方法如下。

第1步 打开"素材文件\第7章\商品库存记录.xlsx"，在H2单元格中输入公式"=F2-G2"，如图7-73所示。

第2步 按【Enter】键确认，计算出毛呢大衣的现存数量，向下填充公式到H14单元格，即可计算出所有商品的现存数量，如图7-74所示。

图 7-73 输入公式

图 7-74 填充公式

7.3.2 使用条件格式标记充裕和告急库存

当库存商品数量减少时，应迅速补货。为了更好地查看和管理库存数据，可以使用条件格式来突出显示特定数据，以便更轻松地识别和跟踪，操作方法如下。

第1步　接上一例操作，选择H2:H14单元格区域，单击【开始】选项卡【样式】组中的【条件格式】下拉按钮，在弹出的下拉菜单中选择【图标集】选项，在弹出的子菜单中选择一种形状图标，如图7-75所示。

第2步　操作完成后即可查看到【现存数量】列中，数量较多的数据以绿色图标标记，代表库存充足；数量较少的数据以黄色图标标记，代表库存较少；数量很少的数据以红色图标标记，表示库存告急，如图7-76所示。

图7-75　选择图标集　　　　　　　　图7-76　查看图标集效果

7.3.3　统计各类商品保有库存

虽然使用图标集来标记库存较便利，但其准确性并不高。由于每种商品的销售情况存在差异，库存量可能会有所不同。因此，更准确的方法是根据进货和入库的数量来统计保有库存。在本例中，我们以保有库存是入库数量的二分之一为例，详细介绍如何统计各类商品的保有库存。

第1步　接上一例操作，在I1单元格中输入表头"保有库存量"，然后在I2单元格中输入公式"=F2/2"，如图7-77所示。

第2步　向下填充公式到I14单元格，计算出所有商品的保有库存量，如图7-78所示。

第3步　选中I2:I14单元格区域，单击【开始】选项卡【数字】组中的【减少小数位数】按钮，去除保有库存量的小数，

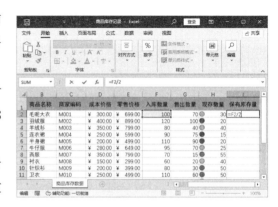

图7-77　输入公式

如图7-79所示。

图7-78 填充公式　　　　　图7-79 单击【减少小数位数】按钮

第4步 按住【Ctrl】键选中B1:B14和H1:I14单元格区域，单击【插入】选项卡【图表】组中的【查看所有图表】按钮，如图7-80所示。

第5步 打开【插入图表】对话框，选择【折线图】选项，在右侧单击【带数据标记的折线图】命令，如图7-81所示，然后单击【确定】按钮。

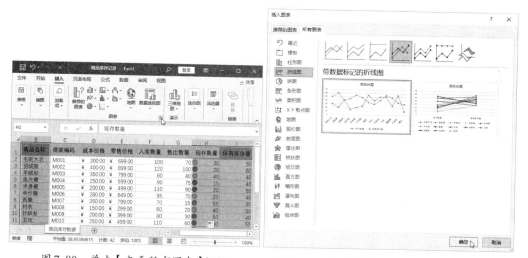

图7-80 单击【查看所有图表】按钮　　图7-81 单击【带数据标记的折线图】命令

第6步 返回工作表，即可查看到图表已经插入，更改图表标题中的文本，然后在【开始】选项卡的【字体】组中设置字体样式，如图7-82所示。

第7步 选择【现存数量】折线，单击【格式】选项卡【形状样式】组中的【形状轮廓】下拉按钮，在弹出的下拉菜单中单击【绿色】，如图7-83所示。

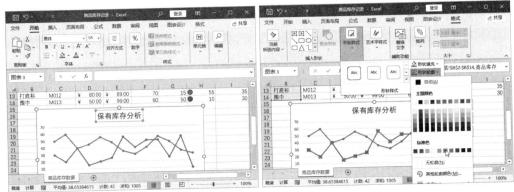

图 7-82　设置标题字体样式　　　　图 7-83　设置现存数量折线

第8步 选中【保有库存量】折线，单击【格式】选项卡【形状样式】组中的【形状轮廓】下拉按钮，在弹出的下拉菜单中单击【红色】，如图7-84所示。

第9步 保持【保有库存量】折线的选择，再次单击【形状轮廓】下拉按钮，在弹出的下拉菜单中单击【短划线】命令，如图7-85所示。

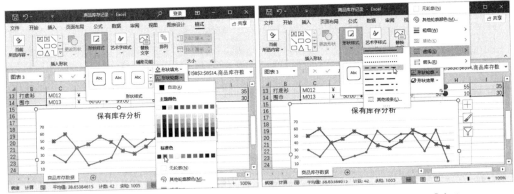

图 7-84　设置保有库存量折线　　　　图 7-85　单击【短划线】命令

第10步 选中图表，单击【图表设计】选项卡【图表布局】组中的【添加图表元素】下拉按钮，在弹出的下拉菜单中选择【数据标签】选项，在弹出的子菜单中单击【左侧】命令，如图7-86所示。

第11步 选中【保有库存量】折线的数据标签，单击【开始】选项卡【字体】组中的【字体颜色】下拉按钮，在弹出的下拉菜单中单击【红色】，如图7-87所示。

第 7 章
把控好动销：商品进销存数据分析

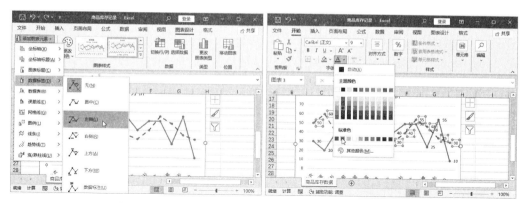

图 7-86　单击【左侧】命令　　　　图 7-87　设置【保有库存量】数据标签颜色

第12步 选中【现存数量】折线的数据标签，单击【开始】选项卡【字体】组中的【字体颜色】下拉按钮 A，在弹出的下拉菜单中单击【绿色】，如图 7-88 所示。

第13步 操作完成后，即可查看现存数量和保有库存量的图表效果。当保有库存量的折线低于现存数量折线时，就表示库存告急，需要补充，如图 7-89 所示。

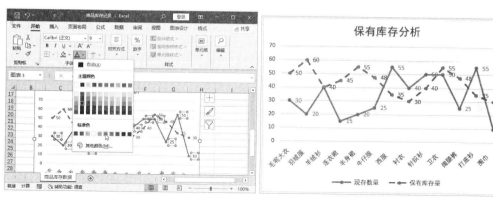

图 7-88　设置【现存数量】数据标签颜色　　　　图 7-89　查看效果

7.3.4　使用 AI 工具分析库存量

通过对库存量的分析，我们可以得出哪些商品比较畅销，可以加大进货量；哪些商品库存较多，需要通过促销减少库存。下面通过 AI 工具讯飞星火大模型，根据库存数据来分析畅销和滞销的商品。

> **提问：** 你是一名电商分析师，具有敏锐的市场洞察力和数据分析能力。以下是本店的库存数据，所有商品为同一时间入库，在销售了一段时间之后库存数量不一。现在需要根据

库存数据，分析哪些商品需要加大进货量，哪些商品造成了库存积压，需要减少库存量。

商品名称	成本价格	零售价格	入库数量	售出数量
毛呢大衣	¥300.00	¥699.00	100	70
羽绒服	¥400.00	¥899.00	120	100
羊绒衫	¥350.00	¥799.00	80	40
连衣裙	¥250.00	¥599.00	90	75
半身裙	¥200.00	¥499.00	110	90
牛仔服	¥280.00	¥649.00	95	70
西服	¥350.00	¥799.00	70	15
衬衣	¥150.00	¥299.00	60	20
针织衫	¥200.00	¥399.00	80	30
卫衣	¥250.00	¥499.00	110	60
阔腿裤	¥180.00	¥359.00	95	70
打底衫	¥80.00	¥89.00	70	15
围巾	¥50.00	¥99.00	60	50

讯飞星火大模型

根据提供的数据，我们可以通过分析每种商品的库存周转率（售出数量/入库数量）来判断哪些商品需要加大进货量，哪些商品造成了库存积压。

1. 毛呢大衣：库存周转率为70/100 = 0.7，说明销售情况良好，但考虑到可能的季节性需求变化，可以适当增加库存。
2. 羽绒服：库存周转率为100/120 = 0.83，销售情况非常好，可以考虑加大进货量。
3. 羊绒衫：库存周转率为40/80 = 0.5，销售一般，可以维持现状或稍微减少库存。
4. 连衣裙：库存周转率为75/90 = 0.83，销售情况非常好，可以考虑加大进货量。
5. 半身裙：库存周转率为90/110 = 0.82，销售情况非常好，可以考虑加大进货量。
6. 牛仔服：库存周转率为70/95 = 0.74，销售情况良好，可以考虑加大进货量。
7. 西服：库存周转率为15/70 = 0.21，销售不佳，需要减少库存。
8. 衬衣：库存周转率为20/60 = 0.33，销售一般，可以维持现状或稍微减少库存。
9. 针织衫：库存周转率为30/80 = 0.375，销售一般，可以维持现状或稍微减少库存。
10. 卫衣：库存周转率为60/110 = 0.545，销售情况良好，可以考虑加大进货量。
11. 阔腿裤：库存周转率为70/95 = 0.74，销售情况良好，可以考虑加大进货量。
12. 打底衫：库存周转率为15/70 = 0.214，销售不佳，需要减少库存。
13. 围巾：库存周转率为50/60 = 0.833，销售情况非常好，可以考虑加大进货量。

> 总结：根据库存周转率分析结果，羽绒服、连衣裙、半身裙、牛仔服、毛呢大衣、卫衣、阔腿裤和围巾的销售情况较好，可以考虑加大进货量；羊绒衫、衬衣、针织衫的销售情况一般，可以维持现状或稍微减少库存；而西服和打底衫的销售不佳，需要减少库存。

以上是AI工具讯飞星火大模型根据提供的库存数据进行分析，得到的分析结果。在分析时，其根据提供的售出数量和入库数量，给出了增加或减少库存的建议。

本章小结

进销存管理在店铺运营中占据举足轻重的地位，节约成本、提高效益是经营的核心目标。本章旨在运用Excel与AI工具，深度分析进销存数据，以优化供应链管理，实现精准的进销存控制。合理确定进货周期、适度调整库存水平，有助于企业更好地应对市场波动，提升市场响应速度。

Excel

第 8 章

绘制用户画像：
用户消费行为分析

💡 本章导读

　　电商运营的核心环节之一就是用户消费行为分析。对用户的消费行为进行深入研究，有助于我们绘制出更为精准的用户画像，进而为电商企业提供有力的市场洞察和决策支持。在本章中，我们将集中探讨用户的购物偏好、消费等级及促销响应等消费行为，以便全面了解用户群体的特征。这些深入的了解将有助于电商企业实施个性化服务和有效精准营销，从而提升其市场竞争力。

📋 知识要点

- 掌握新老顾客人数分析
- 掌握顾客消费情况分析
- 掌握顾客需求情况分析

第 8 章
绘制用户画像：用户消费行为分析

8.1 新老顾客情况分析

网站运营状况评估的关键在于其每日成交量，而成交量则受客户数量的影响。如果一家店铺每日都有新客户光顾并购买商品，同时老客户也频繁回访，这便显示出该网店的运营状况良好，且客户基础稳固。然而，一旦发现客户数量不稳定，商家需要及时针对相应问题采取行动，以维护和扩大客源。

本例以分析消费人群中的新老顾客比例为例，介绍数据分析的方法。实例效果如图 8-1 所示，最终效果文件见"结果文件\第 8 章\新老顾客数量统计表.xlsx"文件。

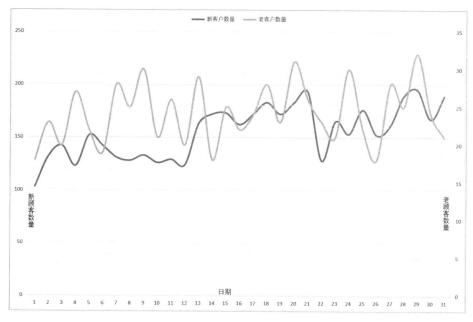

图 8-1 新老顾客数量分析

8.1.1 导入并处理新老顾客数量记录表

在统计新老顾客数量时，如果记录是以文本文件的形式保存的，可以将其导入 Excel 表格中再进行分析，操作方法如下。

第1步 ▶ 打开"素材文件\第 8 章\新老顾客数量统计表.xlsx"，单击【数据】选项卡【获取和转换数据】组中的【自文本/CSV】按钮，如图 8-2 所示。

第2步 ▶ 打开【导入数据】对话框，选择"素材文件\第 8 章\新老顾客数量记录.txt"文本文件，然后单击【导入】按钮，如图 8-3 所示。

255

图 8-2　单击【自文本/CSV】按钮

图 8-3　选择素材文件

第3步 打开【新老顾客数量记录.txt】窗口,设置【文本原始格式】为【无】,然后单击【加载】按钮,如图8-4所示。

第4步 返回工作表,即可查看到文本文件中的数据已经导入Excel中,单击【表设计】选项卡【工具】组中的【转换为区域】按钮,如图8-5所示。

图 8-4　单击【加载】按钮

图 8-5　单击【转换为区域】按钮

第5步 在打开的提示对话框中单击【确定】按钮,如图8-6所示。

图 8-6　单击【确定】按钮

第6步 单击【查询&连接】窗格中的【关闭】按钮 ✕,如图8-7所示。

第7步 右击A列的列标,在弹出的快捷菜单中单击【插入】命令,如图8-8所示。

第 8 章
绘制用户画像：用户消费行为分析

图8-7　单击【关闭】按钮　　　　　图8-8　单击【插入】命令

第8步 为插入的A列设置表头，然后在A2单元格和A3单元格中分别输入"1"和"2"，然后选中A2:A3单元格区域，拖动填充柄向下填充序列，如图8-9所示。

第9步 单击行与列左上角的 ，选中所有单元格，单击【开始】选项卡【字体】组中的【填充颜色】下拉按钮 ，在弹出的下拉菜单中单击【无填充】命令，如图8-10所示。

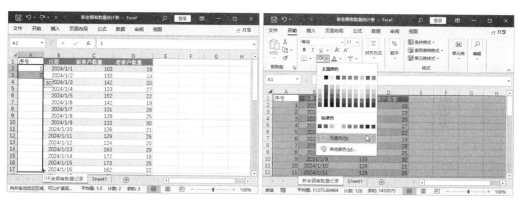

图8-9　填充数据　　　　　图8-10　单击【无填充】命令

第10步 重新为A1:D1设置填充颜色和字体样式，完成后效果，如图8-11所示。

8.1.2　插入折线图分析新老顾客数量

根据上一例的数据表，我们发现新客户的数量超过了老客户。为了更好地了解新老客户的增减动态，我们可以引入折线

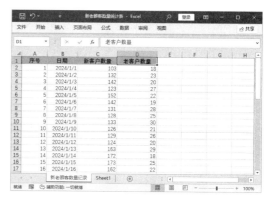

图8-11　重新设置单元格样式

257

图来辅助分析，操作方法如下。

第1步 打开"素材文件\第8章\新老顾客数量统计表.xlsx"，选中C1:D32单元格区域，单击【插入】选项卡【图表】组中的【插入折线图或面积图】下拉按钮，在弹出的下拉菜单中单击【折线图】命令，如图8-12所示。

第2步 选中图表，单击【图表设计】选项卡【图表样式】组中的【更改颜色】下拉按钮，在弹出的下拉菜单中选择一种主题颜色，如图8-13所示。

图8-12　单击【折线图】命令　　　　　图8-13　选择主题颜色

第3步 因为新客户和老客户的数量相差较大，在图表中并不能明显地看出老客户的数量情况，此时可以为其设置次坐标轴。右击老顾客数量折线，在弹出的快捷菜单中单击【设置数据系列格式】命令，如图8-14所示。

第4步 打开【设置数据系列格式】窗格，在【系列选项】中单击【次坐标轴】单选按钮，如图8-15所示。

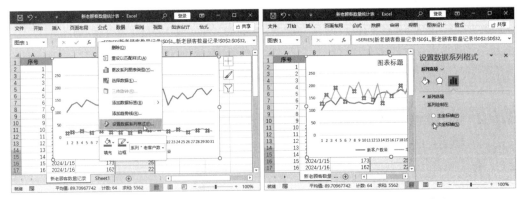

图8-14　单击【设置数据系列格式】命令　　　　图8-15　单击【次坐标轴】单选按钮

第8章
绘制用户画像：用户消费行为分析

第5步 切换到【填充与线条】选项卡，勾选【平滑线】复选框，如图8-16所示。

第6步 选择新客户数量折线，勾选【平滑线】复选框，如图8-17所示，然后单击【关闭】按钮×关闭窗格。

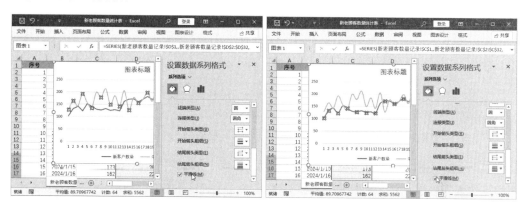

图8-16 勾选【平滑线】复选框　　　　图8-17 勾选【平滑线】复选框

第7步 选中图表，单击【图表设计】选项卡【图表样式】组中的【其他】下拉按钮，如图8-18所示。

第8步 在打开的图表样式列表中选择一种图表样式，如图8-19所示。

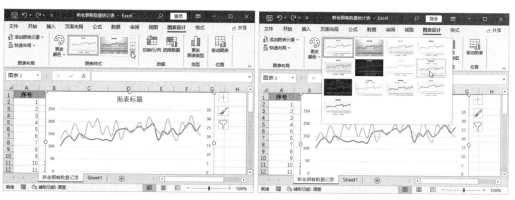

图8-18 单击【其他】下拉按钮　　　　图8-19 选择图表样式

第9步 选中图表标题，按【Delete】键删除图表标题，如图8-20所示。

第10步 由于图表的数据较多，因此可以将其移动到图表工作表，便于查看。选中图表，单击【图表设计】选项卡【位置】组中的【移动图表】按钮，如图8-21所示。

259

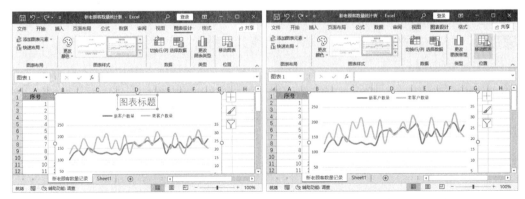

图 8-20　删除标题　　　　　　　图 8-21　单击【移动图表】按钮

第11步 打开【移动图表】对话框，选择【新工作表】单选按钮，在右侧的文本框中输入图表工作表的名称（可以使用默认名称），然后单击【确定】按钮，如图 8-22 所示。

第12步 操作完成后，即可查看到图表已经移动到新工作表中，图表的大小会随着工作表窗口的大小自动调整。添加文本框，为图表设置坐标轴标签即可，如图 8-23 所示。

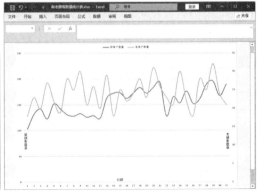

图 8-22　单击【确定】按钮　　　　　　图 8-23　查看图表工作表

8.2　顾客消费情况分析

在当今竞争激烈的电商市场中要想脱颖而出，制定成功的营销策略并提高企业盈利能力，关键在于深入洞察消费者的消费行为和需求。顾客消费情况的研究，可以帮助企业找到自身的优势和不足，从而调整战略方向，实现可持续发展。

本例将通过对新老顾客消费数据的分析，明确消费数量和消费金额。实例效果如图 8-24 所示，最终效果文件见"结果文件\第8章\顾客购买记录.xlsx"文件。

第8章
绘制用户画像：用户消费行为分析

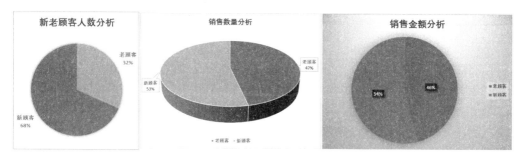

图8-24　顾客消费情况分析

8.2.1 新老顾客人数统计与比例分析

在分析新老顾客的消费情况时，我们需要分别统计新老顾客的人数。为了方便统计，我们可以使用数据透视表，操作方法如下。

第1步 打开"素材文件\第8章\顾客购买记录.xlsx"，选中任意数据单元格，单击【插入】选项卡【表格】组中的【数据透视表】按钮，如图8-25所示。

第2步 打开【创建数据透视表】对话框，保持默认设置，直接单击【确定】按钮，如图8-26所示。

图8-25　单击【数据透视表】按钮

图8-26　单击【确定】按钮

第3步 在【数据透视表字段】窗格中，将【收货人】字段添加到【行】列表，将【求和项：订单编号】添加到【值】列表，如图8-27所示。

第4步 选择【求和项：订单编号】字段中的任意数据单元格，单击【数据透视表分析】选项卡【活动字段】组中的【字段设置】命令，如图8-28所示。

图 8-27 布局数据透视表　　　　图 8-28 单击【字段设置】命令

第5步 ▶ 打开【值字段设置】对话框，在【计算类型】列表框中单击【计数】命令，如图 8-29 所示，单击【确定】按钮。

第6步 ▶ 返回数据透视表，订单编号将按出现的次数计数，从而统计出老顾客的人数。选择【计数项：订单编号】字段中的任意数据单元格，单击【数据】选项卡【排序和筛选】组中的【降序】按钮，如图 8-30 所示。

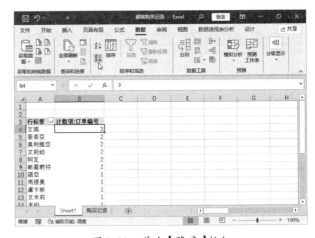

图 8-29 单击【计数】命令　　　　图 8-30 单击【降序】按钮

第7步 ▶ 在右侧工作表中输入统计类目文本，在统计老顾客的单元格中输入公式"=COUNT(B4:B9)"，如图 8-31 所示。

第8步 ▶ 按【Enter】键得到老顾客的人数。在统计新顾客的单元格中输入公式"=COUNT(B10:B22)"，如图 8-32 所示。

第 8 章
绘制用户画像：用户消费行为分析

图 8-31　计算老顾客人数　　　　　图 8-32　计算新顾客人数

第9步 ▶ 按【Enter】键得到新顾客的人数。选择 D4:E5 单元格区域，单击【插入】选项卡【图表】组中的【插入饼图或圆环图】下拉按钮，在弹出的下拉菜单中单击【饼图】命令，如图 8-33 所示。

第10步 ▶ 更改图表标题中的文本，在【开始】选项卡的【字体】组中设置字体样式，如图 8-34 所示。

图 8-33　单击【饼图】命令　　　　　图 8-34　设置标题文本

第11步 ▶ 选中图表，在【图表设计】选项卡【图表样式】组中选择一种预置图表样式，如图 8-35 所示。

第12步 ▶ 操作完成后，即可查看到新老顾客的占比，如图 8-36 所示。

图 8-35　选择图表样式

图 8-36　查看导入数据

8.2.2 统计新老顾客的销售数量和销售金额

在统计新老顾客销售数量和销售金额时，可以将上一例中的图表复制到新工作表中，再根据需要添加字段来分析，操作方法如下。

第1步 接上一例操作，双击"Sheet1"工作表标签，输入工作表的名称，然后按【Enter】键，为工作表重新命名。右击重新命名的工作表，在弹出的快捷菜单中单击【移动或复制】命令，如图 8-37 所示。

第2步 打开【移动或复制工作表】对话框，在【下列选定工作表之前】列表中，单击【(移至最后)】命令，勾选【建立副本】复选框，然后单击【确定】按钮，如图 8-38 所示。

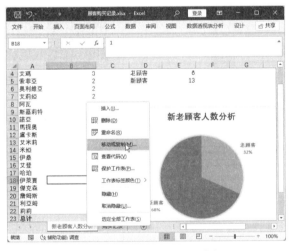

图 8-37　单击【移动或复制】命令

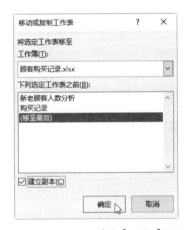

图 8-38　单击【确定】按钮

第8章
绘制用户画像：用户消费行为分析

> **温馨提示**
> 如果在【移动或复制工作表】对话框中取消勾选【建立副本】复选框，则可以移动工作表，反之则为复制工作表。

第3步 双击复制的工作表标签，为复制的工作表重新命名，如图8-39所示。

第4步 在【数据透视表字段】窗格中，将【求和项：购买数量】和【求和项：实付款】添加到【值】列表中，如图8-40所示。

图8-39 重命名工作表　　　　图8-40 布局数据透视表

第5步 在数据透视表字段右侧区域建立数据统计文本，在G4单元格中输入公式"=SUM(C4:C9)"，如图8-41所示。

第6步 按【Enter】键得到老顾客的销售数量。在H4单元格中输入公式"=SUM(D4:D9)"，如图8-42所示。

图8-41 计算老顾客销售数量　　　　图8-42 计算老顾客销售金额

第7步 按【Enter】键得到老顾客的销售金额。使用相同的方法统计新顾客的销售数量和销售金额即可，如图8-43所示。

图 8-43　查看计算结果

8.2.3 使用图表分析新老顾客的销售数量与销售金额比例

在完成数据统计之后，为了让新老顾客的对比数据更加直观易懂，我们可以通过制作图表的方式来展示这些信息，操作方法如下。

第1步 接上一例操作，选择F3:G5单元格区域，单击【插入】选项卡【图表】组中的【插入饼图或圆环图】下拉按钮，在弹出的下拉菜单中单击【三维饼图】命令，如图8-44所示。

第2步 选择图表，单击【图表设计】选项卡【图表布局】组中的【添加图表元素】下拉按钮，在弹出的下拉菜单中选择【数据标签】选项，在弹出的子菜单中单击【数据标注】命令，如图8-45所示。

图 8-44　单击【三维饼图】命令　　　　图 8-45　单击【数据标注】命令

第3步 单击【图表设计】选项卡【图表样式】组中的【更改颜色】下拉按钮，在弹出的下拉菜单中选择一种主题颜色,如图8-46所示。

第4步 更改图表的标题文本,在【开始】选项卡的【字体】组中设置字体样式,如图8-47所示。

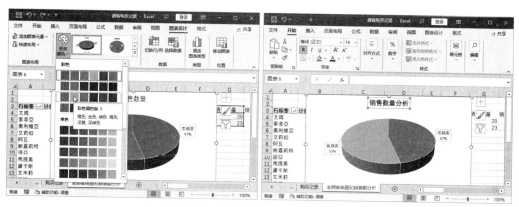

图8-46　选择图表颜色　　　　　　图8-47　设置标题样式

第5步 将图表移动到合适的位置,并调整图表的大小,如图8-48所示。

第6步 按住【Ctrl】键选择F3:F5和H3:H5单元格区域,单击【插入】选项卡【图表】组中的【插入饼图或圆环图】下拉按钮,在弹出的下拉菜单中单击【饼图】命令,如图8-49所示。

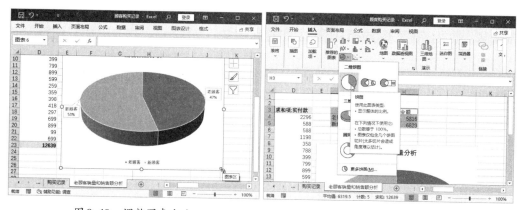

图8-48　调整图表大小　　　　　　图8-49　单击【饼图】命令

第7步 更改图表的标题文本,在【开始】选项卡的【字体】组中设置字体样式,如图8-50所示。

第8步 选择图表,在【图表设计】选项卡【图表样式】组中选择一种预置的带数据标签的图表样式,如图8-51所示。

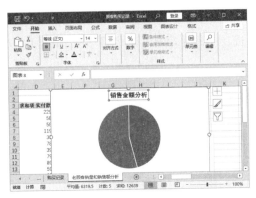

图 8-50 设置标题文本　　　　　　图 8-51 设置图表样式

第9步 操作完成后，即可查看图表的效果，从图表中可以清晰地看到新老顾客的销售数量和销售金额的所占比例，如图 8-52 所示。

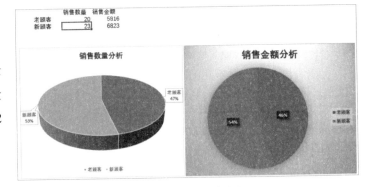

图 8-52 查看图表数据

8.2.4 使用AI工具分析顾客消费情况

当我们统计出新老顾客的消费情况之后，可以从中看出新顾客的销售数量和销售金额都大于老顾客，那么是不是应该着重于新客户的开发，而减少老客户的维护呢？如果对之后的经营策略摇摆不定，可以向AI工具讯飞星火大模型提问来寻求帮助。

> **提问：** 你是一名经验丰富的电商经营者，现在统计出店铺中新老顾客的销售数量和销售金额，请分析顾客的购买行为，数据如下：
>
> 　　　　　销售数量　　销售金额
> 老顾客　　20　　　　￥5816
> 新顾客　　23　　　　￥6823

💡 讯飞星火大模型

根据提供的数据，我们可以进行以下分析：

1. 销售数量对比：

新顾客的销售数量为23件，老顾客的销售数量为20件。这表明新顾客的购买意愿相对较高，可能是因为新顾客对店铺的产品或服务有较高的兴趣，或者是因为店铺针对新顾客推出了一些促销活动。

2. 销售金额对比：

新顾客的销售金额为6823元，老顾客的销售金额为5816元。虽然新顾客的销售数量略多于老顾客，但老顾客购买数量的平均购买金额却高于新顾客。这可能说明老顾客更倾向于购买高价值的商品，或者他们在购买时更注重品质和性价比。

3. 顾客忠诚度分析：

从销售数量和销售金额来看，老顾客的购买行为相对稳定，且具有较高的消费能力。这说明老顾客对店铺有一定的忠诚度，他们愿意在店铺中重复消费。对于电商经营者来说，维护老顾客的关系和提高他们的满意度是非常重要的，可以通过优化产品质量、提升服务水平、加强客户关系管理等手段来实现。

4. 新顾客拓展策略：

虽然新顾客的销售数量略多于老顾客，但他们以销售数量来计算，平均购买商品的金额较低。这意味着新顾客还有很大的潜力可以挖掘。电商经营者可以通过优化产品结构、举办促销活动、提供优惠券等方式来吸引新顾客，并促使他们成为忠实的回头客。

5. 总体建议：

电商经营者应该关注老顾客的满意度和忠诚度，通过提供优质的产品和服务来维持他们对店铺的长期支持。同时，也要重视新顾客的开发和培养，通过各种营销手段来提高他们的购买频次和购买量。此外，还可以通过数据分析来了解不同类型顾客的喜好和需求，从而制定更加精准的营销策略。

通过AI工具讯飞星火大模型的分析，商家可以更好地掌握新老顾客的销售数据，并根据提出的建议改进营销策略，提升店铺的竞争力。

8.3 顾客需求情况分析

在电商行业中，深入理解消费者的消费状况是制定成功的营销策略和提高企业盈利能力的重要步骤。通过对消费者消费情况进行全面分析，可以了解不同促销方式对购物行为的影响，揭示不同消费群体之间的差异。对消费者需求情况的深入剖析，将为电商平台提供有针对性的市场洞察，有助于制定个性化的促销策略和服务模式，提升用户体验，增强用户忠诚度。

本节将深入研究顾客的需求情况，包括购物偏好、消费等级、消费者年龄和其他关键指标。实例效果如图8-53所示，最终效果文件见"结果文件\第8章\促销方式分析.xlsx、消费额层级分析.xlsx、消费人群年龄分析.xlsx、消费人群性别分析.xlsx"文件。

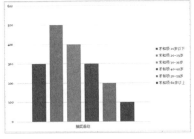
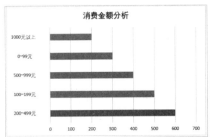
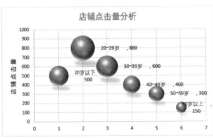

图 8-53　顾客需求分析

8.3.1　消费人群促销活动偏好分析

在经营商铺过程中，商家时常会推行各类促销活动。为了能确定何种促销策略最受消费者青睐，我们需要进行深入分析，操作方法如下。

第1步 打开"素材文件\第8章\促销方式分析.xlsx"，选中任意数据单元格，单击【插入】选项卡【图表】组中的【数据透视图】按钮，如图8-54所示。

第2步 打开【创建数据透视图】对话框，保持默认设置，直接单击【确定】按钮，如图8-55所示。

图 8-54　单击【数据透视图】按钮　　　　图 8-55　单击【确定】按钮

第8章 绘制用户画像：用户消费行为分析

第3步 新建数据透视表和数据透视图，添加所有字段到数据透视表中，字段分布如图8-56所示。

第4步 右击数据透视表中的任意字段按钮，在弹出的快捷菜单中单击【隐藏图表上的所有字段按钮】命令，如图8-57所示。

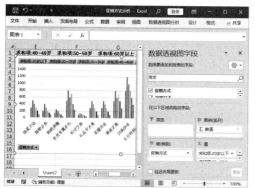

图8-56 布局数据透视表

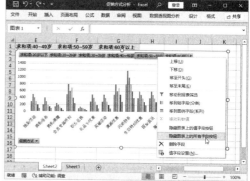

图8-57 单击【隐藏图表上的所有字段按钮】命令

第5步 单击【页面布局】选项卡【主题】组中的【主题】下拉按钮，在弹出的下拉菜单中选择一种主题样式，如图8-58所示。

第6步 单击【页面布局】选项卡【主题】组中的【颜色】下拉按钮，在弹出的下拉菜单中选择一种主题颜色，如图8-59所示。

图8-58 设置主题

图8-59 设置主题颜色

> **温馨提示**
> 主题是一组颜色、字体和效果的样式合集，通过选择主题，可以为整个工作表中的对象设置不同的效果，从而美化工作表。

271

第7步 选择数据透视图,单击【数据透视图分析】选项卡【筛选】组中的【插入切片器】按钮,如图8-60所示。

第8步 打开【插入切片器】对话框,勾选【促销方式】复选框,然后单击【确定】按钮,如图8-61所示。

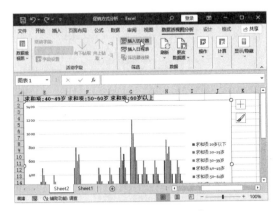

图8-60 单击【插入切片器】按钮　　图8-61 勾选【促销方式】复选框

第9步 返回工作表,即可查看到切片器已经插入,在切片器中选择促销方式,数据透视表和数据透视图中将显示相关的数据,便于筛选查看,如图8-62所示。

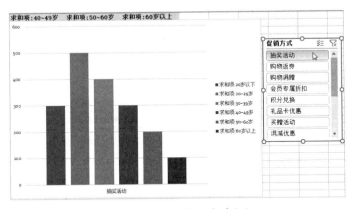

图8-62 通过切片器查看数据

8.3.2 顾客消费等级分析

消费等级是根据顾客在消费过程中的消费能力进行的分级。每个消费等级都反映了店铺商品的价格定位和类型定位,因此商家需要对消费人群进行等级分析,以更好地满足不同消费等级消费者的需求。下面将介绍顾客消费等级分析的方法。

第 8 章
绘制用户画像：用户消费行为分析

第1步 ▶ 打开"素材文件\第8章\消费额层级分析.xlsx"，在C2单元格中输入公式"=B2/SUM($B$2:$B$6)"，如图8-63所示。

第2步 ▶ 按【Enter】键得到结果，然后将结果填充到C3:C6单元格区域，如图8-64所示。

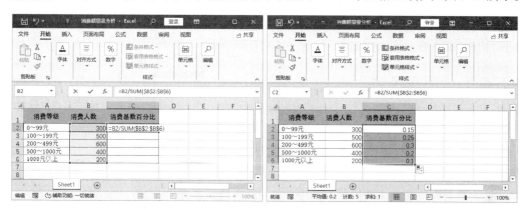

图 8-63　输入公式　　　　　　　图 8-64　填充公式

第3步 ▶ 选中C2:C6单元格区域，单击【开始】选项卡【数字】组中的【百分比】按钮%，如图8-65所示。

第4步 ▶ 为了方便查看，可以把消费人数按规律排序。选择B列中任意数据单元格，单击【数据】选项卡【排序和筛选】组中的【降序】按钮，如图8-66所示。

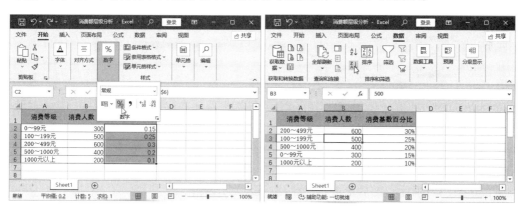

图 8-65　单击【百分比】按钮　　　　图 8-66　单击【降序】按钮

第5步 ▶ 选择A1:B6单元格区域，单击【插入】选项卡【图表】组中的【插入柱形图或条形图】下拉按钮，在弹出的下拉菜单中单击【簇状条形图】命令，如图8-67所示。

第6步 ▶ 在插入的条形图中，更改图表标题文本，然后在【格式】选项卡的【艺术字样式】组中选择一种艺术字样式，如图8-68所示。

273

图 8-67　单击【簇状条形图】命令　　　　图 8-68　设置标题样式

第7步 单击选中全部数据系列，再次单击"200～499元"数据系列，单击选中该系列，然后右击该系列，在弹出的快捷菜单中单击【设置数据点格式】命令，如图8-69所示。

第8步 打开【设置数据点格式】窗格，在【填充与线条】选项卡中选择系列的颜色为红色，如图8-70所示。

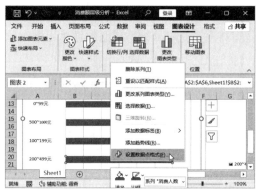 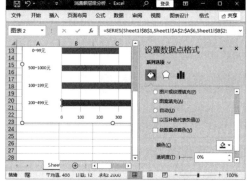

图 8-69　单击【设置数据点格式】命令　　　　图 8-70　设置数据点颜色

第9步 选择"1000元以上"数据系列，在【填充与线条】选项卡中选择系列的颜色为绿色，如图8-71所示，然后单击【关闭】按钮✖关闭窗格。

第10步 按住【Ctrl】键选择A1:A6和C1:C6单元格区域，单击【插入】选项卡【图表】组中的【插入饼图或圆环图】下拉按钮，在弹出的下拉菜单中单击【饼图】命令，如图8-72所示。

第8章
绘制用户画像：用户消费行为分析

图 8-71　设置数据点颜色　　　　图 8-72　单击【饼图】命令

第11步　选中饼图，单击【图表设计】选项卡【图表布局】组中的【添加图表元素】下拉按钮，在弹出的下拉菜单中选择【数据标签】选项，在弹出的子菜单中单击【居中】命令，如图8-73所示。

第12步　单击任意数据标签，在【开始】选项卡的【字体】组中设置字体样式，如图8-74所示。

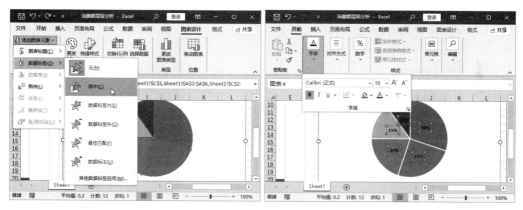

图 8-73　单击【居中】命令　　　　图 8-74　设置字体样式

第13步　选中图表，单击【格式】选项卡【图表样式】组中的【形状效果】下拉按钮，在弹出的下拉菜单中选择【棱台】选项，在弹出的子菜单中选择一种棱台效果，如图8-75所示。

第14步　两次单击30%的饼图，选中该系列并右击鼠标，在弹出的快捷菜单中单击【设置数据点格式】命令，如图8-76所示。

275

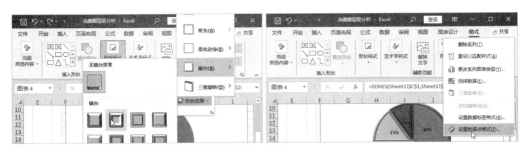

图 8-75　选择棱台效果　　　　　图 8-76　单击【设置数据点格式】命令

第15步 打开【设置数据点格式】窗格，设置【点分离】为【20%】，如图 8-77 所示，然后单击【关闭】按钮✖关闭窗格。

第16步 更改图表中的标题文本，在【格式】选项卡的【艺术字样式】组中选择一种艺术字样式，如图 8-78 所示。

图 8-77　设置点分离　　　　　　图 8-78　设置标题样式

第17步 操作完成后，即可查看图表效果。在条形图中可以查看哪一等级的消费人数最多；在饼图中可以查看各等级消费人数的占比，如图 8-79 所示。

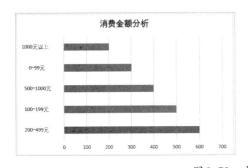
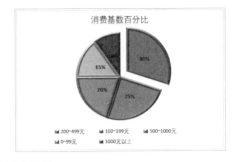

图 8-79　查看图表数据

8.3.3 顾客年龄分析

在电商行业，对顾客年龄进行深入分析也是至关重要的工作。通过研究不同年龄段的消费者行为，我们可以更好地理解他们的购物偏好和需求。通过对数据的深入分析，挖掘不同年龄段消费者的购物特点和趋势，我们能够更好地满足不同年龄段消费者的需求，提升电商业务的市场竞争力。顾客年龄分析的操作方法如下。

第1步 打开"素材文件\第8章\消费人群年龄分析.xlsx"，选中C列，右击鼠标，在弹出的快捷菜单中单击【插入】命令，如图8-80所示。

第2步 在插入的C列中输入表头文本，然后在C2单元格中输入公式"=B2/SUM($B$2:$B$7)"，如图8-81所示。

图8-80　单击【插入】命令　　　　　图8-81　输入公式

第3步 按【Enter】键得到计算结果，并将公式填充到C3:C7单元格区域。选中C2:C7单元格区域，单击【开始】选项卡【字体】组中的【百分比】按钮%，如图8-82所示。

第4步 在D列后插入E列，并输入表头文本，在E2单元格中输入公式"=D2/SUM($D$2:$D$7)"，然后将其填充到E3:E7单元格区域，并为其设置百分比样式，如图8-83所示。

   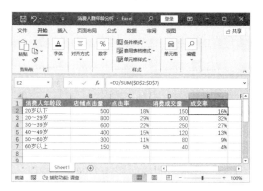

图8-82　单击【百分比】按钮　　　　图8-83　输入并填充公式

第5步 选择A1:C7单元格区域,单击【插入】选项卡【图表】组中的【插入散点图或气泡图】下拉按钮,在弹出的下拉菜单中单击【三维气泡图】命令,如图8-84所示。

第6步 选中图表,单击【图表设计】选项卡【图表样式】组中的【更改颜色】下拉按钮,在弹出的下拉菜单中选择一种主题颜色,如图8-85所示。

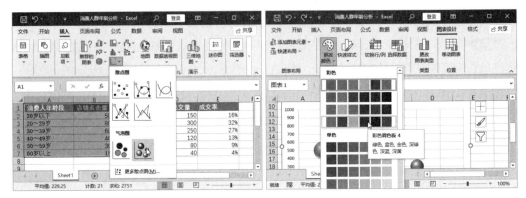

图8-84 单击【三维气泡图】命令　　　　图8-85 选择图表颜色

第7步 保持图表的选中状态,单击【图表设计】选项卡【图表布局】组中的【添加图表元素】下拉按钮,在弹出的下拉菜单中选择【坐标轴标题】选项,在弹出的子菜单中单击【主要纵坐标轴】命令,如图8-86所示。

第8步 在纵坐标轴文本框中输入标题文本,然后选中该文本框,单击【开始】选项卡【字体】组中的【字体设置】按钮,如图8-87所示。

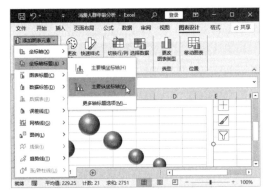 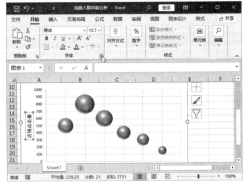

图8-86 单击【主要纵坐标轴】命令　　　　图8-87 单击【字体设置】按钮

第9步 打开【字体】对话框,在【字符间距】选项卡中设置【间距】为【加宽】,【度量值】为【2】磅,完成后单击【确定】按钮,如图8-88所示。

第8章
绘制用户画像：用户消费行为分析

第10步 选中图表，单击【图表设计】选项卡【图表布局】组中的【添加图表元素】下拉按钮，在弹出的下拉菜单中选择【数据标签】选项，在弹出的子菜单中单击【右侧】命令，如图8-89所示。

图8-88 设置字符间距　　　　　　　　图8-89 单击【右侧】命令

第11步 右击数据标签，在弹出的快捷菜单中单击【设置数据标签格式】命令，如图8-90所示。

第12步 打开【设置数据标签格式】窗格，在【标签选项】中勾选【X值】复选框，如图8-91所示。

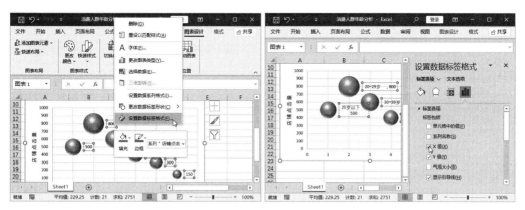

图8-90 单击【设置数据标签格式】命令　　　图8-91 勾选【X值】复选框

第13步 在【效果】选项卡的【阴影】组中选择一种预设的阴影样式，如图8-92所示，单击【关闭】按钮✕，关闭窗格。

279

第14步 更改图表的标题文本,在【格式】选项卡的【艺术字样式】组中选择一种艺术字样式,如图8-93所示。

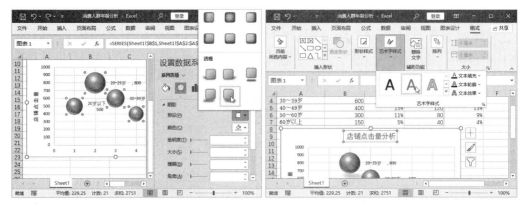

图8-92 选择阴影效果　　　　　　图8-93 设置标题样式

第15步 操作完成后,即可查看店铺点击量的数据分析,从图表中可以查看到20～29岁的人群点击量最高,如图8-94所示。

第16步 选择A1:A7和D1:E7单元格区域,单击【插入】选项卡【图表】组中的【插入散点图或气泡图】下拉按钮,在弹出的下拉菜单中单击【气泡图】命令,如图8-95所示。

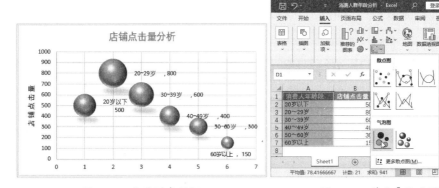

图8-94 查看图表数据　　　　　　图8-95 单击【气泡图】命令

第17步 选中图表,单击【图表设计】选项卡【图表布局】组中的【快速布局】下拉按钮,在弹出的下拉菜单中单击【布局5】命令,如图8-96所示。

第18步 更改纵坐标轴标题文本,在【开始】选项卡的【字体】组中设置字体样式,如图8-97所示。

第 8 章
绘制用户画像：用户消费行为分析

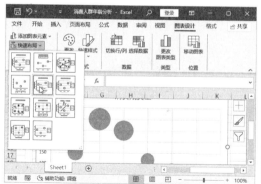

图 8-96　单击【布局 5】命令

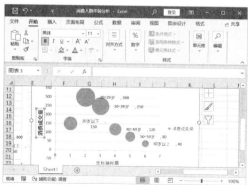

图 8-97　设置纵坐标轴标题文本

第19步　右击横坐标轴标题，在弹出的快捷菜单中单击【删除】命令，如图 8-98 所示。

第20步　选中图表，单击【图表设计】选项卡【图表布局】组中的【更改颜色】下拉按钮，在弹出的下拉菜单中选择一种主题颜色，如图 8-99 所示。

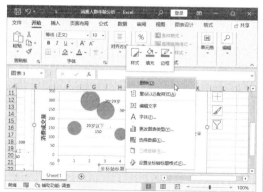

图 8-98　单击【删除】命令

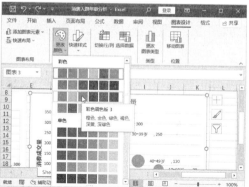

图 8-99　选择图表颜色

第21步　右击图表区域，在弹出的快捷菜单中单击【设置图表区域格式】命令，如图 8-100 所示。

第22步　打开【设置图表区格式】窗格，在【填充】栏单击【渐变填充】单选按钮，如图 8-101 所示。

第23步　在【方向】下拉菜单中选择一种渐变的方向，如图 8-102 所示。

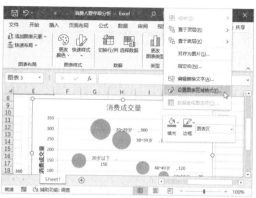

图 8-100　单击【设置图表区域格式】命令

281

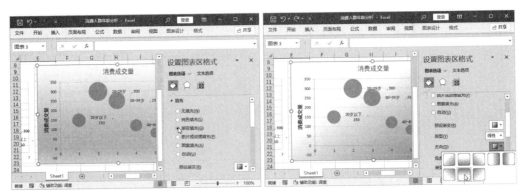

图 8-101　单击【渐变填充】单选按钮　　　图 8-102　选择渐变方向

第24步 更改图表的标题文本，在【格式】选项卡的【艺术字样式】组中选择一种艺术字样式，如图 8-103 所示。

第25步 操作完成后，即可查看各年龄段消费成交量的分析气泡图。从图表中可以查看到 20～29 岁的人群成交量最高，如图 8-104 所示。

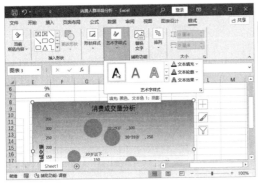
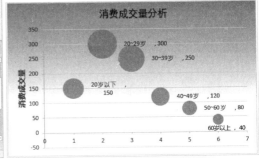

图 8-103　设置标题文本样式　　　　　图 8-104　查看图表数据

8.3.4 顾客性别分析

在电商数据分析中，性别分析是一项关键任务。它对于我们深入理解不同性别消费者的需求、偏好和行为模式至关重要。通过精准定位目标市场和优化产品推广，我们可以更好地满足不同性别消费者的需求，提升他们的购物体验。以下是进行顾客性别分析的具体步骤。

第1步 打开"素材文件\第8章\消费人群性别分析.xlsx"，选中任意数据区域，单击【插入】选项卡【图表】组中的【数据透视图】按钮，如图 8-105 所示。

第8章 绘制用户画像：用户消费行为分析

第2步 ▶ 打开【创建数据透视图】对话框，保持默认设置，单击【确定】按钮，如图8-106所示。

图8-105　单击【数据透视图】按钮

图8-106　单击【确定】按钮

第3步 ▶ 在【数据透视图字段】窗格中依次选中顾客性别、商品类别和消费成交量复选框，查看不同性别人群购买商品的数据信息，如图8-107所示。

第4步 ▶ 在【数据透视图字段】窗格中单击【商品类别】下拉按钮，在弹出的下拉菜单中单击【删除字段】命令，如图8-108所示。

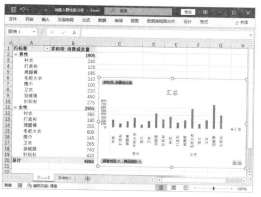

图8-107　布局数据透视表

图8-108　单击【删除字段】命令

> **温馨提示** ▶
> 如果已经关闭了字段列表，可以单击【数据透视图分析】选项卡【显示/隐藏】组中的【字段列表】按钮，显示字段窗格。

283

第5步 显示顾客的性别图表。选中图表，单击【设计】选项卡【类型】组中的【更改图表类型】命令，如图8-109所示。

第6步 打开【更改图表类型】对话框，选择【饼图】选项，然后在右侧单击【圆环图】命令，如图8-110所示。

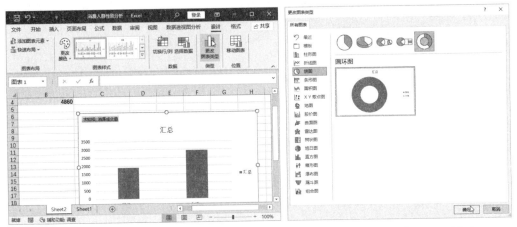

图8-109　单击【更改图表类型】命令　　　　图8-110　单击【圆环图】命令

第7步 右击图表中的字段按钮，在弹出的快捷菜单中单击【隐藏图表上的所有字段】按钮，如图8-111所示。

第8步 更改图表标题文本，选中标题，在【格式】选项卡的【艺术字样式】组中选择一种艺术字样式，如图8-112所示。

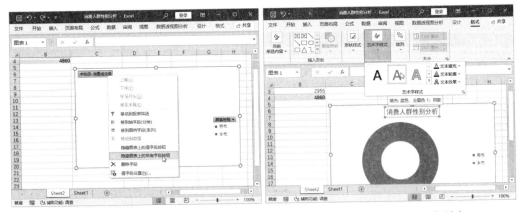

图8-111　单击【隐藏图表上的所有字段】按钮　　　　图8-112　设置标题文本样式

第9步 选中女性数据点，单击【格式】选项卡【形状样式】组中的【形状填充】下拉按钮,在弹出的下拉菜单中单击【其他填充颜色】命令,如图8-113所示。

第10步 打开【颜色】对话框,选择一种填充颜色,然后单击【确定】按钮,如图8-114所示。

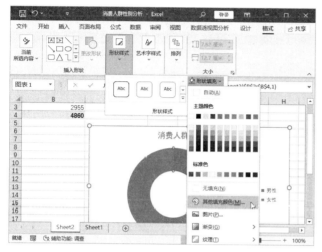

图8-113 单击【其他填充颜色】命令

图8-114 选择填充颜色

第11步 使用相同的方法为男性数据点设置填充颜色。选中图表,单击【设计】选项卡【图表布局】组中的【添加图表元素】下拉按钮,在弹出的下拉菜单中选择【图例】选项,在弹出的子菜单中单击【无】命令,如图8-115所示。

第12步 保持图表的选中状态,单击【设计】选项卡【图表布局】组中的【添加图表元素】下拉按钮,在弹出的下拉菜单中选择【数据标签】选项,在弹出的子菜单中单击【数据标注】命令,如图8-116所示。

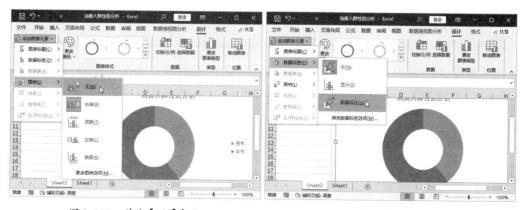

图8-115 单击【无】命令　　　　图8-116 单击【数据标注】命令

第13步 选中图表,单击【格式】选项卡【当前所选内容】组中的【设置所选内容格式】按钮,如图8-117所示。

第14步 打开【设置图表区格式】窗格,选择【图片或纹理填充】单选项,单击【图片源】组中的【插入】按钮,如图8-118所示。

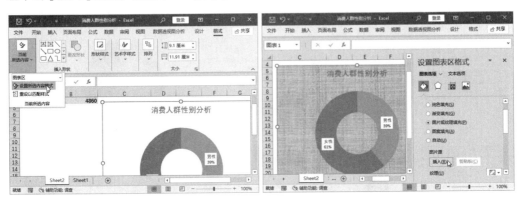

图8-117　单击【设置所选内容格式】按钮　　　图8-118　单击【插入】按钮

第15步 打开【插入图片】对话框,单击【来自文件】命令,如图8-119所示。

第16步 打开【插入图片】对话框,选择"素材文件\第8章\背景"图片,然后单击【插入】按钮,如图8-120所示。

图8-119　单击【来自文件】命令　　　图8-120　选择图片文件

第17步 为图表设置图片背景。在【设置图表区格式】窗格中设置【透明度】为【80%】,如图8-121所示。

第18步 操作完成后,即可查看消费人群性别的分析,数据显示女性大于男性,如图8-122所示。

第 8 章
绘制用户画像：用户消费行为分析

图 8-121　设置透明度

图 8-122　查看图表数据

8.3.5　使用 AI 工具分析顾客需求

本例中分析的数据较多，仅凭数字很难从中总结出顾客的需求。如果有了 AI 工具的帮助，就可以将数据整合，让其提出宝贵意见。下面，以 AI 工具讯飞星火大模型为例，介绍详细方法。

> **提问：** 你是一名经验丰富的电商经营者，现在统计出店铺中顾客的需求数据，请根据顾客的行为，分析如何更好地满足顾客的需求，数据如下：
>
> 第一组数据是促销方式分析
>
> | 促销方式 | 20岁以下 | 20～29岁 | 30～39岁 | 40～49岁 | 50～60岁 | 60岁以上 |
> | --- | --- | --- | --- | --- | --- | --- |
> | 满减优惠 | 500 | 800 | 600 | 700 | 500 | 300 |
> | 买赠活动 | 300 | 500 | 400 | 300 | 200 | 100 |
> | 折扣券 | 400 | 600 | 500 | 400 | 300 | 200 |
> | 限时特价 | 600 | 900 | 700 | 800 | 600 | 400 |
> | 购物返券 | 200 | 400 | 300 | 200 | 150 | 100 |
> | 购物满赠 | 150 | 250 | 200 | 150 | 100 | 50 |
> | 积分兑换 | 100 | 150 | 120 | 100 | 80 | 50 |
> | 现金返还 | 400 | 600 | 500 | 400 | 300 | 200 |
> | 抽奖活动 | 300 | 500 | 400 | 300 | 200 | 100 |
> | 闪购秒杀 | 800 | 1200 | 1000 | 800 | 600 | 400 |
> | 生日特别优惠 | 400 | 600 | 500 | 400 | 300 | 200 |
> | 会员专属折扣 | 500 | 800 | 600 | 700 | 400 | 250 |
> | 礼品卡优惠 | 300 | 500 | 400 | 300 | 200 | 100 |
>
> 第二组数据是消费等级分析
>
> | 消费等级 | 消费人数 | 消费基数百分比 |
> | --- | --- | --- |
> | 200～499元 | 600 | 30% |

100～199元	500	25%
500～1000元	400	20%
0～99元	300	15%
1000元以上	200	10%

第三组数据是消费者年龄分析

消费者年龄段	店铺点击量	点击率	消费成交量	成交率
20岁以下	500	18%	150	16%
20～29岁	800	29%	300	32%
30～39岁	600	22%	250	27%
40～49岁	400	15%	120	13%
50～60岁	300	11%	80	9%
60岁以上	150	5%	40	3%

第四组数据是消费者性别分析

消费者性别	消费成交量
男性	1905
女性	2955

讯飞星火大模型

根据提供的数据，我们可以进行以下分析以更好地满足顾客的需求：

1. 促销方式分析

- 20岁以下：此年龄段的顾客对闪购秒杀、限时特价和满减优惠较为感兴趣。这可能表明他们对价格敏感度较高，喜欢追求快速和直接的优惠。

- 20～29岁：这个年龄段的顾客对闪购秒杀、买赠活动、限时特价和折扣券兴趣较大。他们既注重价格，也对赠品和优惠券有一定的偏好。

- 30～39岁：这个年龄段对限时特价、满减优惠、折扣券和购物满赠表现出较高的兴趣。他们可能更倾向于综合性的优惠，既考虑价格又考虑赠品。

- 40～49岁：此年龄段的顾客对限时特价、满减优惠、买赠活动和会员专属折扣较为青睐。他们可能更注重稳定性和长期优惠。

- 50～60岁：这个年龄段的顾客对满减优惠、会员专属折扣和限时特价比较感兴趣。他们可能更倾向于稳定、长期的优惠方式。

- 60岁以上：这个年龄段对满减优惠、限时特价和折扣券的接受度较高。他们可能更注重简单、直接的优惠方式。

2. 消费等级分析

- 大部分顾客的消费水平集中在200～499元区间，占总消费人数的30%。

- 100～199元区间有25%的顾客，而500～1000元的有20%。
- 低消费群体（0～99元）占15%，高消费群体（1000元以上）占10%。

3. 消费者年龄分析
- 20～29岁的顾客点击率和成交率都是最高的，说明这个年龄段的顾客活跃且购买意愿强烈。
- 30～39岁的顾客虽然点击量较高，但成交率低于20～29岁的顾客，可能需要优化商品或服务来提高转化率。
- 40岁以上的顾客点击率较低，需要通过营销活动增加曝光度和吸引力。

4. 消费者性别分析
- 女性顾客的消费成交量明显高于男性，占比为61%。
- 针对男性顾客，可以考虑推出更多符合他们兴趣的商品或服务，以及针对性的促销活动来提升他们的购买意愿。

策略建议：
- 个性化促销：根据不同年龄段和性别的顾客偏好，定制个性化的促销方案。例如，为年轻顾客提供更多的闪购秒杀和买赠活动，为老年顾客提供生日特别优惠等。
- 价格定位：鉴于大部分顾客的消费水平集中在中等价位，应重点维护这一价格区间的商品质量和多样性。同时，可以适度开发高价位和低价位的商品以满足不同顾客需求。
- 增强曝光度：对于点击率低的年龄段顾客，可以通过社交媒体、广告等方式提高店铺的曝光度和知名度。
- 关注男性市场：考虑到女性消费者的高消费能力，同时也不应忽视男性市场的潜在需求。可以通过市场调研了解男性顾客的具体需求，并据此调整商品结构和营销策略。
- 会员制度：鉴于会员专属折扣对各年龄段都有吸引力，可以考虑建立会员制度，提供积分累计、专享折扣等激励措施以促进复购和客户黏性。

以上是AI工具讯飞星火大模型的分析结果。AI工具不仅对每一组数据进行了分析，在综合了几组数据之后，还提出了策略建议，这不仅可以当作我们的参考意见，还能成为二次分析的材料。

本章小结

本章通过对消费者行为的深入分析，让我们全面了解了用户的消费行为、需求、偏好和行为特征，这不仅有助于提高商品销售的转化率，还优化了用户体验，增强了用户忠诚度。在未来的运营中，我们将根据这些分析结果，对促销策略、商品推荐和服务体系进行精细调整，以更好地满足不同群体的需求，促进电商平台的可持续发展。

Excel

第 9 章

做好流量转化：
产品流量与广告投放分析

> **本章导读**
>
> 如果店铺流量较高，但转化效果不佳，销量和销售额将难以提升。因此，对转化率的分析在销售过程中至关重要。在分析数据时，我们需要了解转化率的种类，并根据不同渠道进行重点分析。通过这种方式，我们可以找到影响转化率的因素，并采取相应的改进措施，最终实现盈利目标。

> **知识要点**
>
> - 了解电商的转化率
> - 掌握店铺流量统计
> - 掌握流量转化分析

第 9 章
做好流量转化：产品流量与广告投放分析

9.1 认识电商的转化率

店铺盈利之关键在于，将流量转化为实际销售订单，从而体现流量的价值。根据客户行为，我们将转化率划分为静默转化率、询单转化率、免费流量转化率和付费流量转化率。接下来，让我们一起来探讨电商领域的各种转化率。

9.1.1 静默转化率

静默转化是指在没有向客服人员咨询的情况下，用户自行购买商品，从而产生的成交转化行为。那么，应该如何计算静默转化率呢？下面，我们让AI工具讯飞星火大模型来解答。

> **提问：** 你是一名电商数据分析师，精通统计学，熟悉电商的业务流程，并熟悉数据分析工具的使用，现在需要分析静默转化率，请解释什么是静默转化率，并举例说明。

讯飞星火大模型

静默转化率是指在电商业务中，用户在没有直接点击广告或参与明确购物行为的情况下，通过隐性的方式完成了购物转化的比率。这种转化通常发生在用户的浏览、搜索、了解产品等活动中，而不是在明显的购物环节。对静默转化率的分析有助于更全面地了解用户行为，从而优化营销策略、提升用户体验和推动销售。

举例说明：

假设你是一家电商公司的数据分析师，你的任务是分析一次促销活动的静默转化率。在活动期间，公司没有进行任何特别的广告投放，但是推出了一系列优惠券，并在网站展示了相关促销信息。

通过分析数据，你发现在活动期间网站的用户浏览量和搜索次数明显增加。然而，直接通过广告点击或添加购物车的行为并没有显著增加。

通过深入分析用户的行为路径，你发现很多用户在查看了优惠券信息后，虽然没有立即点击广告或添加商品到购物车，但他们在活动结束后的一段时间内完成了购买。

通过计算静默转化率，你可以得知在整个活动期间有多少用户通过这种隐性方式完成了购物转化。这对于评估促销活动的效果、调整营销策略及更好地了解用户行为模式都是非常有帮助的。

从AI工具讯飞星火大模型的回答中可以得知，一家店铺的静默转化率越高，代表客户对店铺越信任，客户才会直接下单。提高店铺的静默转化率，可以减轻客服的工作量，降低店铺的投入成本。

在淘宝后台的千牛卖家中心，淘宝平台就为商家提供了多种可以提升静默转化率的店铺工具，如图9-1所示。使用营销工具，再结合店铺的主营类目来开展打折促销活动，可以取得较好的营销效果。

图9-1　营销工具

9.1.2　询单转化率

询单转化是指客户向店铺的客服人员咨询商品情况后，产生的成交转化行为。询单转化率会影响商品的成交率，是一项重要的参考指标。下面，同样先借助AI工具讯飞星火大模型来了解一下什么是询单转化率。

> **提问：** 你是一名电商数据分析师，精通统计学，熟悉电商的业务流程，并熟悉数据分析工具的使用，现在需要分析询单转化率，请解释什么是询单转化率，并举例说明。

讯飞星火大模型

询单转化率是电商领域中一个关键的性能指标，它衡量了通过在线平台提交询问或询价表单的用户中，最终成为实际购买客户的比率。这个指标对于评估电商网站或应用程序的销售漏斗效果非常重要，因为它提供了有关用户在表达购买意愿后是否成功完成交易的信息。

具体而言，询单转化率的计算公式如下：

$$询单转化率 = \frac{成功成交的询单数}{总询单数} \times 100\%$$

举例说明：

第 9 章
做好流量转化：产品流量与广告投放分析

假设你是一家在线家具零售商的数据分析师。你的电商平台提供了一个在线询价表单，让用户可以在感兴趣的商品上提出价格询问。在某个特定时间段内，你收集了以下数据：

总询单数：100 个

成功成交的询单数：20 个

使用这些数据，你可以计算询单转化率：

$$询单转化率 = \left(\frac{20}{100}\right) \times 100\% = 20\%$$

这表示在给定的时间段内，有 20% 的用户通过提交询单最终成功完成了购买。这个转化率的分析可以帮助你了解询价表单在推动实际销售方面的效果如何。如果转化率较低，你可能需要考虑改进表单设计、提供更多的信息支持，或者优化与用户的沟通，以提高他们成为实际购买客户的可能性。

根据 AI 工具讯飞星火大模型的回答，我们知道了什么是询单转化率，而询单转化也是店铺最主要的成交转化渠道，是商家必须重视的环节。为了提高询单转化率，需要培训客服及时响应客户的态度、积极解决客户问题的能力，不断优化接待话术。那么，除此之外，还有什么方法可以提高询单转化率呢？下面，让 AI 工具讯飞星火大模型来为我们解答。

> **提问**：你是一名电商经营者，请回答怎样才能提高询单转化率？

讯飞星火大模型

1. 优化商品详情页：确保商品详情页内容丰富、图片清晰、描述准确，让用户一目了然。同时，提供多角度展示图、产品规格、尺寸表等信息，方便用户了解产品细节。

2. 提供优质客服：提供专业、热情的客服服务，解答用户疑问，提高用户满意度。可以设置在线客服、电话客服等多种联系方式，方便用户咨询。

3. 营销活动：通过限时折扣、满减优惠、赠品活动等营销手段，吸引用户下单购买。同时，可以设置购物车优惠券，提醒用户使用，提高转化率。

4. 用户评价：鼓励用户留下真实评价，让潜在客户了解产品质量和服务质量。同时，对于负面评价要及时回应，积极为用户解决问题，提高口碑。

5. 物流服务：选择快速、稳定的物流公司，确保商品能够及时送达。提供物流查询功能，让用户随时了解物流信息。

6. 个性化推荐：根据用户的浏览记录、购买记录等信息，为用户推荐相关商品，提高用户购买意愿。

7. 简化购物流程：优化购物流程，减少用户操作步骤，提升购物体验。例如，支持一键下单、多种支付方式等。

8. 营造购物氛围：通过精美的店铺装修、专业的产品分类、清晰的导航栏等方式，营造舒适的购物环境，增强用户购物欲望。

9. 建立会员制度：设立会员等级，提供不同等级的会员专属优惠和服务，增加用户黏性。

10. 数据分析：定期分析用户行为数据，了解用户需求和喜好，及时调整经营策略，提高询单转化率。

在AI工具讯飞星火大模型的提示下，商家可以根据店铺的实际情况，制定详细的策略，提升店铺的询单转化率。

9.1.3 免费流量转化率

免费流量转化是通过免费的渠道产生的成交转化行为，是一个店铺运营的关键性指标，免费流量越大，所需要的引流成本越低，越能提高店铺的竞争力。下面，先通过AI工具讯飞星火大模型来了解什么是免费流量转化率。

> **提问：** 你是一名电商数据分析师，精通统计学，熟悉电商的业务流程，并熟悉数据分析工具的使用，现在需要分析免费流量转化率，请解释什么是免费流量转化率，并举例说明。

> **讯飞星火大模型**
>
> 免费流量转化率是指通过免费渠道（如搜索引擎、社交媒体分享等）获得的网站访问者中，最终完成购买或其他转化目标的比率。这个指标对于衡量通过非付费方式吸引用户的效果及了解免费流量的质量非常重要。计算免费流量转化率的公式如下：
>
> $$免费流量转化率 = \frac{成功转化的免费流量数}{总免费流量数} \times 100\%$$
>
> 举例说明。
>
> 假设你是一家在线书店的数据分析师。你通过搜索引擎优化（SEO）、社交媒体分享和其他免费渠道获得了一定量的免费流量。在一个月的时间内，你收集了以下数据：
>
> 总免费流量数：10,000个访问者。
>
> 成功转化的免费流量数：500个访问者完成了购买。
>
> 使用这些数据，你可以计算免费流量转化率：
>
> $$免费流量转化率 = \frac{500}{10,000} \times 100\% = 5\%$$
>
> 这表示在给定的时间段内，通过免费渠道获得的流量中，有5%的人最终完成了购买。分析这个转化率，有助于评估免费流量来源的质量及这些渠道在促使用户实现目标方面的效果。如果转化率较低，你可能需要进一步优化网站内容、改进SEO策略或加强社交媒体推广，以提

第 9 章 做好流量转化：产品流量与广告投放分析

升免费流量的转化效果。

通过 AI 工具讯飞星火大模型了解免费流量转化率之后，我们还需要知道如何才能提高店铺的免费流量转化率。

> **提问**：怎样提高店铺的免费流量转化率？

讯飞星火大模型

当涉及提高店铺的免费流量转化率时，以下是五个关键建议。

1. 优化网站体验：

• 页面加载速度：快速的页面加载速度对于用户体验至关重要。使用压缩图片、浏览器缓存等技术，确保网站迅速响应。

• 移动端适应：确保网站在各种移动设备上都能够正常运行和良好展示。移动端用户体验的优化是提高免费流量转化率的重要因素。

• 简洁导航：创建清晰而直观的导航结构，使用户能够轻松找到他们需要的信息。避免烦琐的菜单和复杂的页面结构。

2. 引导用户流向目标：

• CTA 按钮优化：使用明确的 Call-to-Action 按钮，突出关键操作，如"立即购买""订阅"等。按钮文本应该直截了当，引导用户执行目标操作。

• 引导用户旅程：确保用户在网站上的旅程是有序的，通过优化用户流向，使其自然而然地进入转化路径。

3. 创建引人注目的内容：

• 高质量商品展示：提供有吸引力的产品图片和详细的描述，以帮助用户更好地了解和欣赏您的产品。清晰的产品信息有助于消除用户的不确定感。

• 内容更新：定期更新微博、新闻或其他相关内容，以保持网站的新鲜感和吸引力。新内容还有助于提高搜索引擎的排名。

4. 建立信任：

• 信任符号展示：明确展示信任符号，如 SSL 证书、安全标志，以及用户评价。这有助于增强用户对网站和品牌的信任感。

• 明确的联系信息：提供明确的联系方式，包括客户服务电话、电子邮件等，以便用户能够轻松联系您。

5. 提供有吸引力的优惠：

• 促销活动：提供定期的促销活动、折扣或优惠券策略，以激发用户购买兴趣。明确宣传优惠期限和条件，创造购买紧迫感。

- 会员特权：创建会员制度，提供独特的会员优惠和特权，以鼓励用户注册并保持忠诚度。

通过综合考虑这些优化建议，电商经营者可以提高店铺的免费流量转化率，吸引更多的免费流量转化为实际的销售量。

AI工具讯飞星火大模型给出的方法与建议，可以为店铺经营者提供一些实用的思考方向，再结合产品的优势，相信电商运营者能更好地利用免费流量转化渠道。

9.1.4 付费流量转化率

付费流量转化是指通过付费的渠道产生的成交转化行为。相较于免费流量转化，电商付出了成本之后，也会较快得到收获。下面，同样先通过AI工具讯飞星火大模型来了解与认识什么是付费流量转化率。

> **提问：** 你是一名电商数据分析师，精通统计学，熟悉电商的业务流程，并熟悉数据分析工具的使用，现在需要分析付费流量转化率，请解释什么是付费流量转化率，并举例说明。

讯飞星火大模型

付费流量转化率是指通过付费渠道（如广告、推广活动等）获得的网站访问者中，最终完成购买或其他转化目标的比率。这个指标对于评估通过投资获取的流量质量及衡量付费广告和推广活动的效果非常关键。计算付费流量转化率的公式如下：

$$付费流量转化率 = \frac{成功转化的付费流量数}{总付费流量数} \times 100\%$$

举例说明。

假设你是一家在线电商平台的数据分析师。你通过谷歌广告投放和社交媒体广告活动等付费渠道吸引了一定量的付费流量。在一个月的时间内，你收集了以下数据：

总付费流量数：5,000个访问者（通过广告和推广活动获得）。

成功转化的付费流量数：250个访问者完成了购买。

使用这些数据，你可以计算付费流量转化率：

$$付费流量转化率 = \frac{250}{5,000} \times 100\% = 5\%$$

这表示在给定的时间段内，通过付费渠道获得的流量中，有5%最终完成了购买。分析这个转化率有助于评估你的付费广告和推广活动的效果，以及判断投资是否产生了良好的回报。如果转化率较低，可能需要优化广告创意、调整目标受众定位或改进落地页等策略，以提升付费流量的转化效果。

在了解了什么是付费流量转化率之后，如何才能提升付费流量的转化率呢？咱们继续向 AI 工具讯飞星火大模型提问。

> **提问：** 怎样提升付费流量转化率？

讯飞星火大模型

提升付费流量转化率对于电商经营至关重要，以下是一些策略和方法，可以帮助您提高付费流量的转化率。

1. 精准广告定位：

• 目标受众细分：确保广告定向面向与您产品或服务相关的具体目标受众。利用广告平台提供的精准定位功能，如兴趣、地理位置、年龄等。

• 购物行为定向：使用购物行为数据来定向广告，将广告展示给已经在您网站上浏览过的用户，以增加转化机会。

2. 优化广告创意：

• 引人注目的文案和图像：创建吸引眼球的广告文案和图像，使其与目标受众的兴趣和需求相契合。清晰而引人入胜的广告创意能够提高点击率和转化率。

• 强调独特卖点：突出产品或服务的独特卖点，使其在竞争激烈的市场中脱颖而出，激发用户购买欲望。

3. 优化落地页：

• 一致性体验：确保广告内容与落地页的内容一致，从广告到落地页的过渡自然流畅。用户应该在落地页找到他们期望的信息。

• 简化购买流程：最小化购物车结账流程，减少用户在转化路径上的摩擦。清晰而简洁的购买流程有助于提高用户的转化率。

4. 实施营销自动化：

• 定期发送邮件：利用电子邮件自动化工具，向潜在客户发送个性化的促销信息、产品推荐等，以引导他们完成购买。

• 购物车提醒：创建购物车提醒功能，向用户发送提醒邮件，提醒他们购物车中的产品并鼓励完成购买。

5. 数据分析和 A/B 测试：

• 分析转化漏斗：使用分析工具跟踪用户在购买过程中的行为，识别可能的流失点，并采取措施进行优化。

• A/B 测试广告：定期进行 A/B 测试，比较不同广告创意、定向、文案等的效果，从而了解哪些元素对于提高转化率最为有效。

6. 提供安全和信任感：

• SSL 证书：确保您的网站使用 SSL 证书，以提供安全的购物环境，使用户放心地进行支付。
- 清晰的退款政策：提供清晰、透明的退款和售后服务政策，以建立用户对您品牌的信任。

通过采用这些策略，您可以提高付费流量的转化率，有效提升电商业务的收益和盈利能力。

综上所述，付费引流是必不可少的竞争手段之一，即使店铺在行业中的排名较低，也能通过良好的运营策划，吸引更多的潜在客户进入店铺，从而产生交易。

9.1.5 影响转化率的因素

转化率是店铺能否盈利的关键，如果店铺的流量和访客数据很高，但转化率却较低，那么店铺很难实现盈利。那么，是什么影响着店铺的转化率呢？让AI工具讯飞星火大模型来为我们解答。

> **提问：** 你是一名电商数据分析师，精通统计学，熟悉电商的业务流程，并熟悉数据分析工具的使用，现在需要分析影响转化率的因素，并举例说明。

讯飞星火大模型

分析影响转化率的因素是电商数据分析中的关键任务之一。转化率是衡量用户从浏览网站到完成购买等目标的关键指标，因此了解影响转化率的因素对于优化业务流程和提高销售非常重要。以下是一些可能影响转化率的因素，并通过举例进行说明。

1. 网站用户体验：一个易用、直观的网站界面通常能提升用户体验，从而提高转化率。例如，优化页面加载速度、简化购物车结账流程等。

2. 产品页面质量：商品信息的清晰度、吸引人的图片及详细的产品描述能够提高用户对产品的理解，从而激发用户购买欲望。如果产品页面设计差或信息不足，可能导致用户流失。

3. 价格合理性：产品的价格直接关系到用户的购买欲望。价格过高可能降低转化率，而合理的折扣和促销活动则可能提高转化率。

4. 信任和安全性：提供安全的购物环境及清晰的退款和客户支持政策能够建立用户对网站的信任，提高转化率。

5. 目标受众定位：确保广告和营销活动的目标受众正确定位，以吸引潜在客户而不是浪费资源在不相关的受众上。

6. 移动端兼容性：随着移动设备的普及，确保网站在移动端的兼容性对于提高转化率至关重要。如果用户在移动设备上无法顺畅浏览和购物，可能会导致用户流失。

举例说明：

假设你发现一个产品页面的转化率较低。通过进一步分析，你发现页面加载速度较慢，产品描述不够清晰，且缺乏用户评价。基于这些观察，你可能提出以下优化建议：

第9章 做好流量转化：产品流量与广告投放分析

- 优化页面加载速度：通过压缩图片、使用浏览器缓存等方式来加速页面加载。
- 改善产品描述：提供更详细的产品信息，突出产品的特点和优势，以帮助用户更好地理解商品。
- 鼓励用户评价：主动邀请购买过的用户提供产品评价，以增加其他用户对产品的信任感。

通过这些优化措施，你可以期望提高该产品页面的转化率，从而增加销售机会。在电商数据分析中，通过不断优化和改进这些关键因素，可以有效提高整体转化率，推动业务的增长。

通过AI工具讯飞星火大模型的回答，了解影响转化率的因素之后，就可以着手制定相应的策略，通过不断的优化提升店铺的转化率。

9.2 店铺浏览量统计分析

店铺浏览量统计分析在电商运营中具有至关重要的地位，其有助于洞察消费者行为、提升用户体验和优化产品推广策略。深入研究店铺浏览量数据，我们可以获取用户访问店铺的核心信息，挖掘潜在市场趋势和用户兴趣点。分析影响浏览量的各种因素，可以为电商企业提供切实可行的洞见，助力他们制定更高效的营销策略和提升用户体验。

本节将聚焦于店铺浏览量统计，分析店铺的浏览量变化情况。实例效果如图9-2所示，最终效果文件见"结果文件\第9章\顾客浏览量分析.xlsx"文件。

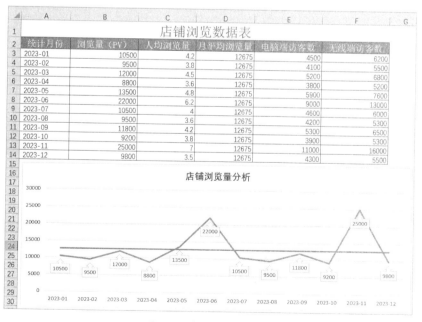

图9-2 店铺浏览量分析

9.2.1 创建客户浏览量统计表

要深入了解顾客的浏览情况，我们需要创建一个浏览统计表，并分析每个月的浏览数据，操作方法如下。

第1步 打开"素材文件\第9章\顾客浏览量分析.xlsx"，选中A1:E1单元格区域，在【开始】选项卡的【字体】组中设置字体样式和字号大小，如图9-3所示。

第2步 保持单元格区域的选中状态，单击【开始】选项卡【字体】组中的【填充颜色】下拉按钮，在弹出的下拉菜单中选择一种填充颜色，如图9-4所示。

图9-3 设置字体样式　　　　　　图9-4 设置填充颜色

第3步 单击【开始】选项卡【字体】组中的【字体颜色】下拉按钮，在弹出的下拉菜单中选择一种字体颜色，如图9-5所示。

第4步 将鼠标光标移动到D列和E列的分隔线上，当鼠标光标变为+时，双击鼠标，将自动调整列宽。然后使用相同的方法调整其他列的列宽，如图9-6所示。

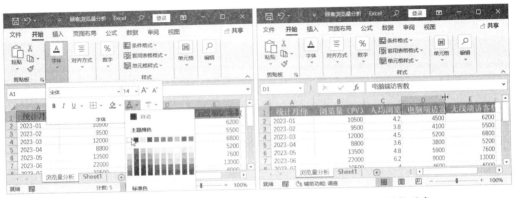

图9-5 设置字体颜色　　　　　　图9-6 调整列宽

第 9 章
做好流量转化：产品流量与广告投放分析

第5步 ▶ 选中所有数据区域，单击【开始】选项卡【字体】组中的【边框】下拉按钮，在弹出的下拉菜单中单击【所有框线】命令⊞，如图9-7所示。

第6步 ▶ 右击第一行的行标签，在弹出的快捷菜单中单击【插入】命令，如图9-8所示。

图9-7 单击【所有框线】命令

图9-8 单击【插入】命令

第7步 ▶ 选择A1:E1单元格区域，单击【开始】选项卡【对齐方式】组中的【合并后居中】按钮，如图9-9所示。

第8步 ▶ 在合并的A1单元格中输入文本，然后在【开始】选项卡的【字体】组中设置字体样式，如图9-10所示。

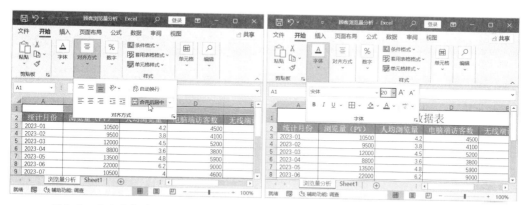

图9-9 单击【合并后居中】按钮　　　　　图9-10 设置字体样式

第9步 ▶ 操作完成后，即可查看客户浏览统计表的效果，如图9-11所示。

301

	A	B	C	D	E
1	店铺浏览数据表				
2	统计月份	浏览量（PV）	人均浏览量	电脑端访客数	无线端访客数
3	2023-01	10500	4.2	4500	6200
4	2023-02	9500	3.8	4100	5500
5	2023-03	12000	4.5	5200	6800
6	2023-04	8800	3.6	3800	5200
7	2023-05	13500	4.8	5900	7600
8	2023-06	22000	6.2	9000	13000
9	2023-07	10500	4	4600	6000
10	2023-08	9500	3.6	4200	5300
11	2023-09	11800	4.2	5300	6500
12	2023-10	9200	3.8	3900	5300
13	2023-11	25000	7	11000	16000
14	2023-12	9800	3.5	4300	5500

图9-11　查看工作表

9.2.2　使用折线图查看每月浏览量走势

为了能更直观地观察每月浏览量的波动变化，我们可以采用以下方法创建折线图进行分析，操作方法如下。

第1步 接上一例操作，选中A2:E14单元格区域，单击【插入】选项卡【图表】组中的【插入折线图或面积图】下拉按钮，在弹出的下拉菜单中单击【折线图】命令，如图9-12所示。

第2步 在插入的图表中，更改图表的标题文本，然后在【格式】选项卡的【艺术字样式】组中选择一种样式，如图9-13所示。

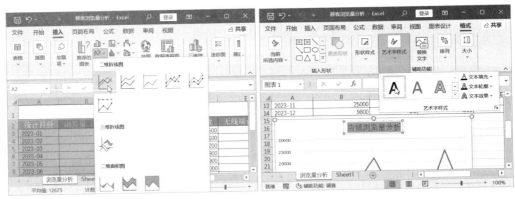

图9-12　单击【折线图】命令　　　　图9-13　设置图表标题

第3步 右击折线图，在弹出的快捷菜单中单击【添加数据标签】命令，如图9-14所示。

第4步 单击数据标签，在弹出的快捷菜单中单击【设置数据标签格式】命令，如图9-15所示。

第9章 做好流量转化：产品流量与广告投放分析

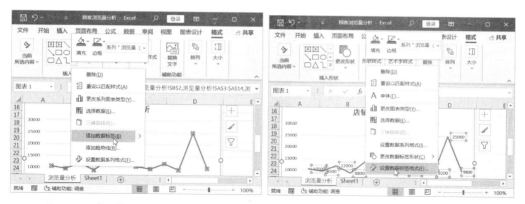

图9-14 单击【添加数据标签】命令　　图9-15 单击【设置数据标签格式】命令

第5步 打开【设置数据标签格式】窗格，在【标签位置】栏选择【靠下】单选项，如图9-16所示，然后单击【关闭】按钮×，关闭窗格。

第6步 右击数据标签，在弹出的快捷菜单中选择【更改数据标签形状】选项，在弹出的子菜单中单击【标注：上箭头】命令，如图9-17所示。

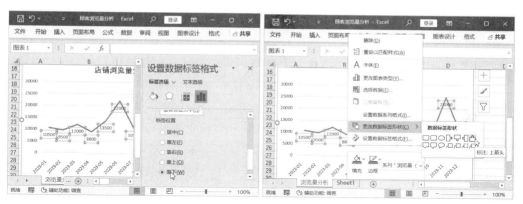

图9-16 设置标签位置　　图9-17 单击【标注：上箭头】命令

第7步 选中折线，单击【格式】选项卡【形状样式】组中的【形状轮廓】下拉按钮，在弹出的下拉菜单中选择一种轮廓颜色，如图9-18所示。

第8步 因为数据较多，默认的图表大小不易看清数据情况，此时可以调整图表大小。将鼠标光标移动到图表的右侧，当鼠标光标变为↔形状时，按住鼠标左键不放，向右拖动调整图表的大小，如图9-19所示。

303

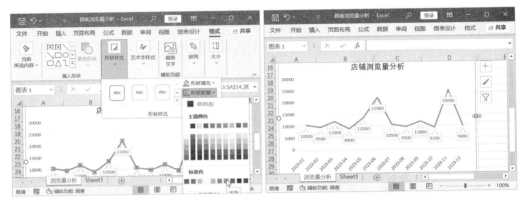

图9-18 选择轮廓颜色　　　　图9-19 调整图表大小

第9步 操作完成后，即可查看图表的最终效果。从图表中可以看出，2023年中有两个月的浏览量明显高于其他月份，如图9-20所示。

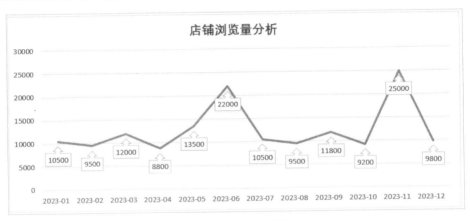

图9-20 查看导入数据

9.2.3 分析店铺月平均浏览量

在分析浏览量时，可以引入平均浏览量折线图，以揭示哪些月份的浏览量未达到平均水平。通过这一方法，我们可以发现潜在问题并采取有效措施解决，操作方法如下。

第1步 接上一例操作，在D列的列标签上右击，在弹出的快捷菜单中单击【插入】命令，如图9-21所示。

第2步 在插入的D列中输入表头文本，如图9-22所示。

第9章
做好流量转化：产品流量与广告投放分析

图9-21　单击【插入】命令

图9-22　输入表头文本

第3步 在D3单元格中输入公式"=AVERAGE($B$3:$B$14)"，如图9-23所示。

第4步 按【Enter】键得到计算结果，向下方的单元格中填充公式，如图9-24所示。

图9-23　输入公式　　　　　　　　　　图9-24　填充公式

第5步 选择图表，单击【图表设计】选项卡【数据】组中的【选择数据】按钮，如图9-25所示。

第6步 打开【选择数据源】对话框，单击【添加】按钮，如图9-26所示。

图9-25　单击【选择数据】按钮

图9-26　单击【添加】按钮

第7步 打开【编辑数据系列】对话框,将鼠标光标定位到【系列名称】下方的文本框中,在工作表中选择D2单元格,如图9-27所示。

第8步 将鼠标光标定位到【系列值】下方的文本框中,删除文本框中的数据,选择D3:D14单元格区域,然后单击【确定】按钮,如图9-28所示。

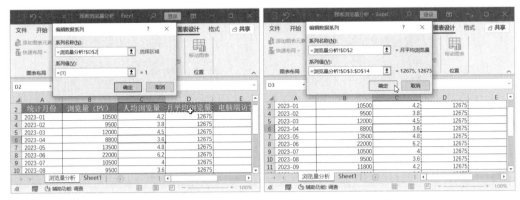

图9-27 设置系列名称　　　　　图9-28 选择系列值数据

第9步 操作完成后,即可查看到图表中添加月平均浏览量的横线,位于横线之上的数据为超过平均浏览量的数据,位于横线之下的则需要根据情况分析浏览量为何较低,及时找出问题所在,如图9-29所示。

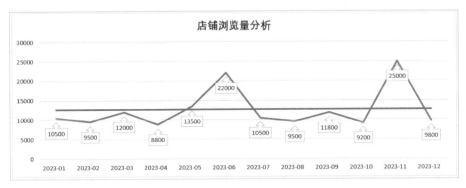

图9-29 查看店铺浏览量数据

9.2.4 使用AI工具分析店铺数据

有浏览就有流量,而在数据为王的时代,有流量就已经迈出了胜利的第一步。在获取浏览数据之后,可以通过AI工具ChatGPT来找寻其中的规律,以达到让流量变现的目的。

第9章 做好流量转化：产品流量与广告投放分析

> **提问**：你是一名电商分析师，具有敏锐的市场洞察力和数据分析能力。以下是本店2023年的浏览量数据，现在需要从这些数据中分析店铺流量。
>
> | 统计月份 | 浏览量（PV） | 人均浏览量 | 电脑端访客数 | 无线端访客数 |
> | --- | --- | --- | --- | --- |
> | 2023-01 | 10500 | 4.2 | 4500 | 6200 |
> | 2023-02 | 9500 | 3.8 | 4100 | 5500 |
> | 2023-03 | 12000 | 4.5 | 5200 | 6800 |
> | 2023-04 | 8800 | 3.6 | 3800 | 5200 |
> | 2023-05 | 13500 | 4.8 | 5900 | 7600 |
> | 2023-06 | 22000 | 6.2 | 9000 | 13000 |
> | 2023-07 | 10500 | 4 | 4600 | 6000 |
> | 2023-08 | 9500 | 3.6 | 4200 | 5300 |
> | 2023-09 | 11800 | 4.2 | 5300 | 6500 |
> | 2023-10 | 9200 | 3.8 | 3900 | 5300 |
> | 2023-11 | 25000 | 7 | 11000 | 16000 |
> | 2023-12 | 9800 | 3.5 | 4300 | 5500 |

⑤ ChatGPT

通过上述数据，我们可以进行一些关键的电商流量分析，以下是一些重要的观察和结论。

1. 总体趋势：

浏览量（PV）在2023年的不同月份间有明显的波动。最高的浏览量出现在2023年11月，达到25000，最低的则在2023年4月，为8800。

2. 人均浏览量：

人均浏览量的波动也较为显著，最高的人均浏览量出现在2023年11月，达到7，而最低的在2023年12月，为3.5。

3. 电脑端和无线端访客数：

电脑端和无线端访客数都表现出相似的趋势，且无线端访客数普遍高于电脑端。
2023年11月的访客数最高，电脑端为11000，无线端为16000。

4. 季节性变化：

浏览量和人均浏览量在季节间存在一定的变化。例如，2023年春季（3月）和秋季（9月）的浏览量和人均浏览量较高，而夏季（6月）也表现出明显的增长。冬季（12月）的浏览量较低，可能与假期购物季的结束有关。

5. 异常值：

2023年6月的浏览量大幅增加，可能是由某些促销活动或特殊事件引起的。需要进一步调查和分析这个异常值的原因，以确定是否可以在将来的营销活动中采取类似的策略。

6. 用户设备偏好：

无线端访客数较电脑端访客数更高，这表明用户更倾向于使用移动设备来访问店铺。在未来的优化中，应考虑更好地适应移动端用户体验。

综合以上观察，可以为未来的电商策略提供一些指导，例如在高峰季节增加营销活动，重点关注移动端用户体验等。

通过AI工具ChatGPT的回答，我们可以更容易找到数据的规律，在其建议的时间节点调整经营策略，让流量转变为成交量。

9.3 不同类型的流量分析

在电商运营过程中，消费者通过多种途径进入店铺，这些数据是分析流量来源和渠道推广效果的关键依据。对于效果不佳的推广渠道，需要及时排查问题并解决，或根据情况进行策略调整，确保资源得到有效利用。

本节将分析店铺不同类型的流量转化情况，实例效果如图9-30所示，最终效果文件见"结果文件\第9章\不同网站流量统计表（各渠道流量占比）.xlsx"和"不同网站流量统计表（免费流量分析）.xlsx"文件。

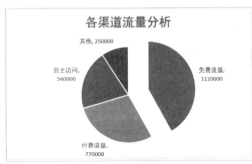 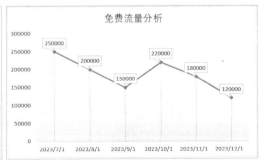

图9-30　不同类型的流量分析图表

9.3.1 创建不同渠道流量统计表

顾客访问店铺的途径繁多，商家为实现店铺的广泛宣传和吸引顾客进入，会采取多种方式推广。然而，并非所有途径均适用于各店铺。为了探寻适宜的推广策略，需创建各类渠道的流量统计表格，并进行数据解析，以找出最优的宣传渠道，操作方法如下。

第1步 打开"素材文件\第9章\不同网站流量统计表.xlsx"，在F2单元格中输入"免费流量"文本，在G2单元格中输入公式"=SUMIF(B2:B25,"免费流量",C2:C25)"，如

图9-31所示。

第2步 按【Enter】键得到计算结果,然后在编辑栏中选择G2单元格中的公式,单击【开始】选项卡【剪贴板】组中的【复制】按钮,如图9-32所示。

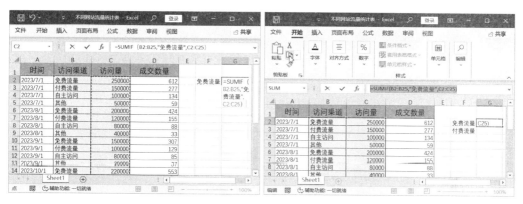

图9-31 输入公式　　　　　图9-32 复制公式

第3步 在F3单元格中输入"付费流量"文本,在G3单元格中粘贴G2单元格中的公式,然后将公式中的文本"免费流量"更改为"付费流量",如图9-33所示。

第4步 按【Enter】键得到计算结果。使用相同的方法复制前面的公式到G4单元格中,并更改文本为"自主访问",如图9-34所示。

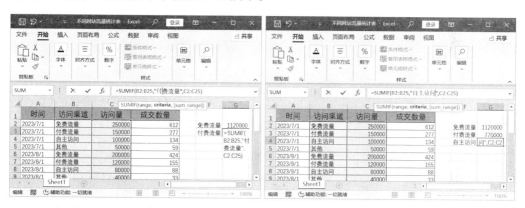

图9-33 更改公式中的文本(一)　　　　　图9-34 更改公式中的文本(二)

第5步 按【Enter】键得到计算结果。使用相同的方法复制前面的公式到G5单元格中,并更改文本为"其他",如图9-35所示。

第6步 按【Enter】键,即可得到所有渠道的计算结果,如图9-36所示。

图9-35　更改公式中的文本（三）　　　　图9-36　查看计算结果

9.3.2 使用饼图比较流量占比

在各渠道的流量统计完成后，数据呈现较为抽象的状态。为了能更直观地了解各渠道的占比情况，可以通过绘制饼图进行查看，操作方法如下。

第1步 接上一例操作，选择F2:G5单元格区域，单击【插入】选项卡【图表】组中的【插入饼图或圆环图】下拉按钮，在弹出的下拉菜单中单击【饼图】命令，如图9-37所示。

第2步 选中插入的图表，单击【图表设计】选项卡【图表布局】组中的【添加图表元素】下拉按钮，在弹出的下拉菜单中选择【数据标签】选项，在弹出的子菜单中单击【其他数据标签选项】命令，如图9-38所示。

图9-37　单击【饼图】命令　　　　图9-38　单击【其他数据标签选项】命令

第3步 打开【设置数据标签格式】窗格，在【标签选项】栏中勾选【类别名称】和【值】

第 9 章
做好流量转化：产品流量与广告投放分析

复选框，如图9-39所示。

第4步 在【标签位置】栏选择【数据标签外】单选项，如图9-40所示，然后单击【关闭】按钮 ✕，关闭窗格。

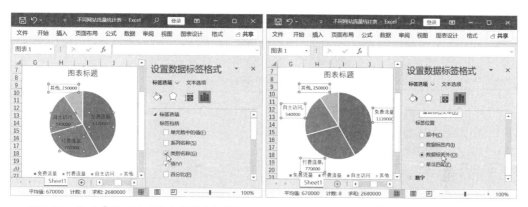

图9-39　勾选【类别名称】和【值】复选框　　图9-40　选择【数据标签外】单选项

第5步 选中图表，单击【图表设计】选项卡【图表布局】组中的【添加图表元素】下拉按钮，在弹出的下拉菜单中选择【图例】选项，在弹出的子菜单中单击【无】命令，如图9-41所示。

第6步 单击【图表设计】选项卡【图表样式】组中的【更改颜色】下拉按钮，在弹出的下拉菜单中选择一种主题颜色，如图9-42所示。

图9-41　单击【无】命令　　图9-42　设置图表颜色

第7步 两次单击图表中的免费流量数据点，单独选中该数据点，然后按住鼠标左键不放，向右侧拖动其与饼图分离，然后单击【格式】选项卡【形状样式】组中的【形状填充】下拉按钮，在弹出的下拉菜单中选择一种填充颜色，如图9-43所示。

311

第8步 ▶ 更改图表的标题文本，然后在【格式】选项卡的【艺术字样式】组中选择一种艺术字样式，如图9-44所示。

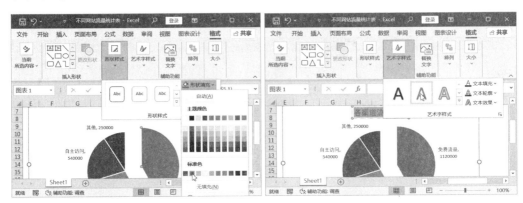

图9-43　选择填充颜色　　　　　　　图9-44　设置标题字体样式

第9步 ▶ 在【开始】选项卡的【字体】组中设置图表标题的字体样式，如图9-45所示。

第10步 ▶ 操作完成后，即可查看图表的最终效果，流量最高的渠道为免费流量，已经单独显示，如图9-46所示。

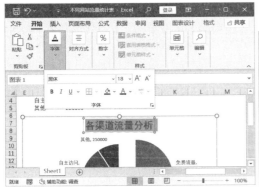
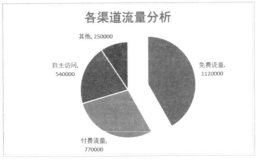

图9-45　设置标题字体　　　　　　　图9-46　查看各渠道分析图表

9.3.3　使用折线图分析免费流量

在确定最高流量渠道后，对其进行深入分析，以揭示流量较高的原因，为后续推广活动做好准备，操作方法如下。

第1步 ▶ 打开"素材文件\第9章\不同网站流量统计表.xlsx"，选中B列中的任意数据

第 9 章
做好流量转化：产品流量与广告投放分析

单元格，单击【数据】选项卡【排序和筛选】组中的【筛选】按钮，如图9-47所示。

第2步 单击【访问渠道】右侧的下拉按钮，在弹出的下拉菜单中只勾选【免费流量】复选框，如图9-48所示，然后单击【确定】按钮。

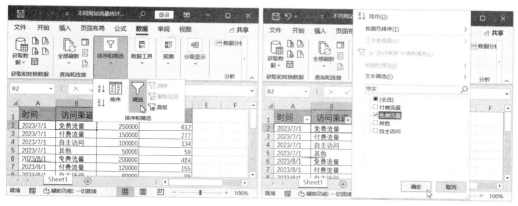

图9-47　单击【筛选】按钮　　　　图9-48　勾选【免费流量】复选框

第3步 经过筛选后，工作表中只显示免费流量的数据。选择A1:A22和C1:C22单元格区域，单击【插入】选项卡【图表】组中的【插入折线图或面积图】下拉按钮，在弹出的下拉菜单中单击【折线图】命令，如图9-49所示。

第4步 更改图表中的标题文本，在【格式】选项卡的【艺术字样式】组中选择一种艺术字样式，如图9-50所示。

图9-49　单击【折线图】命令　　　　图9-50　设置标题文本样式

第5步 选中图表，单击【图表设计】选项卡【图表样式】组中的【快速样式】下拉按钮，在弹出的下拉菜单中单击【样式4】命令，如图9-51所示。

313

第6步 ▶ 右击折线,在弹出的快捷菜单中单击【设置数据系列格式】命令,如图9-52所示。

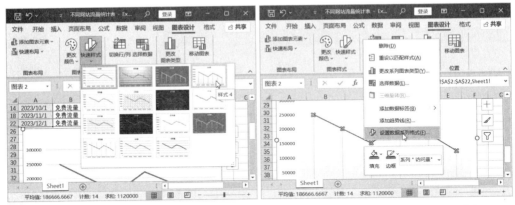

图9-51　单击【样式4】命令　　　　图9-52　单击【设置数据系列格式】命令

第7步 ▶ 打开【设置数据系列格式】窗格,在【颜色】下拉菜单中选择一种线条颜色,如图9-53所示。

第8步 ▶ 单击【标记】进入【标记】选项卡,在【标记选项】组中选择【内置】单选项,如图9-54所示。

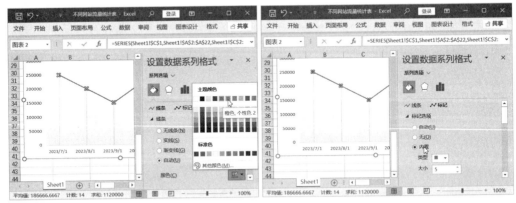

图9-53　设置系列颜色　　　　　　图9-54　选择【内置】单选项

第9步 ▶ 在【类型】下拉列表中选择标记的形状,如图9-55所示。

第10步 ▶ 在【颜色】下拉列表中选择标记的颜色,如图9-56所示,然后单击【关闭】按钮✕,关闭窗格。

第9章 做好流量转化：产品流量与广告投放分析

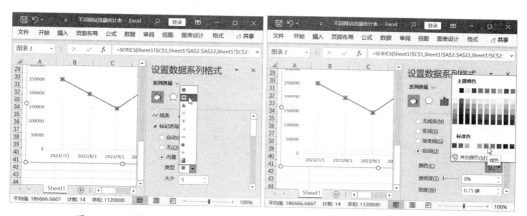

图9-55　选择标记形状　　　　　图9-56　选择标记颜色

第11步 选中图表，单击【图表设计】选项卡【图表布局】组中的【添加图表元素】下拉按钮，在弹出的下拉菜单中选择【数据标签】选项，在弹出的子菜单中单击【上方】命令，如图9-57所示。

第12步 右击数据标签，在弹出的快捷菜单中选择【更改数据标签形状】选项，在弹出的子菜单中单击一种对话气泡，如图9-58所示。

图9-57　单击【上方】命令　　　　　图9-58　选择对话气泡

第13步 操作完成后，即可查看免费流量的折线图。从折线图中可以查看到，虽然免费流量的数据量较高，但呈下降趋势，需要及时找到流量流失的原因，如图9-59所示。

315

图 9-59　查看免费流量数据分析

9.4　不同流量渠道的成交转化率分析

电商的核心目标是提升商品的销售率。在顾客购物过程中，有时虽然他们浏览了商品，但最终并未进行购买。为了解决这一问题，我们需要深入分析各类推广方式的转化率，以便对推广策略进行相应的调整，进一步提升转化率并优化顾客的购物体验。

本节将分析店铺不同类型的流量转化情况，实例效果如图9-60所示，最终效果文件见"结果文件\第9章\不同网站流量统计表（转化率分析）.xlsx"文件。

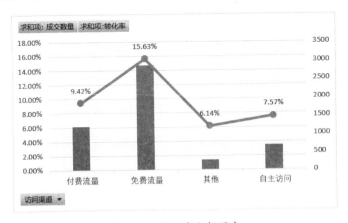

图 9-60　转化率分析图表

9.4.1　创建下单转化率数据表

无论流量数据如何变化，转化率仍然是决定店铺运营状况的关键因素。在收集各渠

第 9 章
做好流量转化：产品流量与广告投放分析

道的访问量和成交数量后，可以按照以下步骤计算转化率。

第1步 打开"素材文件\第9章\不同网站流量统计表.xlsx"，在E1单元格中输入表头文本，然后选中D2单元格，单击【开始】选项卡【剪贴板】组中的【格式刷】按钮，如图9-61所示。

第2步 在E2:E25单元格中拖动鼠标，复制D2单元格的格式，如图9-62所示。

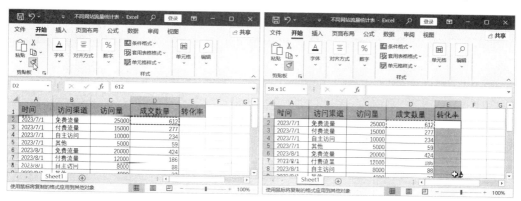

图9-61　单击【格式刷】按钮　　　　图9-62　复制格式

第3步 在E2单元格中输入公式"=D2/C2"，如图9-63所示。

第4步 按【Enter】键得到计算结果，然后向下方填充公式，如图9-64所示。

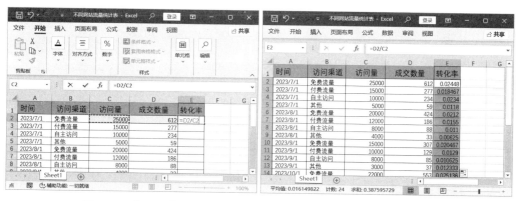

图9-63　输入公式　　　　图9-64　填充公式

第5步 选择E2:E25单元格区域，单击【开始】选项卡【数字】组中的【百分比样式】按钮％，如图9-65所示。

第6步 转化率的小数位数较多，但转化为百分比样式后，并不会默认保留小数位置，为了数据的准确性，建议保持两位小数。保持单元格区域的选中状态，两次单击【开始】

317

选项卡【数字】组中的【增加小数位数】按钮，如图9-66所示。

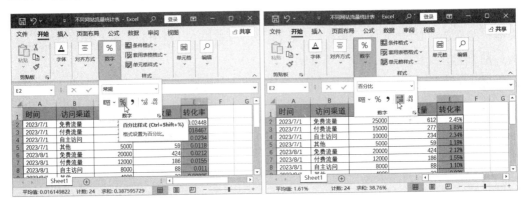

图9-65　单击【百分比样式】按钮　　　　图9-66　单击【增加小数位数】按钮

第7步　操作完成后，即可查看转化率统计的最终效果，如图9-67所示。

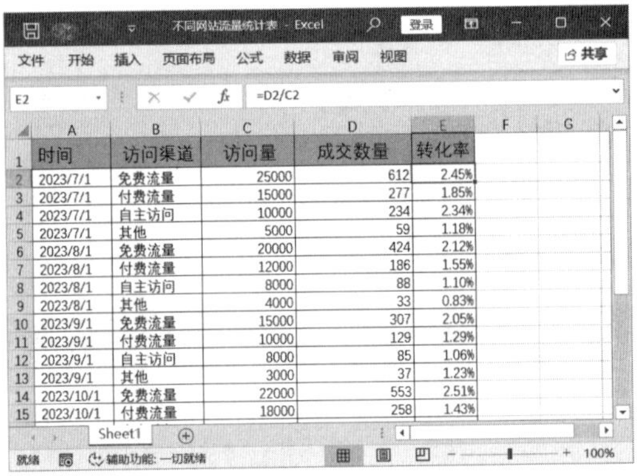

图9-67　查看转化率

9.4.2　使用图表查看各渠道的成交转化率

为了深入分析店铺各渠道的成交转化率，我们可以运用数据透视图来汇总和探究数据规律，操作方法如下。

首先，针对各渠道的成交数据，如淘宝、京东、拼多多等，进行分类整理。其次，利用数据透视图功能，将这些数据进行可视化展示。通过观察数据规律，找出各渠道的成交转化率。

第1步　接上一例操作，选中任意数据单元格，单击【插入】选项卡【图表】组中的【数据透视图】按钮，如图9-68所示。

第 9 章
做好流量转化：产品流量与广告投放分析

第2步 ▶ 打开【创建数据透视图】对话框，直接单击【确定】按钮，如图9-69所示。

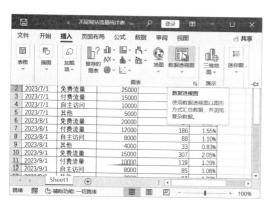

图9-68　单击【数据透视图】按钮

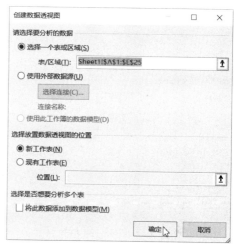

图9-69　单击【确定】按钮

第3步 ▶ 新建数据透视表和数据透视图，在【数据透视图字段】窗格中布局字段，如图9-70所示。

第4步 ▶ 选择C1:C6单元格区域，单击【开始】选项卡【数字】组中的【百分比样式】按钮%，如图9-71所示。

图9-70　布局数据透视表字段

图9-71　单击【百分比样式】按钮

第5步 ▶ 保持单元格区域的选中状态，两次单击【开始】选项卡【数字】组中的【增加小数位数】按钮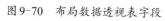，如图9-72所示。

第6步 ▶ 选中数据透视图，单击【设计】选项卡【类型】组中的【更改图表类型】按钮，如图9-73所示。

319

图 9-72　单击【增加小数位数】按钮　　　　图 9-73　单击【更改图表类型】按钮

第7步 ▶ 打开【更改图表类型】对话框，选择【自定义组合】选项，在【为您的数据系列选择图表类型和轴】列表中选择【求和项：成交数量】为【簇状柱形图】，并勾选【次坐标轴】复选框，选择【求和项：转化率】为【折线图】，然后单击【确定】按钮，如图9-74所示。

第8步 ▶ 选中数据透视图，单击【设计】选项卡【图表布局】组中的【添加图表元素】下拉按钮，在弹出的下拉菜单中选择【数据标签】选项，在弹出的子菜单中单击【上方】命令，如图9-75所示。

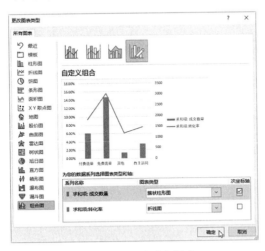
图 9-74　设置图表样式

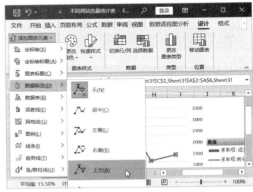
图 9-75　单击【上方】命令

第9步 ▶ 单击【设计】选项卡【图表布局】组中的【添加图表元素】下拉按钮，在弹出的下拉菜单中选择【图例】选项，在弹出的子菜单中单击【无】命令，如图9-76所示。

第10步 ▶ 单击【设计】选项卡【图表样式】组中的【快速样式】下拉按钮，在弹出的下拉菜单中单击【样式7】命令，如图9-77所示。

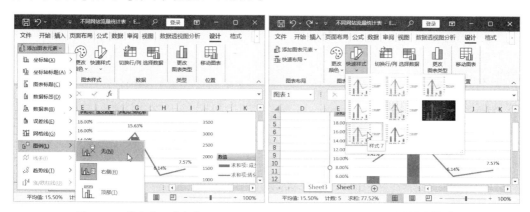

图9-76 单击【无】命令　　　图9-77 设置图表样式

第11步 操作完成后，即可在数据透视图中查看到成交数量和转化率的对比数据，数据关系一目了然，如图9-78所示。

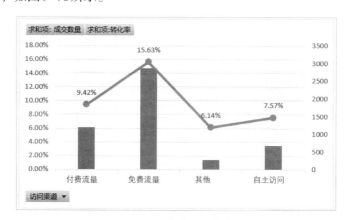

图9-78 查看图表数据

9.4.3 使用AI工具分析转化率

在为店铺引流之后，只有将流量变为转化，才算发挥了作用。当转化率较低时，可以对数据进行分析，以找到问题的关键。下面，借助AI工具ChatGPT来寻找提升转化率的方法与策略。

> **提问**：你是一名电商数据分析师，具有敏锐的市场洞察力和数据分析能力。以下是本店近半年的转化率数据，请根据数据分析如何提升转化率。

321

行标签	成交数量	转化率
付费流量	1194	9.42%
免费流量	2860	15.63%
自主访问	682	7.57%
其他	272	6.14%

ChatGPT

通过分析近半年的转化率数据,我们可以制定一些提升转化率的策略。

1. 付费流量:

付费流量的转化率为9.42%,可以考虑从以下方面进行优化。

广告定向:重新评估付费广告的定向,确保广告展示给潜在客户,提高广告的相关性。

广告文案:优化广告文案,强调产品特点和优势,激发用户购买兴趣。

落地页优化:确保广告点击后的落地页设计简洁明了,易于导航,以提高转化率。

2. 免费流量:

免费流量的转化率为15.63%,这相对已经较高,但仍可以进一步优化。

内容质量:确保免费流量来源的内容质量高,能够吸引目标受众。

转化路径:优化免费流量用户的转化路径,简化购买流程,提高用户体验。

3. 自主访问:

自主访问的转化率为7.57%,可以通过以下方式提升。

个性化推荐:利用用户历史数据,提供个性化的产品推荐,增加用户购买的可能性。

优惠促销:针对自主访问用户推出一些独特的优惠促销活动,激发用户购买欲望。

4. 其他:

其他渠道的转化率相对较低,可能需要更深入地分析确定原因,然后采取相应的优化措施。

调查渠道质量:确认其他渠道的流量质量,排除低质量流量的影响。

定向优化:重新审视其他渠道的目标定向,确保广告准确展示给目标受众。

5. 整体策略:

A/B测试:在不同渠道和页面进行A/B测试,找到最有效的策略和设计。

数据监控:建立实时监控系统,追踪转化率的变化,及时发现问题并采取措施。

用户反馈:收集用户反馈,了解他们的购物体验,从中获取改进建议。

通过综合优化以上方面,可以提高整体转化率,增加销售收入。同时,持续监控数据变化,灵活调整策略以适应市场和用户需求的变化。

以上就是AI工具ChatGPT的回答,在未来的经营中,需要注重数据驱动的决策,不断迭代和优化用户体验,以确保提升转化率的策略是持续有效的。这不仅有助于提高销售收入，也可为建立长期稳定的电商业务奠定坚实的基础。

本章小结

本章主要讲解了流量统计与转化分析的重要方法。通过对转化率数据进行全面的分析，我们深入探讨了各流量来源的表现，并据此制定了提升整体转化率的优化策略。在电商领域快速发展的背景下，只有不断学习和调整，才能保持竞争力。通过数据分析和总结，我们能够及时发现问题、调整策略，以确保流量转化工作始终处于最佳状态。

Excel

第 10 章

分析结果有理有据：
电商数据分析报告的撰写

本章导读

在数据分析的过程中，很多人会忽略数据报告的重要性。可是，数据报告是检视最终工作成果的标杆，无论前面的数据分析多么科学、严谨，细节怎样完善，没有数据报告的支持，一切都是一盘散沙，没有任何说服力。本章将通过AI工具了解数据报告，并分析数据报告的结构，让分析结果完整地呈现在众人面前。

知识要点

- 了解数据报告的种类
- 了解数据报告的作用
- 了解数据报告的编写原则
- 掌握数据报告的结构

第 10 章
分析结果有理有据：电商数据分析报告的撰写

10.1 认识数据分析报告

数据分析报告是一个结构化的文档，用于解释和呈现数据分析的结果、趋势、洞察和建议，是一个将数据转化为有意义信息的重要工具。它通过数据可视化、结果解释和建议，帮助读者理解和利用数据，做出明智的决策。在电商数据分析领域中，数据分析报告旨在帮助电子商务企业深入理解其经营过程中产生的各种数据。报告的主要目的是寻找数据中的模式、相关性和其他有价值的信息，从而为商家提供有关如何优化业务和做出重大决策的建议。

10.1.1 数据分析报告的种类

数据分析报告根据查看的目标、对象、时间等内容的不同，形式也会有所不同。而报告的形式又影响着报告的内容结构，所以，分清报告的种类是撰写数据分析报告的第一任务。那么，不妨来看一下 AI 工具讯飞星火大模型是如何为数据报告分类的。

> **提问：** 你是一名电商数据分析师，请解释电商数据分析报告的种类。

讯飞星火大模型

电商数据分析报告的种类有很多，以下是一些常见的类型。

1. 销售数据分析报告：这类报告主要关注电商平台的销售业绩，包括销售额、订单量、客单价等关键指标。通过对这些数据的分析，可以了解产品的销售情况、客户的购买行为及市场的发展趋势。

2. 用户行为分析报告：这类报告主要关注用户在电商平台上的浏览、搜索、购买等行为。通过对用户行为的分析，可以了解用户的喜好、需求及购买决策过程，从而为产品优化和营销策略提供依据。

3. 流量分析报告：这类报告主要关注电商平台的流量来源、访问路径、页面停留时间等数据。通过对流量的分析，可以了解哪些渠道带来了高质量的流量，哪些页面吸引了用户的关注，以及如何优化网站结构和内容来提高转化率。

4. 市场分析报告：这类报告主要关注电商行业的市场规模、竞争格局、消费者需求等方面的信息。通过对市场数据的分析，可以了解行业的整体状况，为企业制定战略和调整经营策略提供参考。

5. 营销效果分析报告：这类报告主要关注电商平台的营销活动（如广告投放、促销活动等）的效果。通过对营销数据的分析，可以了解哪些活动对销售业绩产生了积极影响，哪些活动需要改进，以及如何优化营销策略来提高投资回报率。

6. 供应链分析报告：这类报告主要关注电商平台的供应链管理，包括库存管理、物流配送、供应商合作等方面。通过对供应链数据的分析，可以了解供应链的效率和成本，从而为优化供应链管理和降低成本提供依据。

7. 客户满意度分析报告：这类报告主要关注电商平台的客户满意度，包括产品质量、售后服务、购物体验等方面。通过对客户满意度数据的分析，可以了解客户的需求和期望，从而为提高客户满意度和忠诚度提供建议。

8. 风险预警报告：这类报告主要关注电商平台的风险因素，包括市场竞争、政策变化、运营风险等方面。通过对风险数据的分析，可以提前预警潜在风险，为企业制定应对策略提供参考。

根据AI工具讯飞星火大模型的回答，我们在编写数据分析报告时，还需要根据目标受众和目的选择合适的报告类型，并确保报告清晰、准确、有逻辑地呈现数据分析结果。结合适当的数据可视化和解释性文本，可以使报告易于理解，并提供有用的见解和建议。

而在制作数据报告时，不要局限于使用Excel表格来制作，可以选择使用Word或PowerPoint软件静态报告，陈述数据分析的结果。如果需要动态数据，可以在其中穿插动态的Excel报告。

当报告需要递交给上级或公司运营分析使用，或者作为企业存档使用，可以选择Word软件制作报告。一份完整的Word报告，其框架如图10-1所示，以文字为主，图形为辅。

图10-1 Word报告的框架

如果数据分析报告需要在会议室、展会等公共场所演示，可以选择使用PPT制作报告。PPT报告以图片为主，文字为辅，其框架如图10-2所示。

第10章
分析结果有理有据：电商数据分析报告的撰写

图10-2　PPT报告的框架

10.1.2　数据分析报告的作用

数据分析报告是一种沟通与交流的方式，可以将分析结果、可行性建议和其他有用的信息反馈给管理人员，给管理人员提供决策帮助。在报告中，需要对数据进行处理，让阅读者可以无障碍地查看数据，并根据数据做出正确的决策。如果想知道数据分析报告的具体作用，也可以借助AI工具讯飞星火大模型寻求答案。

> **提问**：你是一名电商数据分析师，请解释电商数据分析报告的作用。

讯飞星火大模型

电商数据分析报告的作用主要体现在以下几个方面。

1. 了解市场趋势：通过分析电商平台的销售数据、用户行为数据等，可以了解到当前市场的热门产品、消费者的购买习惯和偏好等信息，从而把握市场趋势，为产品开发和营销策略提供依据。

2. 提升销售业绩：通过对销售数据的深入分析，可以找出销售额增长的关键因素，如热销产品、高转化率的广告等，从而制定出更有效的销售策略，提升销售业绩。

3. 优化库存管理：通过对销售数据的分析，可以预测未来的销售趋势，从而合理安排生产和库存，避免库存积压或缺货的情况发生。

4. 提高客户满意度：通过对用户行为数据的分析，可以了解到用户的需求和期望，从而提供更符合用户需求的产品和服务，提高客户满意度。

5. 降低运营成本：通过对各种运营数据的分析，可以找出效率低下的原因，如广告投放效果不佳、客服响应时间长等，从而进行优化，降低运营成本。

6. 辅助决策：电商数据分析报告可以为企业的决策提供数据支持，如是否进入新的市场、是否推出新的产品等。

总的来说，电商数据分析报告是电商企业进行运营管理、产品开发和市场营销的重要工具。

综上所述，数据分析报告在帮助组织做出决策、解决问题、评估绩效、预测未来等方面起着至关重要的作用。它将复杂的数据转化为有意义的见解，并提供基于数据的决策支持，可以为组织的成功和发展做出贡献。

10.1.3 数据分析报告的编写原则

数据分析报告的编写是为了有效传达数据分析的结果和见解，以便帮助决策者做出明智的决策和行动。为了确保报告的质量和有效性，在撰写数据报告前，可以利用AI工具讯飞星火大模型来了解报告的编写原则。

> **提问：** 请介绍一下电商数据分析报告的编写原则。

讯飞星火大模型

电商数据分析报告的编写原则主要包括以下几点。

1. 明确目标：在编写报告之前，首先要明确报告的目的和目标。这将有助于确定报告的结构和内容，以及需要分析的数据类型。

2. 数据准确性：确保所使用的数据是准确、完整和可靠的。数据应该经过清洗和预处理，以消除错误、重复和不一致等问题。同时，要确保数据的时效性，以便为决策者提供最新的信息。

3. 结构清晰：报告的结构应该清晰明了，包括引言、背景、方法、结果和结论等部分。这有助于读者快速了解报告的内容和重点。

4. 逻辑严谨：在分析过程中，要保持逻辑严谨，确保分析方法和结论是基于数据和事实的。避免使用主观判断和推测，以免影响报告的可信度。

5. 可视化展示：使用图表、图形和其他可视化工具来展示分析结果，有助于提高报告的可读性和吸引力。同时，要确保可视化元素简洁明了，易于理解。

6. 突出重点：在报告中，要突出关键发现和结论，以便读者快速了解报告的核心内容。可以使用标题、加粗、颜色等方式来强调重点。

7. 语言简练：报告的语言应该简练、清晰，避免使用复杂的术语和概念。同时，要注意保持客观和中立的语气，避免使用过于主观的描述。

8. 可操作性建议：在报告中，要提供具有可操作性的建议和改进措施，以便决策者能够根据报告的结果采取实际行动。建议应该具体、明确，并与分析结果紧密相关。

9. 持续更新：电商市场变化迅速，因此报告应该定期更新，以反映最新的市场趋势和竞争态势。这将有助于企业及时调整策略，保持竞争优势。

10. 反馈与沟通：在编写报告的过程中，要与相关人员保持良好的沟通和反馈，以便了解他们的需求和期望。这有助于提高报告的质量和实用性。

综上所述，数据分析报告的编写应遵循目标明确、数据准确、简洁清晰、结构合理等原则。遵循这些原则，数据分析者可以编写出高质量、有影响力的数据分析报告，为决策者提供有价值的见解和指导。

10.2 数据分析报告的结构

数据分析报告的结构可以根据实际需求和报告的目标而有所变化，但一般来说，它通常包括标题页、目录、前言、正文、结论与建议及附录，这样的结构有利于组织和传达数据分析的结果，使报告易于阅读和理解。

10.2.1 标题页

标题页就是报告的封面页，也是整个数据报告给人的第一印象，所以，标题的拟定需要慎重。现在，跟随AI工具讯飞星火大模型一起来学习一下标题的类型。

> **提问**：请介绍一下电商数据分析报告的标题类型。

讯飞星火大模型

电商数据分析报告的标题类型通常包括以下几种。

1. 业务概述类标题：这类标题主要概括报告的核心内容，如"2019年第四季度电商销售数据分析报告"。
2. 问题解决类标题：这类标题明确了报告要解决的问题或挑战，如"如何提高用户转化率？——基于电商数据的深度分析"。
3. 目标导向类标题：这类标题明确了报告的目标或预期结果，如"提升用户满意度——对电商用户行为数据的分析"。
4. 解决方案类标题：这类标题明确了报告将提供的解决方案或建议，如"优化产品布局——基于电商数据的策略建议"。
5. 预测性标题：这类标题明确了报告将对未来进行预测或推测，如"2028年电商市场趋势预测"。
6. 对比分析类标题：这类标题明确了报告将进行对比分析，如"竞品分析——与主要竞争对手的电商数据比较"。
7. 深度分析类标题：这类标题明确了报告将进行深度分析，如"用户留存率深度分析——

找出流失原因"。

以上只是一些常见的标题类型，具体的标题类型应根据报告的内容和目的来确定。

以上是一些常见的标题类型，但是根据数据分析的内容，标题的选择可以更加多元化，确保尽量贴合主题。

有时候，还需要在报告的标题下方给出作者姓名、所在部门、日期等信息，以便查阅者参考，如图10-3和图10-4所示为在Word和PPT中制作的标题页。

图10-3　Word中的标题页

图10-4　PPT中的标题页

10.2.2　目录

目录的作用是能够让读者快速地找到所需的内容，是整个数据报告的大纲，可以体现出报告的分析思路。在制作目录时，注意不要长篇大论，简洁的目录才是最受欢迎的。如果还不知道怎样制作目录，可以利用AI工具讯飞星火大模型了解目录的制作要点。

提问：请介绍一下电商数据分析报告目录的制作要点。

讯飞星火大模型

电商数据分析报告目录的制作要点主要包括以下几点。

1. 结构清晰：报告目录应该按照逻辑顺序进行排列，使读者能够快速了解报告的主要内容和结构。可以采用层次结构，将报告分为多个章节，每个章节再细分为不同的小节。

2. 标题简洁明了：每个章节和小节的标题应该简洁明了，能够准确反映该部分的内容。避免使用过于复杂或晦涩的词汇，以免给读者带来阅读困扰。

3. 内容完整：报告目录应该包含报告中的所有重要内容，包括引言、背景介绍、数据分析方法、结果展示、结论和建议等。确保目录中没有遗漏任何关键部分。

4. 突出重点：在目录中可以使用加粗、颜色或其他方式来突出重要的章节或小节，以便读者能够快速定位到关键内容。同时，也可以在目录中添加摘要或关键词，帮助读者更好地理解报告的重点。

5. 页码标注：为了方便读者查找和引用，可以在目录中的每个章节和小节后面标注相应的页码。这样读者可以直接跳转到感兴趣的部分，提高阅读效率。

6. 更新及时：如果报告是分阶段完成的，或者有新的数据或分析结果加入，需要及时更新报告目录，以确保读者获取到最新的信息。

7. 格式统一：整个报告目录的格式应该统一，包括字体、字号、行距等。这样可以提高报告的整体美观度和可读性。

在查看目录的制作要点后，就可以开始着手制作目录。如果使用Word撰写报告，数据量比较大，使用目录为读者提供索引，可以帮读者快速定位到需要查看的位置。使用Word目录时，如果为文档中的标题设置了标题1、标题2、标题3等样式，就可以让Word自动为这些标题生成具有不同层次结构的目录，如图10-5所示。

如果使用PPT制作报告，那目录的作用是能够让读者快速了解这份报告的内容框架，也可以作为幻灯片的索引，因为在该页停留的时间不长，所以内容不宜过多。在使用PPT撰写目录时，因为篇幅有限，列出一级标题即可，如图10-6所示。

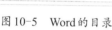

图 10-5　Word 的目录

图 10-6　PPT 的目录

10.2.3　前言

前言的作用不亚于正文。在前言中，我们可以进行背景分析、目的分析和思路分析，告诉读者为什么要进行此次分析，分析的意义又在哪里，通过这次分析能解决什么问题等。

所以，前言的写作一定要慎重。

如果还不知道怎样制作前言，可以借助AI工具讯飞星火大模型来了解制作前言的注意事项。

> **提问：** 请介绍一下制作电商数据分析报告前言的注意事项。

讯飞星火大模型

在制作电商数据分析报告的前言时，以下是一些注意事项。

1. 明确目标：在制作电商数据分析报告前言时，首先要明确报告的目标和目的。这将有助于确定报告的结构和内容，以及需要关注的关键指标。

2. 了解受众：分析报告的前言应该针对特定的受众进行编写。了解受众的背景、需求和期望，以便更好地传达报告的信息。

3. 简洁明了：前言应该简洁明了，避免使用过于复杂的术语和概念。尽量使用通俗易懂的语言，让读者能够快速理解报告的核心内容。

4. 结构清晰：前言应该具有清晰的结构，包括背景介绍、报告目的、分析方法、关键指标等部分。这有助于读者更好地理解和跟踪报告的内容。

5. 突出重点：在前言中，应该突出报告的重点和亮点，以便吸引读者的注意力。可以通过对比分析、案例研究等方式，展示报告的价值和意义。

6. 逻辑严密：前言中的观点和论述应该具有严密的逻辑关系，避免出现逻辑漏洞和矛盾点。这有助于提高报告的可信度和说服力。

7. 数据支持：在前言中，应该充分利用数据和事实来支撑观点和论述。这有助于增强报告的权威性和可信度。

8. 保持客观：在撰写前言时，要保持客观公正的态度，避免出现主观臆断和过度解读。这有助于提高报告的客观性和准确性。

9. 注意格式：前言的格式应该规范统一，包括字体、字号、段落间距等。这有助于提高报告的整体美观度和可读性。

10. 修订完善：在完成前言后，要进行多次修订和完善，确保内容的准确性、完整性和一致性。同时，也可以请其他人对前言进行审阅，以获取更多的反馈和建议。

综上所述，在制作前言时，要介绍清楚前情发展，交代清楚背景与目的，常以综述、导读等形式出现，图10-7所示为在Word中编写前言的案例。

如果是在PPT中，不宜使用长篇大论来阐述背景，可以使用图片、图表、表格等形式简单介绍，如果有需要则辅以简单的文字，如图10-8所示。

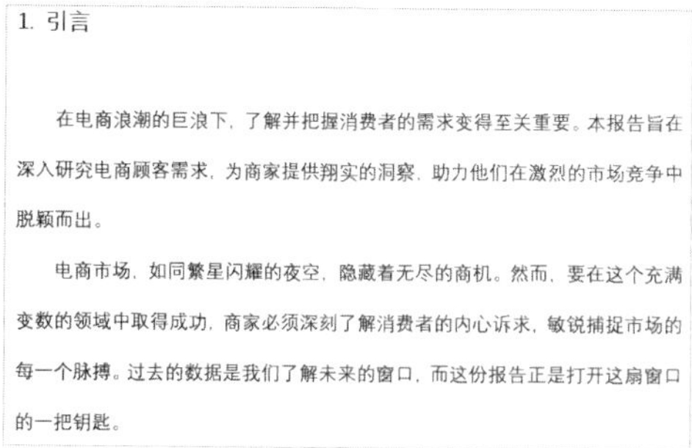

1. 引言

在电商浪潮的巨浪下，了解并把握消费者的需求变得至关重要。本报告旨在深入研究电商顾客需求，为商家提供翔实的洞察，助力他们在激烈的市场竞争中脱颖而出。

电商市场，如同繁星闪耀的夜空，隐藏着无尽的商机。然而，要在这个充满变数的领域中取得成功，商家必须深刻了解消费者的内心诉求，敏锐捕捉市场的每一个脉搏。过去的数据是我们了解未来的窗口，而这份报告正是打开这扇窗口的一把钥匙。

图 10-7 Word 的前言

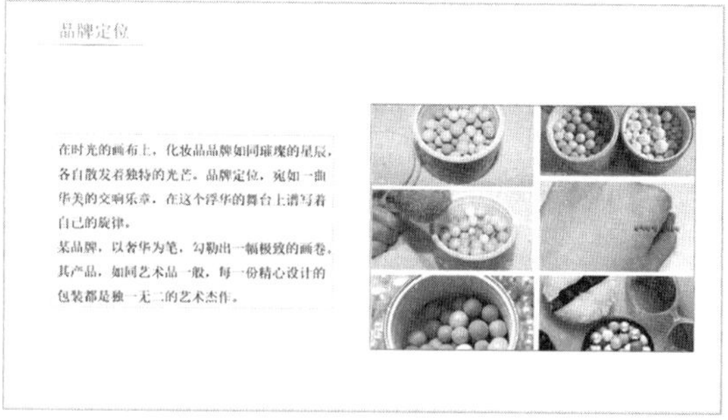

图 10-8 PPT 的前言

10.2.4 正文

正文是数据报告最重要的部分，是整个报告的核心内容。在正文中，要系统而全面地阐述数据分析的过程和结果，并对每一部分进行分析总结。那么，在制作正文时，有哪些事项需要注意呢？可以请 AI 工具讯飞星火大模型为我们解答。

提问：请介绍一下制作电商数据分析报告正文的注意事项。

讯飞星火大模型

在制作电商数据分析报告的正文时，以下是一些注意事项。

1. 明确目标：在制作电商数据分析报告正文时，首先要明确报告的目标和目的。这将有助于确定报告的结构和内容，以及需要关注的关键指标。

2. 数据来源：确保所使用的数据来源可靠、准确且具有代表性。对数据的来源、收集方法和数据处理过程进行详细说明，以便读者了解数据的可靠性。

3. 数据可视化：使用图表、图形等可视化工具来展示数据，使报告更具吸引力和易读性。同时，要确保图表清晰易懂，注释和标签完整。

4. 分析方法：介绍所采用的分析方法和技术，如描述性统计、回归分析、时间序列分析等。对于所选方法的优缺点进行说明，并解释为什么选择这种方法进行分析。

5. 结果解读：对分析结果进行详细的解读，包括关键指标的变化趋势、异常值的原因分析、不同维度之间的关联关系等。确保解读内容与报告目标和目的一致。

6. 业务洞察：基于数据分析结果，提出对电商业务的洞察和建议。这些建议应具有针对性和可操作性，以帮助决策者制定相应的策略和措施。

7. 结论总结：对整个报告进行总结，概括报告的主要发现和结论。同时，指出报告中可能存在的局限性和未来研究的方向。

8. 保持客观：在撰写报告正文时，要保持客观公正的态度，避免出现主观臆断和过度解读。

这有助于提高报告的客观性和准确性。

　　9. 修订完善：在完成报告正文后，要进行多次修订和完善，确保内容的准确性、完整性和一致性。同时，也可以请其他人对报告进行审阅，以获取更多的反馈和建议。

　　10. 格式规范：报告正文的格式应规范统一，包括字体、字号、段落间距等。这有助于提高报告的整体美观度和可读性。

在AI工具讯飞星火大模型的帮助下，我们在撰写正文的时候，可以根据分析思路，有条不紊地把每一项内容讲述清楚，在讲述的过程中，充分利用各种分析方法，通过图表与文字相结合的方法，完成报告正文。

例如，在Word中撰写数据报告的正文时，可以图文结合，让阅读更加轻松，如图10-9所示。

而在PPT中撰写数据报告正文时，可以使用表格展示数据，并辅以自身观点，如图10-10所示。

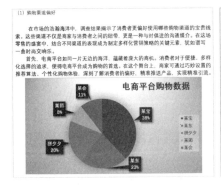
图10-9　Word的正文

图10-10　PPT的正文

10.2.5　结论与建议

报告的结论展示是对整份报告的综合描述，是总结报告、提出建议、解决问题的关键所在。一个好的结尾可以加深阅读者对数据的认识，引起共鸣。那么，在制作结论时，应该怎样撰写才能有一个完美的收尾呢？可以先让AI工具讯飞星火大模型回答一下应该如何编写。

> **提问**：怎样编写电商数据报告的结论与建议？

> **讯飞星火大模型**
> 编写电商数据报告的结论与建议时，可以遵循以下步骤。

第 10 章
分析结果有理有据：电商数据分析报告的撰写

1. 总结分析结果：首先，对报告中的分析结果进行总结。简要概括报告中的主要发现、趋势和关键指标的变化情况。确保结论简洁明了，易于理解。

2. 确定问题与机会：根据分析结果，确定电商运营中存在的问题和潜在的机会。这些问题可能包括销售额下滑、客户流失、产品库存积压等。同时，要关注报告中提到的积极趋势和潜在优势。

3. 提出针对性建议：针对每个问题和机会，提出具体的改进措施和建议。这些建议应该具有可操作性，能够指导电商运营团队采取实际行动。例如，针对销售额下滑的问题，可以建议优化产品定价策略、提高营销活动的效果等。

4. 优先级排序：对于提出的建议，可以根据其重要性和紧迫性进行优先级排序。这有助于电商运营团队在有限的资源下，优先解决最关键的问题。

5. 设定目标与指标：为每个建议设定明确的目标和衡量指标。这将有助于评估建议的实施效果，以及调整后续的运营策略。

6. 保持客观与现实：在提出建议时，要保持客观和现实的态度。避免过于乐观或悲观的预期，确保建议能够在现实运营中取得实际效果。

7. 结论部分的撰写：将以上内容整合到报告的结论部分。结论应该简洁明了，突出报告的核心观点和建议。同时，要注意结论与报告其他部分的衔接，确保整篇报告的逻辑性和一致性。

总之，数据报告的结论是以数据分析结果为依据得来的，通常以综述性的文字来说明。虽然在正文中也有总结性的文字，但结论却是总体论点，是去粗求精后的精华所在。

例如，如图 10-11 所示为 Word 数据报告的结论，通过对调查结果进行分析，对之后的销售方向提出意见。

如图 10-12 所示为 PPT 数据报告的结论，因为之前已经展示过数据分析结果，此处就只需要简短的意见。

图 10-11　Word 的结论

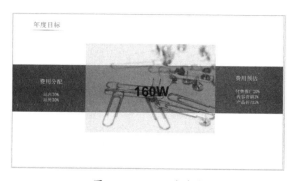

图 10-12　PPT 的结论

10.2.6 附录

附录也是数据报告中很重要的一部分。当数据报告的主体已经完成时，如果在正文中涉及某个领域的信息，但是又没有详细阐述，这时候就需要提供附录，让阅读者清楚信息的来源，从而使数据信息更加严密。下面，利用AI工具讯飞星火大模型来了解附录的制作要点。

> **提问：** 请介绍一下电商数据分析报告中附录的制作要点。

讯飞星火大模型

电商数据分析报告的附录部分可以包括以下内容。

1. 数据源和参考文献：列出报告中使用的数据来源，如数据库、API接口等。同时，提供参考文献，以便读者查阅相关资料。

2. 数据字典：对于报告中使用的关键指标和术语，提供一个数据字典，解释其含义和计算方法。这有助于读者更好地理解报告中的分析内容。

3. 数据表格和图表：将报告中的关键数据表格和图表放在附录中，以便读者查阅。确保表格和图表的格式清晰，便于阅读。

4. 代码和脚本：如果报告中涉及编程或数据处理，可以将相关的代码和脚本放在附录中。这有助于读者了解分析过程的具体实现。

5. 数据集：如果报告中使用的数据集较大，可以将其作为附录的一部分提供。确保数据集的格式统一，便于读者使用。

6. 附加信息：根据报告的具体内容，可以在附录中提供一些附加信息，如市场调查问卷、用户访谈记录等。这些信息可以帮助读者更全面地了解报告的背景和依据。

在制作附录时，需要注意以下几点。

1. 格式规范：确保附录的格式与报告正文一致，便于读者阅读。例如，可以使用相同的字体、字号和行距。

2. 编号和标题：为附录中的每个部分添加编号和标题，以便于读者查找和引用。

3. 链接和引用：如果附录中的内容需要与报告正文相互引用，可以使用链接或引用的方式。例如，可以在报告正文中提到"详见附录A"，并在附录A中给出相应的内容。

4. 更新和维护：随着报告的使用和更新，可能需要对附录进行修改和维护。确保附录中的内容与报告正文一致，避免出现矛盾或过时的信息。

总而言之，在附录中，可以列举相关的术语解释、计算方法、数据来源、相关图表或论文等信息，是报告的补充部分。但是并不是所有的报告都需要添加附录，可以根据实际情况确定是否添加。

例如，在Word中撰写数据报告的附录时，可以将参考的数据来源一一罗列，以供阅读者参考，如图10-13所示。

而在PPT中撰写数据报告附录时，可以使用表格展示历史数据，以佐证正文的内容，如图10-14所示。

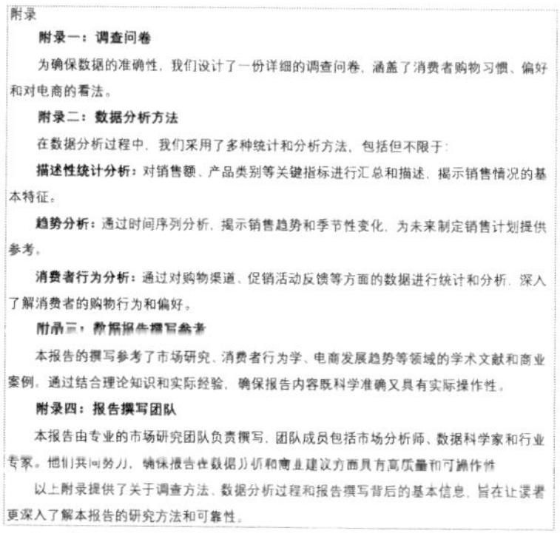
附录

附录一：调查问卷

为确保数据的准确性，我们设计了一份详细的调查问卷，涵盖了消费者购物习惯、偏好和对电商的看法。

附录二：数据分析方法

在数据分析过程中，我们采用了多种统计和分析方法，包括但不限于：

描述性统计分析：对销售额、产品类别等关键指标进行汇总和描述，揭示销售情况的基本特征。

趋势分析：通过时间序列分析，揭示销售趋势和季节性变化，为未来制定销售计划提供参考。

消费者行为分析：通过对购物渠道、促销活动反馈等方面的数据进行统计和分析，深入了解消费者的购物行为和偏好。

附录三：数据报告撰写参考

本报告的撰写参考了市场研究、消费者行为学、电商发展趋势等领域的学术文献和商业案例，通过结合理论知识和实际经验，确保报告内容既科学准确又具有实际操作性。

附录四：报告撰写团队

本报告由专业的市场研究团队负责撰写，团队成员包括市场分析师、数据科学家和行业专家。他们共同努力，确保报告在数据分析和商业建议方面具有高质量和可操作性

以上附录提供了关于调查方法、数据分析过程和报告撰写背后的基本信息，旨在让读者更深入了解本报告的研究方法和可靠性。

图10-13　Word的附录

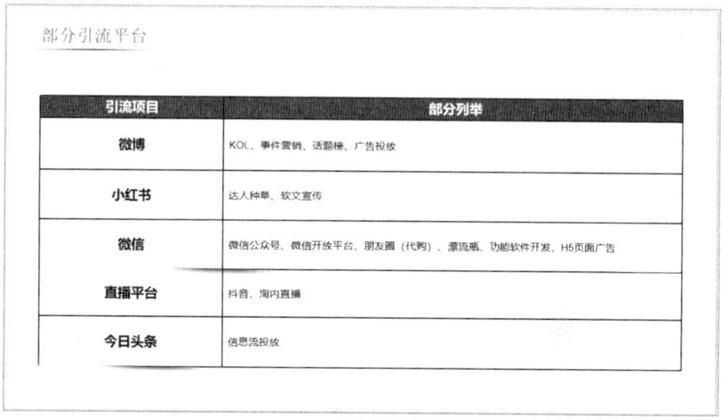
部分引流平台

引流项目	部分列举
微博	KOL、事件营销、话题榜、广告投放
小红书	达人种草、软文宣传
微信	微信公众号、微信开放平台、朋友圈（代购）、漂流瓶、功能软件开发，H5页面广告
直播平台	抖音、淘内直播
今日头条	信息流投放

图10-14　PPT的附录

10.3　利用AI工具讯飞星火大模型快速生成数据分析报告

在当今这个数据驱动的时代，数据分析已经成为企业决策的重要依据。然而，传统的数据分析方法往往耗时费力，难以满足快速响应的需求。此时，可以使用AI工具讯飞星火大模型快速生成数据分析报告，帮助电商在第一时间获取关键信息，做出明智的决策。无论是销售数据、用户行为还是市场趋势，AI工具讯飞星火大模型都能以直观易懂的方式呈现出来，让数据分析变得简单而高效。下面，介绍使用AI工具讯飞星火大模型如何快速生成数据报告。

提问：你是一名电商数据分析师，现在需要分析去年的销售数据，请帮我写一份报告。

讯飞星火大模型

电商销售数据分析报告

一、概述

本报告旨在分析去年我司电商平台的销售数据，通过数据分析来揭示销售趋势、产品表现、客户行为等信息，从而为未来制定销售策略提供依据。数据来源包括销售数据、用户行为数据等。

二、销售概况

1. 销售总额

去年我司电商平台销售总额达到××元，同比增长××%。这一增长主要得益于新用户的增加和现有用户的复购率提升。

2. 销售渠道

去年我司电商平台的线上销售额占比达到××%，线下销售额占比为××%。其中，微信商城、App和PC端官网是我司电商业务的主要销售渠道。

3. 用户规模

截至去年底，我司电商平台注册用户数为××人，同比增长××%。其中，活跃用户占比达到××%。

三、销售分析

1. 产品分析

通过数据分析，我们发现去年销售额最高的产品是A产品，占总销售额的××%；其次是B产品和C产品，销售额占比分别为××%和××%。去年我司电商平台共上线新产品××款，其中××款产品的销售额超过了××元。

2. 用户行为分析

去年我司电商平台用户的平均浏览时长为××分钟，平均浏览页数为××页。数据显示，用户在上午××点和下午××点是浏览的高峰期。在购物决策过程中，用户最看重的是产品质量和价格因素。此外，用户评价和晒单也是影响其他用户购买决策的重要因素。

四、未来展望与策略建议

根据以上数据分析，我们提出以下建议：

1. 针对不同渠道和产品制定差异化的营销策略，提高销售额和用户转化率；
2. 加强产品质量和价格策略的管理，提高用户满意度和忠诚度；
3. 针对用户评价和晒单进行优化，提高其他用户的购买决策信心；
4. 继续拓展新用户，提高用户规模和活跃度。

以上是在AI工具讯飞星火大模型中提问后得到的数据调查报告，但这仅是初始的框架，如果有需要，可以进一步提问。

> **提问：** 帮我写一下电商销售分析报告，并提供相关建议。

讯飞星火大模型

电商销售数据分析报告

一、销售分析

1. 销售渠道分析

去年我司电商平台的销售额主要来自微信商城、App 和 PC 端官网三个渠道。其中，微信商城销售额占比最高，达到××%，其次是 App 和 PC 端官网，销售额占比分别为××%和××%。这说明微信商城已经成为我司电商平台的主要销售渠道，建议继续加强微信商城的运营和推广，提高用户转化率和销售额。

2. 销售趋势分析

从销售趋势来看，去年我司电商平台的销售额呈现出稳步增长的趋势。其中，Q1 和 Q4 是销售高峰期，而 Q2 和 Q3 是销售低谷期。这说明在节假日和促销活动期间，用户购买需求和购买力会有所提升。因此，建议在节假日和促销活动期间加大促销力度来提高销售额。

3. 销售转化率分析

去年我司电商平台的销售转化率较低，仅为××%。这意味着每 100 个访问用户中，仅有××个用户完成了购买。通过数据分析，我们发现用户流失主要发生在以下两个环节：购物车的使用和支付环节。因此，建议对购物车和支付环节进行优化，提高用户转化率。例如，优化购物车的操作流程、提高支付的安全性和便捷性等。

二、策略建议

根据以上销售分析，我们提出以下策略建议：

1. 加强微信商城的运营和推广，提高用户转化率和销售额；
2. 在节假日和促销活动期间加大促销力度，提高销售额；
3. 优化购物车和支付环节，提高用户转化率；
4. 针对不同用户群体制定差异化的营销策略，提高用户满意度和忠诚度。

根据第二次的提问，AI 工具讯飞星火大模型提供了更详细的建议，如果还没有满足需要，可以在此基础上再进行修改。

提问： 请添加一些产品推荐。

讯飞星火大模型

电商销售数据分析报告

一、销售分析

1. 销售渠道分析

去年我司电商平台的销售额主要来自微信商城、App 和 PC 端官网三个渠道。其中，微信商城销售额占比最高，达到××%，其次是 App 和 PC 端官网，销售额占比分别为××%和××%。这说明微信商城已经成为我司电商平台的主要销售渠道，建议继续加强微信商城的运营和推广，提高用户转化率和销售额。

2. 销售趋势分析

从销售趋势来看，去年我司电商平台的销售额呈现出稳步增长的趋势。其中，Q1和Q4是销售高峰期，而Q2和Q3是销售低谷期。这说明在节假日和促销活动期间，用户购买需求和购买力会有所提升。因此，建议在节假日和促销活动期间加大促销力度来提高销售额。

3. 销售转化率分析

去年我司电商平台的销售转化率较低，仅为××%。这意味着每100个访问用户中，仅有××个用户完成了购买。通过数据分析，我们发现用户流失主要发生在以下两个环节：购物车的使用和支付环节。因此，建议对购物车和支付环节进行优化，提高用户转化率。例如，优化购物车的操作流程、提高支付的安全性和便捷性等。

二、产品推荐

基于去年的销售数据和用户行为数据，我们为您推荐以下产品。

1. 推荐产品一：A产品系列

A产品系列是我司的主打产品之一，去年在所有产品中销售额排名最高。该产品系列在设计、性能和口碑方面都得到了用户的高度评价。根据数据分析，A产品系列的需求量持续增长，尤其在Q1和Q4的销售高峰期表现尤为突出。因此，我们建议您将A产品系列作为今年的主打产品之一，并针对其进行更多的营销推广活动。

2. 推荐产品二：B产品系列

B产品系列去年销售额占比虽然排名第二，但在某些时间段（如Q2和Q3）的销售低谷期表现不佳。根据用户反馈和数据分析，B产品系列在设计和性能上仍有提升空间。因此，我们建议您对B产品系列进行改进和优化，提高其竞争力。同时，加大对该产品的营销推广力度，吸引更多潜在用户。

3. 推荐产品三：C产品系列

C产品系列去年销售额占比排名第三。虽然该产品的市场份额相对较小，但用户口碑好、市场潜力较大。根据数据分析，C产品系列的需求量呈现出稳步增长的趋势。因此，我们建议您加大对C产品系列的研发和推广力度，进一步挖掘该产品的市场潜力。同时，针对用户需求进行优化改进，提高用户满意度和忠诚度。

三、策略建议

根据以上销售分析，我们提出以下策略建议：

1. 加强微信商城的运营和推广，提高用户转化率和销售额；
2. 在节假日和促销活动期间加大促销力度，提高销售额；
3. 优化购物车和支付环节，提高用户转化率；
4. 针对不同用户群体制定差异化的营销策略，提高用户满意度和忠诚度；
5. 对A产品系列进行重点推广和营销活动；
6. 对B产品系列进行改进和优化，提高其竞争力；

7. 加大对C产品系列的研发和推广力度，挖掘其市场潜力；

8. 根据用户反馈和数据分析持续监测各产品的表现，及时调整产品和营销策略。

在添加了产品推荐后，数据报告是不是更加完整了呢？根据自己店铺的需要，修改其中的关键数据，并加入一些自己的观点之后，一份出色的数据报告就完成了。

10.4 用ChatGPT+MindShow快速生成PPT类型的分析报告

在使用AI工具ChatGPT制作PPT时，流程为在AI工具ChatGPT中生成PPT的大纲，然后将大纲文本复制到相关的软件中，如MindShow，再生成PPT文档，下面我们从第一步开始。

> **提问**：我要制作一份PPT，内容是电商数据分析报告，具体内容是整合去年的销售数据，分析如何提高流量，提升销售额。要求俏皮的语言风格。

⑤ ChatGPT

当然可以！以下是一个俏皮风格的电商数据分析报告PPT的提纲，你可以根据需要进行修改和扩充。

电商魔法秀：解密销售数据大杂烩

第1页：标题

标题：《销售大混战》

副标题：揭开电商数据的神秘面纱

第2页：引子

引用一句行业名言："在电商的舞台上，数据是我们的魔法杖，让我们一起释放魔力吧！"

第3页：回顾去年

炫耀一下：去年我们的销售数据是什么水平？

配图：火箭图表冲天而起，代表销售额的增长

第4页：数据大比拼

对比不同渠道的销售数据，以图表形式呈现

表情图：各渠道好比不同的魔法咒语，哪个更加灵验？

第5页：流量大作战

分析哪些渠道的流量最给力

图表：流量如何变魔法，从而吸引更多顾客入场

第6页：用户互动指南

好奇心宇宙：探讨用户在电商平台上的行为和互动

插图：一个可爱的小人物在数据星球上冒险

第7页：独门秘籍

分享一些成功案例和经验

提示：如何在激烈的市场竞争中脱颖而出

第8页：抢眼广告战

洋葱层：分析广告投放效果的层层奥秘

幽默图：广告如何像魔法一样，精准打动顾客

第9页：销售额大解密

揭示销售额背后的神秘密码

笑脸图表：销售额增长的秘密武器

第10页：全球征战计划

展望未来：我们的征途在何方？

地图：标注我们的销售航线，俏皮标语："征服世界，只需一个点击！"

第11页：用户反馈精选

点燃正能量：展示一些用户的赞誉和反馈

表情包：用户的快乐就是我们最大的鼓励

第12页：结束语

感谢参与这场数据魔法秀

邀请：期待大家一起在下个数据魔法秀中再度相遇！

这只是一个简单的提纲，你可以根据实际情况增删内容，添加具体数据和图表，以确保报告更具体、更有说服力。祝你的电商数据分析报告成功而风趣！

在ChatGPT中获取了大纲之后，就可以开始在MindShow中制作PPT了。用户可以安装MindShow应用程序，也可以在网页中制作，本例以在网页中制作为例，介绍其制作方法。

第1步 ▶ 打开MindShow官方网站，单击【AI生成内容】按钮，如图10-15所示。

第2步 ▶ 将ChatGPT中生成的PPT大纲复制粘贴到【PPT中需要显示的内容】文本框中，然后单击【AI生成内容】按钮，如图10-16所示。

第 10 章
分析结果有理有据：电商数据分析报告的撰写

图 10-15　单击【AI生成内容】按钮（一）

图 10-16　单击【AI生成内容】按钮（二）

第3步 页面右侧将开始PPT的制作，显示"AI正在生成内容中"，如图10-17所示。

第4步 生成完成后，单击【生成PPT】按钮，如图10-18所示。

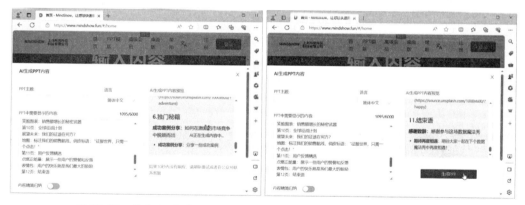

图 10-17　等待AI生成　　　　　　　　图 10-18　单击【生成PPT】按钮

第5步 在页面左侧，将以大纲形式显示PPT的内容，如图10-19所示。

第6步 在页面右侧，将显示生成的PPT，如图10-20所示。

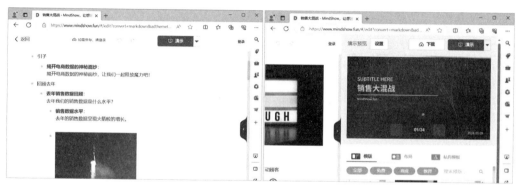

图 10-19　查看PPT大纲　　　　　　　　图 10-20　查看PPT效果

第7步 在PPT的下方,通过选择模板可以更改PPT的风格,如图10-21所示。

第8步 如果确定使用该PPT,可以单击【下载】按钮,在弹出的下拉菜单中选择一种下载方式即可,如图10-22所示。

图10-21　选择PPT模板　　　　　　　图10-22　下载PPT

温馨提示

网页版的MindShow功能较少,如果有需要可以下载应用程序,安装后使用更丰富的功能。PPT制作完成后,下载PPT为付费服务,用户可以根据需要选择。

本章小结

在本章中,我们通过AI工具了解和学习数据分析报告的基础知识和结构,了解了如何通过数据分析报告,将数据分析的结果以清晰、有序和易于理解的方式呈现给用户,以帮助他们更好地理解数据、获取有价值的见解并做出决策。